DIEDERICHS
GELBE REIHE

M. Hiriyanna

Vom Wesen der indischen Philosophie

Aus dem Englischen übersetzt, mit einer Einleitung, zusätzlichen Anmerkungen und einer Bibliographie versehen von Karl-Heinz Golzio

Eugen Diederichs Verlag

Die Originalausgabe erschien unter dem Titel
Essentials of Indian Philosophy
bei Allen & Unwin, London

CIP-Titelaufnahme der Deutschen Bibliothek
Hiriyaṇṇa, Mysore:
Vom Wesen der indischen Philosophie / M. Hiriyanna. Aus d. Engl. von Karl-Heinz Golzio. – München : Diederichs, 1990
(Diederichs Gelbe Reihe ; Bd. 85
ISBN 3-424-00965-2
NE: GT

Erste Auflage

Umschlaggestaltung: Zembsch' Werkstatt, München
Produktion: Tillmann Roeder, München
Gesamtherstellung: Friedrich Pustet, Regensburg

ISBN 3-424-00965-2

Printed in Germany

Inhalt

Einleitung

Mysore Hiriyanna[1] wurde am 7. Mai 1871 in Mysore geboren, trat dort 1891 in den Regierungsdienst ein, wurde 1912 Lehrbeauftragter für Sanskrit am Maharajah's College und kurz nach der Gründung der Universität Mysore im Jahre 1918 Professor und Leiter der Sanskrit-Abteilung. 1927 schied er zwar aus dem Dienst aus, arbeitete aber unermüdlich bis zu seinem Tode am 19. September 1950.

Er ist der Verfasser zahlreicher Bücher und Aufsätze zur indischen Philosophie sowie Übersetzer einiger Upaniṣaden-Texte. Unter den posthum erschienenen Werken ist *Indian conception of values* (Mysore: Kavyalaya Publishers 1975) wohl das bedeutendste und wird bisweilen als das *magnum opus* des Autors angesehen. Das vorliegende Werk war die letzte Buchveröffentlichung zu seinen Lebzeiten (1949) und kann in gewisser Weise als eine gestraffte und aktualisierte Überarbeitung seiner zuerst 1932 bei Allen and Unwin (London) erschienenen *Outlines of Indian philosophy* betrachtet werden; andererseits ist es aber durch die Betonung anderer Aspekte und die Verarbeitung neuerer Literatur ein völlig neues Werk, das sich nur in seiner Gesamtkonzeption an das frühere anlehnt.

Eines der Hauptinteressengebiete Hiriyannas ist zweifellos die Philosophie des Vedānta, doch erweist er sich auch für die anderen philosophischen Systeme als kompetent. In seinen zahlreichen Aufsätzen hat er sich immer wieder mit Einzelproblemen wie denen von Wahrheit und Irrtum, den

---

1 Der eigentliche Familienname des Autors ist Mysore (Maisūru), doch wird dieser in Südindien üblicherweise nur abgekürzt wiedergegeben; Hiriyanna ist der persönliche Name (bedeutet älterer Bruder).

Erkenntnismitteln (*pramāṇa*), der Nichtexistenz (*abhāva*) oder dem *samavāya* beschäftigt. Wie jede Arbeit, die einen Überblick über die Philosophie der Inder geben will, hat auch diese in ihrer Darstellung bestimmte Schwerpunkte gesetzt und im Vergleich mit anderen Werken über indische Philosophie auch Beispiele und Texte herangezogen, die sonst eher vernachlässigt werden. Dies trifft insbesondere für die theistische Vedānta-Philosophie des Rāmānuja und des Madhva zu; nun ist es zwar keineswegs so, daß deren Anschauungen an anderer Stelle nicht behandelt werden: über Madhvas Philosophie existiert sogar eine Monographie in deutscher Sprache[2], doch hat sich Hiriyanna z. B. viel mehr mit der Problematik von Unterschied (*bheda*), *viśeṣa* und der »Identität, die mit *viśeṣa* verbunden ist« (*saviśeṣābheda*) beschäftigt als diese. In diesem Zusammenhang soll hier auf deutschsprachige Philosophiegeschichten verwiesen werden. An erster Stelle ist die Arbeit von Paul Deussen zu nennen[3], die aber Rāmānuja, Madhva und weitere Schulen nicht berücksichtigt. Auch in der konzis geschriebenen Philosophiegeschichte von Otto Strauß[4] werden die Lehren der Dvaitins nur am Rande gestreift. Einem anderen Konzept ist Helmuth von Glasenapp[5] gefolgt, bei dem die Lehren der sechs klassischen Systeme (Nyāya, Vaiśeṣika, Sāṃkhya, Yoga, Mīmāṃsā, Vedānta) keine so breite Darstellung erfahren, dafür aber die viṣṇuitischen und śivaiti-

[2] Helmuth von Glasenapp, Madhva's Philosophie des Vishnu-Glaubens. Mit einer Einleitung über Madhva und seine Schule. Ein Beitrag zur Sektengeschichte des Hinduismus. Bonn, Leipzig 1923 (Geistesströmungen des Ostens. Bd. 2).

[3] Paul Deussen, Allgemeine Geschichte der Philosophie mit besonderer Berücksichtigung der Religionen. Band 1, Abt. 1–3. Leipzig 1894–1908.

[4] Otto Strauß, Indische Philosophie. München 1925 (Geschichte der Philosophie in Einzeldarstellungen. Abt. 1: Das Weltbild des Primitiven und die Philosophie des Morgenlandes. Bd. 2).

[5] Helmuth von Glasenapp, Die Philosophie der Inder. Eine Einführung in ihre Geschichte und ihre Ideen. Stuttgart 1949.

schen Lehrgebäude miteinbezogen werden und auch dem Buddhismus mehr Raum gewährt wird. Umfassender angelegt war die Philosophiegeschichte von Erich Frauwallner, von der aber nur zwei Bände erschienen sind.[6]

Hiriyanna hat außer den frühen philosophischen Anschauungen sowie dem Materialismus, dem Jinismus und dem Buddhismus (diese drei Strömungen sind in einem Kapitel zusammengefaßt) nur die sechs klassischen Systeme behandelt und dabei den Vedānta-Systemen mehr Platz eingeräumt als den übrigen Anschauungen (*darśana*). Problematisch ist seine Darstellung des Buddhismus und z. T. auch der buddhistischen Philosophien, insbesondere seine Charakterisierung des frühen Buddhismus, die an einigen Stellen doch zumindest einer Modifizierung bedarf, was an Ort und Stelle in Form von zusätzlichen Anmerkungen geschehen ist.

Im englischen Original fehlte eine Bibliographie völlig; lediglich ein Abkürzungsverzeichnis von einigen benutzten Textausgaben war vorhanden. Dieses wurde durch eine möglichst vollständige Bibliographie ersetzt, in die auch alle sonstigen vom Autor benutzten verifizierbaren Textausgaben sowie die im Buch zitierte Sekundärliteratur aufgenommen wurden.

Sehr oft hat der Autor in seinen Anmerkungen Sanskrit-Passagen zitiert, ohne deren Herkunft zu kennzeichnen. In vielen Fällen ist es dem Übersetzer – nicht zuletzt durch die Hilfe von Herrn Peter Wyzlic, dem hiermit an dieser Stelle gedankt sei – gelungen, die entsprechende Textstelle zu lokalisieren. Dort, wo dies nicht möglich war, wurde der Sanskrit-Text ohne eine Kommentierung belassen. Zusätzliche Anmerkungen des Übersetzers sind durch hochge-

---

6 Erich Frauwallner, Geschichte der indischen Philosophie. Bd. 1: Die Philosophie des Veda und des Epos; der Buddha und der Jina; das Sāṃkhya und das klassische Yoga-System. Salzburg 1953; Bd. 2: Die naturphilosophischen Schulen und das Vaiśeṣika-System; das System der Jaina; der Materialismus. Salzburg 1956.

stellte Buchstaben gekennzeichnet und am Ende jeden Kapitels erläutert.

Mit diesen Hilfestellungen soll das Buch für den Leser leichter zu benutzen sein und damit tatsächlich Grundzüge der indischen Philosophie erschließen.

Karl-Heinz Golzio

I Vedische Religion und Philosophie

Die früheste Quelle unserer Information über das indische Denken ist der Veda, der nicht ein einzelnes Werk bezeichnet, wie gelegentlich erklärt wurde, sondern eine ganze Literaturgattung. Diese Literatur wird gewöhnlich als aus zwei Teilen bestehend angesehen: Mantras und Brāhmaṇas[1]. Eine Reihe der frühen Upaniṣaden sind in den letzteren mitinbegriffen; wegen ihrer großen Bedeutung in der Geschichte des indischen Denkens verdienen sie aber als ein besonderer Teil des Veda betrachtet zu werden. Allgemein gesprochen bilden die drei Teile aufeinanderfolgende Abschnitte der anwachsenden vedischen Literatur; zudem stehen sie für Lehren, die mehr oder weniger voneinander unterschieden sind. Die Bestimmung der genauen zeitlichen Grenzen dieser Abschnitte ist nicht möglich. Sogar die Dauer der vedischen Periode insgesamt ist nicht genau bekannt, obwohl diese Frage die Gedanken der Wissenschaftler lange beschäftigt hat. Sicher ist lediglich, daß der Veda selbst einschließlich der wichtigsten Upaniṣaden älter ist als der Buddha, von dem bekannt ist, daß er um 480 v. Chr. starb[a]. Die untere Grenze der vedischen Periode kann deshalb mit etwa 500 v. Chr. angegeben werden[a]. Was die obere Grenze der vedischen Periode betrifft, war bis vor kurzem[b] die Meinung vorherrschend, sie sei ca. 1500–1200 v. Chr. anzusetzen; diese wurde nicht gänzlich aufgegeben. Die Ansicht, die diese ersetzt, ist jene, die Dr. Winternitz in seinem Werk *A History of Indian Literature* nannte; sie legt den Beginn dieser Periode irgendwo zwischen 2500 und 2000 v. Chr. statt 1500–1200 v. Chr.[c]. Es ist nicht bekannt, welche Änderungen – wenn überhaupt – dieser Schlußfolgerungen notwendig werden, wenn die gegenwärtigen Entdeckungen, die seit einigen Jahren im Indus-Tal bei Mohenjo-Daro und Harappa gemacht wurden, völlig aufgearbeitet sind.[d]. Diese Details sind für uns jedoch von geringer Wichtigkeit. Deshalb fahren wir hier fort, die Lehren des Veda in seinen drei Teilen zu betrachten.

I

Das Wort »mantra« soll uns als Synonym für »Hymne« oder »religiöser Gesang« gelten. Die Hymnen oder religiösen Gesänge, die sich im Veda befinden, stammen aus verschiedenen Zeiten: die ältesten von ihnen sind von den jüngsten durch mehrere Jahrhunderte getrennt. Sie alle wurden zu einem späteren Zeitpunkt, d. h. lange nach der Zeit ihrer Entstehung, zusammengefaßt und in der Form von getrennten Sammlungen (*saṃhitā*) bewahrt. Zwei von ihnen, auf die wir in diesem Werk gelegentlich Bezug nehmen, werden Ṛgveda und Atharva-Veda genannt. Wir wissen nicht, welcher Anteil der heiligen Gesänge, die zu dieser Zeit existierten, in diesen Sammlungen inkorpiert war, aber wir können sicher sein, daß sich nicht das gesamte Material in ihnen befand. Max Müller sagte: »Wir haben kein Recht anzunehmen, daß wir auch nur den hundersten Teil der religiösen und volkstümlichen Dichtung kennen, die während des vedischen Zeitalters existierte.«[2] Wir werden im jetzigen Abschnitt nur die frühen mantras in Betracht ziehen und die späteren erst im nächsten Abschnitt, der von den Brāhmaṇas handelt, darstellen, da sie mit ihnen auch in ihrer Lehre eher verwandt sind. Außerdem müssen wir daran denken, daß mehrere der frühen Hymnen zu schwer verständlich sind, um eine befriedigende Interpretation zu gestatten. Diese Unverständlichkeit macht es zusammen mit der Unvollständigkeit des Materials an Hymnen, das wir besitzen, schwierig, mit einiger Sicherheit etwas über den Charakter der Glaubensvorstellungen zu gewinnen, die in diesem Zeitalter insgesamt vorherrschten. Deshalb werden wir uns hier mit der Nennung der Ansichten begnügen, die jetzt von den Gelehrten akzeptiert werden: die frühen mantras vermitteln eine Form der Naturverehrung und diese Naturreligion wurde in ihrem Wesen von ihrer ursprünglichen Heimat verpflanzt, als die Vorfahren der zukünftigen Arier nach Indien einwanderten.

In dieser Religion sind die verschiedenen Naturkräfte wie Feuer (*agni*), Wind (*vāyu*) und Sonne (*sūrya*) personifiziert, in deren Mitte der Mensch lebt und deren Einflüssen er ständig ausgesetzt ist. Die Personifizierung hat die Glaubensvorstellung zum Inhalt, daß die Ordnung, die in der Welt beobachtet werden kann, so z. B. die normale Folge der Jahreszeiten oder von Tag und Nacht, auf die Wirksamkeit dieser Mächte zurückgeht. Daher werden sie als höhere Wesen oder Götter angesehen, denen der Mensch gehorchen und die er sich gnädig stimmen soll. Von daher können die Hymnen generell als Lieder oder Gebete beschrieben werden, die an die vergöttlichten Naturkräfte gerichtet sind, die als verantwortlich für die Lenkung der Welt angesehen werden. Die Götter, die in dieser Weise verehrt werden, sind sehr zahlreich. Einige unter ihnen wie Agni, der Feuergott, der als Bringer von Geschenken zu den Göttern dargestellt wird, gehört zu einer Periode vor der Landnahme Indiens durch die Arier, während andere wie Uṣas oder »Morgendämmerung«, die als eine Göttin verehrt und als ein von ihrem Liebhaber, der Sonne, verfolgtes errötendes Mädchen beschrieben wird, spätere Schöpfungen der Arier in ihrer neuen Heimat sind[3 e]. Obwohl das vedische Pantheon also sehr groß ist, sind einige Gottheiten, so wie sie in den überlieferten Hymnen auftauchen, wichtiger als andere.

Bei dieser Gelegenheit sollten wir zur Kenntnis nehmen, daß Śiva und Viṣṇu, die beiden großen Götter des späteren Hinduismus, damals nicht zu den wichtigen zählten, obwohl sie zu dieser Zeit nicht unbekannt waren. Wir wollen uns damit begnügen, von den relativ bedeutsameren zwei vorzustellen: Varuṇa und Indra.

In den Worten eines mantras sind sie »die zwei Monarchen, die allen lebenden Wesen helfen«[f]. Das unverwechselbare Charakteristikum des einen ist sein unerschütterliches Festhalten an hohen Prinzipien; das des anderen ist seine Begierde, seine Anhänger durch den Sieg über ihre Feinde in der Schlacht zu beschützen.

Indra ist die führende Gottheit der Hymnen-Sammlungen überhaupt. Er repräsentiert hauptsächlich Tapferkeit und Kraft, verbindet aber mit diesen Charakterzügen auch einige andere, die man nicht gern mit der Idee des Göttlichen assoziieren möchte. So ist er eitel und prahlerisch und einem berauschenden Getränk, das aus einer Schlingpflanze namens *soma* extrahiert ist, ungewöhnlich zugetan. Aber in den Besitz einer so außerordentlichen Stellung unter den vedischen Göttern scheint er durch einen zufälligen Umstand gekommen zu sein. Die Arier benötigten die Hilfe eines kriegerischen und anmaßenden Gottes, als sie die feindlichen Stämme unterwarfen, die vorher Bewohner des Landes waren; dies zeigen solche Beschreibungen wie »Beschützer der arischen Farbe« und »Vernichter der dunklen Haut«. Auch könnte die Verwüstung, die häufig infolge von Hungersnot in ihrer neuen Heimat auftrat, eine Rolle gespielt haben, wie die Beschreibung des Indra als »Donnergott« und »Befreier der Wasser durch die Tötung des Dämons der Trockenheit« nahelegt. Prof. Radhakrishnan schreibt: »Als die Arier Indien betraten, fanden sie – wie es auch noch heute der Fall ist –, daß ihr Wohlergehen ein bloßes Spiel im Regen war. Der Regengott wurde selbstverständlich der Nationalgott der Indo-Arier«[g].

Indra war jedoch nicht der einzige den vedischen Ariern bekannte Typ einer Gottheit. Es gibt deutliche, wenn auch nicht so häufige Hinweise in diesen Hymnen auf eine andere wichtige Gottheit, auf Varuṇa, der im wesentlichen ein Gott der Rechtlichkeit und Wächter von allem Würdigem und Gutem ist. Er ist allwissend und wird als immer gegenwärtig bei menschlicher Wahrheit und Lüge bezeichnet, als »der dritte, wenn immer zwei etwas im geheimen planen«[h]. Er kann nicht nur die verborgenste Sünde eines Menschen herausfinden, sondern ist auch gütig und vergibt gnädig dem Sünder, wenn dieser nur tatsächlich reuig ist. »Befreie uns von der Sünde, die wir begangen haben« ist in der Tat der Kehrreim jeder an Varuṇa gerichteten Hymne. Die Lieder, die man zu seinem Lob schuf, gehören zu den erhabensten im Veda. Aber nach ihrer Zahl in den Sammlungen, wie sie uns überliefert sind, zu urteilen, ist er geradezu unwichtig; und dies blieb er auch später immer, wie z. B. an seiner Stellung im späteren Pantheon der Purāṇas gezeigt werden kann, wo er nicht der höchste, sondern nur ein Gott des Meeres ist – »ein indischer Neptun«, wie er bezeichnet wurde. Möglicherweise repräsentierte er ein frühes Ideal, das unter dem Druck neuer und veränderter Umstände wie den oben erwähnten durch Indra ersetzt wurde, so wie dieser im Laufe der Zeit ebenfalls in den Hintergrund trat und ein verherrlichter Herrscher der himmlischen Regionen wurde. Aber wir sollten hinzufügen, daß nur die Verkörperung des Ideals durch Varuṇa verloren ging und nicht das Ideal selbst, das im späteren indischen Theismus zu großer Bedeutung aufsteigen wird.

Es gibt einen Aspekt der Idee von Göttlichkeit in dieser Periode, dem wir besondere Aufmerksamkeit schenken sollten, nämlich seiner engen Verbindung mit dem, was *ṛta* genannt wird. *Ṛta*, das etymologisch für »Weg«, »Laufbahn« steht, bedeutet ursprünglich »kosmische Ordnung«, deren Aufrechterhaltung, wie bereits festgestellt wurde, die Aufgabe aller Götter ist. Später bekam *ṛta* die Bedeutung »Recht«, so daß man sich die Götter als Bewahrer der Welt nicht nur vor natürlicher Störung der Ordnung, sondern auch vor moralischem Chaos vorstellte. Die eine Idee ist in der Tat in der anderen miteinbegriffen; es gibt im Universum eine Ordnung, weil ihre Aufsicht in rechtschaffenen Händen ist. Varuṇa ist die Hauptstütze dieses Prinzips der Rechtschaffenheit. Es wurde gesagt, er sei »der wirkliche

Hüter des *ṛta*«. Aber die anderen Götter einschließlich Indras sind dies bis zu einem gewissen Grad ebenfalls. Tatsächlich ist »Wächter des *ṛta*« in den mantras ein häufiges Epitheton der Götter; und sie alle werden als diejenigen angesehen, die das Rechte wollen und darauf achten, daß es in der Praxis auch ausgeführt wird. Das Wort birgt auch im Veda noch eine dritte Bedeutung in sich, auf die wir später zurückkommen werden. Es wird fast kaum noch im Sanskrit benutzt, aber wir werden sehen, daß dieselbe Idee unter dem Namen *dharma* einen sehr wichtigen Platz in den späteren indischen Ansichten vom Leben einnimmt.

Nach diesen frühen mantras wird die Welt nicht nur von den Göttern regiert, sondern verdankt ihnen auch ihre Existenz, weil sie es waren, die sie schufen. Man stellt sie sich als aus drei Teilen bestehend vor – den Himmel, die Welt der Sterblichen und eine Zwischenregion – und jeder besitzt seine eigenen führenden Gottheiten. Die Beziehung des Menschen zu den Göttern wird als eine völlige Abhängigkeit beschrieben; aber diese ist von einer sehr vertrauten Art, da die vedischen Arier ihre Götter gelegentlich mit »Vater« und »Bruder« anreden. Das Gefühl von Liebe zu den Göttern »ist nahezu ein Gemeinplatz in der vedischen Ausdrucksweise so wie umgekehrt die Götter als ihren Verehrern zugetan dargestellt werden«[4]. Weil die Götter die mächtigen Herrscher des Universums sind, muß der Mensch sie verehren; und weil sie nicht nur mächtig, sondern auch rechtschaffen gesonnen sind, muß er ein moralisch reines Leben führen. Es gibt keinen Gedanken in diesen mantras, daß das natürliche Universum oder ein Aspekt von ihm unwirklich sein könnten. Zudem scheint das Interesse des Volkes an der alltäglichen Welt sehr stark gewesen zu sein, weil die an die Götter gerichteten Gebete meist um weltliches Wohlergehen bitten – und die Gabe von Söhnen, Vieh und Reichtum. Auch scheint der Glaube an die Seelenwanderung noch nicht entstanden zu sein. Aber das Weiterleben des Menschen nach dem Tode wird anerkannt. Die Seele wird als unsterblich betrachtet, und man glaubt, die Guten und Frommen gingen nach ihrem Tod in den Himmel, wo sie ein Leben in vollkommener Freude in Gesellschaft mit den Göttern führten. Das Schicksal der Seelen der Bösen und Unfrommen ist nicht so klar bezeugt; aber man scheint geglaubt zu haben, daß sie – wenn sie denn überhaupt erwähnt werden – ebenfalls nach dem Tode weiterleben, da man von ihnen sagt, sie seien bestimmt für die »abgrundtiefe Dunkelheit« im Gegensatz zum »weißen Licht«, in das die Tugendhaften nach ihrem Tod eingehen.

II

Soweit zu den frühen Hymnen; wir werden jetzt innerhalb der Grenzen unseres Plans die Bedeutung der späteren Hymnen und der Brāhmaṇas betrachten. Das letztere Wort ist abgeleitet von *brahman,* was »Gebet« oder »Verehrung« bedeutet; es bezeichnet die maßgebliche Äußerung eines Priesters, speziell das Opfer betreffend; und die Brāhmaṇas werden so genannt, weil sie die Quellen solcher Äußerungen sind. Allgemein gesprochen entwickelte sich das Denken der frühen Hymnen in dieser Periode in drei Richtungen: Monotheismus, Monismus und Ritualismus. Die ersten beiden von diesen findet man oft miteinander vermischt. Aber die Begriffe selbst sind völlig voneinander unterschieden, wie bald zu erklären ist; und das ist der Grund dafür, daß wir uns mit ihnen getrennt beschäftigen.

1. *Monotheismus*: Der Glaube an die vielen Götter der frühen Hymnen wurde nun zu einem mehr oder weniger eindeutigen Monotheismus. Die Tendenz zu ihm erscheint bereits in diesen Hymnen auf vielfältige Weise. Einer der wichtigsten von ihnen beschreibt die Gleichheit der Götter untereinander. Sie alle haben ein bestimmtes Aussehen, was darauf hindeutet, daß ihr Wesen bereits festgelegt ist, wenn auch nur halbbewußt. So sind alle Götter leuchtend, was

sich am gemeinsamen Epitheton *deva* zeigt, das ihnen zugeeignet wird; es ist abgeleitet von einer Wurzel »scheinen«. Alle Götter bewahren die äußere Ordnung, und sie sind freundlich zu den Tugendhaften. Diese Tendenz entwickelt sich nun weiter, aber sie mündet nicht in den festgeformten Begriff eines höchsten Gottes, wie er für den Monotheismus im allgemeinen Sinn des Wortes gefordert wird. Sie zielt nicht so sehr auf die Entdeckung eines Gottes, der über den anderen Göttern steht, sondern auf eine allgemeine Kraft hinter allen oder, wie wir auch sagen könnten, auf das Prinzip, das in allen steckt. »Was nur das Eine ist, benennen die Redekundigungen vielfach. Sie nennen es Agni, Yama, Mātariśvan«[i]. Die Konzeption eines höchsten Gottes in der späten vedischen Periode ist folglich mehr philosophischer Natur. Die für alle Götter charakteristische Allmacht z. B. wird personifiziert als der Höchste mit dem Namen »Alles-Macher« (*Viśva-karma*). Er ist der große Architekt des Universums, sagt eine Hymne, »der alle Arten und Geschöpfe kennt, der der alleinige Namengeber der Götter ist, zu ihm kommen die anderen Geschöpfe, um ihn zu befragen«[j]. Dieser Versuch, eine allgemeine und dem Wesen nach unpersönliche Konzeption des höchsten Gottes von den allgemeinen Wesenszügen der Götter herzuleiten, wurde mit einer bemerkenswerten Freiheit spekulativ immer und immer wieder betrieben, so daß wir für diese Periode eine ganze Anzahl solcher Konzeptionen kennen, die aufeinanderfolgen und sich gegenseitig ersetzen.

Die berühmteste Konzeption eines höchsten Gottes, der zunächst eingesetzt und später wieder abgesetzt wurde, ist die des Prajāpati oder »Vater-Gott«, dessen Name bedeutet, daß alle geschaffenen Wesen seine Kinder sind. Zuerst findet man diesen Titel im wörtlichen Sinn als »Herr der Geschöpfe« als ein Attribut verschiedener Götter in Gebrauch. So lautet die Antwort auf die neunmal gestellte Frage »Wer ist der Gott, dem wir mit Opfer dienen sollen?« in einer häufig rezitierten Hymne des Ṛgveda, daß dies

Prajāpati sei, »kein anderer als du umspannt (schützend) alle diese Geschöpfe«[k]. An einer anderen Stelle[l] wird er als der [Erst-]Geborene des *ṛta* bezeichnet, des Prinzips der Rechtschaffenheit, das die Welt regiert; und die Beschreibung zeigt, daß ihm nicht die moralische Höhe fehlt, die die frühen und eher konkreteren Götter charakterisiert, obwohl diese Gottheit abstrakt ist, ein Ergebnis der Erhöhung eines bloßen Attributes in den Rang des Allmächtigen. In der Tat wird er oft als ethische Autorität angesehen. Prajāpati repräsentiert die höchste Vorstellung von einer monistischen Gottheit in den späteren mantras und den Brāhmaṇas insgesamt. Aber im Laufe der Zeit wird selbst diese Vorstellung durch andere ersetzt; und noch später, etwa in der Zeit der Upaniṣaden, nimmt diese Gottheit unter dem Namen Brahmā (*maskulin*) eine wirklich nur noch sekundäre Stellung ein[5].

2. *Monismus*: Eine andere Richtung, in die sich das Denken der frühen Hymnen entwickelt, ist entschieden philosophisch; sie führt die Welt nicht auf einen Schöpfer, sondern auf einen einzigen uranfänglichen Grund zurück, der sich selbst als Universum in all seinen Ausprägungen entfaltet. Wie im Fall der vorhergehenden Konzeption stellt man sich auch dieses kausale Prinzip bzw. die schöpferische Grundlage auf verschiedene Weisen vor. So erscheint es an einer Stelle als das Unbegrenzte (*aditi*), an einer anderen als Zeit (*kāla*). In einer bemerkenswert tiefsinnigen Hymne[6], die »den Höhepunkt des spekulativen Denkens im Ṛgveda« markiert, ist es als »Das Eine« (*Tad Ekam*) bezeichnet – eine Benennung, die unmißverständlich den Schatten der namenlosen Kraft in den Upaniṣaden vorauswirft, von der bald zu sprechen sein wird, indem sie alle frühere anthropomorphe Mythologie über Bord wirft. »Weder Nichtsein noch Sein war damals [am Anfang]«[m], sagt die Hymne; »... Es atmete nach seinem Eigengesetz ohne Windzug dieses Eine«[n]. Aber es hat in sich, wird hinzugefügt, die

verborgene Kraft (*tapas*)[o], aus der sich später das gesamte Universum einschließlich der Götter entwickelte. Der Punkt, der hier besonders berücksichtigt werden sollte, ist die Konzeption einer endgültigen Wesenheit als eine dynamische und aus sich selbst entwickelnde Kraft, die deshalb keine außenstehende Macht benötigt, die sie leitet und bildet.

Diese Geistesströmung findet sich häufig mit jener anderen des Monotheismus vermischt, wie wir bereits kennenlernten. Der Grund dafür liegt darin, daß man den höchsten Gott nach den Vorstellungen dieser Periode nicht nur immer mit den anderen Göttern identifizierte, sondern auch mit dem gesamten Universum, dessen Schöpfer er ist. »Er ist alles und jedes«, wird z. B. an einer Stelle von Prajāpati gesagt. Der höchste Gott wird nicht nur als Schöpfer angesehen, der äußerlich in Beziehung zur Welt steht, sondern auch als derjenige, der ihre ureigenste Substanz konstituiert, wie das auch beim monistischen Prinzip der Fall ist. Es ist jetzt üblich, den Monismus der späteren mantras und der Brāhmaṇas als pantheistisch darzustellen; aber das ist nicht richtig, weil der Begriff, der auf diese Lehre anwendbar ist, gleichzeitig nicht nur die Idee der Immanenz, sondern auch die der Transzendenz miteinschließt. So erklärt z. B. die sogenannte Hymne vom Menschen[7]: »Er bedeckte vollständig die Erde und erhob sich noch zehn Finger hoch darüber«[p]. Das ursprüngliche Prinzip ist ohne Zweifel in der Welt immanent, die aus ihm hervorgeht, aber dadurch mit Sicherheit nicht erschöpfend erklärt ist.

3. *Ritualismus:* Der Zweck, die zahlreichen Götter der Natur anzurufen, war zunächst hauptsächlich der, ihre Gunst für den Erfolg im diesseitigen Leben wie auch für danach zu gewinnen. Die Gebete waren deshalb gewöhnlich von einfachen Gaben wie Korn und zerlassener Butter[q] begleitet. Aber diese einfache Form der Verehrung wurde mehr und mehr eine kompliziertere Angelegenheit und

führte im Laufe der Zeit zu sorgfältig ausgeführten Opfern und zum Aufstieg einer besonderen Klasse von berufsmäßigen Priestern, die – wie man glaubte – diese Opfer als einzige ausführen konnten. In den späteren Hymnen gibt es Anspielungen auf Riten, die sehr lange Zeiträume in Anspruch nahmen und für die der Opferer zahlreiche Priester beschäftigte. Die Brāhmaṇas, in denen dieser ausgefeilte Ritualismus gelehrt wird, unterordnen die früheren mantras diesem völlig. Sie benutzen zwar die mantras, trennen sie aber häufig von ihrem ursprünglichen Kontext und unterscheiden sich bisweilen sogar von ihrer ursprünglichen Bedeutung[8].

Bemerkenswerter als diese Ausarbeitung war der Wandel, der sich im Geist vollzog, in dem die Opfer zu den Göttern ausgeführt wurden. Es war nicht mehr länger das Denken, die Götter dazu zu bewegen zu können, Gunst zu erweisen oder irgendeine Gefahr abzuwehren, was zur Ausführung der Opfer trieb; es trat jetzt mehr der Gedanke auf, die Götter zu nötigen oder zu zwingen, das zu tun, was der Opferer wünschte, daß es getan werde. Diesen Wandel im Geiste haben viele moderne Wissenschaftler mit der Einführung des magischen Elementes in die vedische Religion erklärt; und sie sahen dies als ein Zeichen der Übertragung der Macht von den Göttern auf die Priester. Es gibt keinen Zweifel, daß der Glaube an Magie in dieser Periode weitverbreitet war, wie etwa im Atharvaveda, das in großem Umfang ein Buch über Zauberei und Hexerei ist. Aber dies scheint auf die niedrigeren Schichten der Gesellschaft beschränkt gewesen zu sein, wie aus dem allgemeinen Tenor der übrigen vedischen Literatur hervorgeht. Der veränderte Geist hinter dem Darbringen von Opfern bedeutet möglicherweise nur Vertrauen in die Wirksamkeit der vedischen Gebete als solche und nicht in die Macht der Priester.

Dies würde mit der uneingeschränkten Verehrung übereinstimmen, die – wie wir sehen werden – die Anhänger der verschiedenen orthodoxen Lehrmeinungen später dem gesamten Text des Veda entgegenbrachten. Die Macht, Gutes zu vermitteln, scheint daher nicht von den Göttern auf die Priester, sondern unmittelbar auf den Veda selbst übertragen worden zu sein.

Aber welchen Namen wir ihm auch geben mögen und wie auch immer wir seine Bedeutung verstehen mögen, ist es sicher, daß es einen tiefen Wandel in der Konzeption des Opfers gab und folglich auch in der Beziehung zwischen Göttern und Menschen. All dies führte dazu, auf eine peinlich genaue Ausführung eines jeden Details zu achten, welches mit den verschiedenen Riten verbunden war; und man glaubte, daß das daraus entstandene gute Ergebnis – sei es für das Diesseits oder die andere Welt – automatisch aus ihm erfolgte. Diese Genauigkeit bei der Ausführung des Opfers brachte die dritte Bedeutung von *ṛta* hervor, auf die wir oben hingewiesen haben. So wurde ritualistische Genauigkeit auf dieselbe Stufe gestellt wie Naturgesetze und moralische Geradlinigkeit. Wenn wir von den noch vorhandenen Werken ausgehen, erscheint der Ritualismus in dieser extremen Form als die vorherrschende Lehre der späteren vedischen Periode; da aber die beiden anderen Strömungen – nämlich des Monotheismus und des Monismus – ebenfalls ohne Zweifel eine wichtige Rolle spielten, ist der herausragende Platz, den der Ritualismus in diesen Werken einnimmt, aller Wahrscheinlichkeit nach das Ergebnis der Neigung der Gelehrten-Priester in diese Richtung, da sie verantwortlich für die Kompilation des Veda sind, wie er uns überliefert wurde.

III

Beginnen wir nun die Betrachtung der Upaniṣaden. Das Wort *upaniṣad*[r] bedeutet wörtlich »Geheimlehre« (*rahasya*) bzw. Lehre, die mit Eifer vor den Unwürdigen behütet und nur privat Schülern von zuverlässigem Charakter mitgeteilt wird. Daher wurde es auch für Werke verwendet, in denen solche Lehren verkündet wurden. Die Zahl dieser Werke ist nach üblicher Zählung ziemlich umfangreich; aber nur etwa ein Dutzend von ihnen können als echte Teile der vedischen Literaturgattung eingestuft werden. Der Rest, der einer späteren Periode angehört, ist von relativ geringem Wert. Die klassischen Upaniṣaden, wie wir die frühen nennen wollen, stellen die Blüte vedischen Denkens dar. Sie sind in rhythmischer Prosa geschrieben, falls sie nicht metrisch sind; und sie besitzen insgesamt eine musikalische Qualität ganz eigener Prägung. Selbst wenn der Leser nicht mit ihren Lehren vertraut ist, begreift er leicht ihre allgemeine Wichtigkeit; und ihre Kraft, jemanden aus sich selbst heraus zu bewegen, ist bemerkenswert.

Allgemein gesprochen bedeuten die Lehren der Upaniṣaden eine Reaktion gegen die der Brāhmaṇas, die ein ausgefeiltes Ritualsystem als unabdingbar ansehen. In mehr als einem Fall tadeln die Upaniṣaden den Wert der Opfer. Um nur ein einziges Beispiel zu nennen: eine Upaniṣad erklärt, daß es die Götter nicht erfreut, wenn der Mensch die letzte Wahrheit kennen würde, weil ihm dadurch ihre wahre Stellung im Universum offenbar werde, die ja keineswegs die höchste ist; als Ergebnis verlören sie ihre Opfergaben, die sie sonst von ihm erhielten[9]. Die Götter sind nach dieser Anschauung eher den Menschen vergleichbar; ihre Verehrung bzw. Opfer für sie erzielen keinen dauerhaften Erfolg wie etwa bei der Hinwendung zur philosophischen Wahrheit. Aber es sollte hinzugefügt werden, daß dieser Geist des Widerspruchs zum Ritual innerhalb der vedischen Periode selbst gemildert wurde. Das rituelle Leben wurde – entweder unmittelbar oder mittelbar – als notwendig anerkannt, um das wahre und letzte Ziel des Lebens zu erreichen[10]. So kam es schließlich dazu, daß die Upaniṣaden die Lehre des Veda in ihrer Gesamtheit repräsentieren, nicht nur seine letzten Abschnitte. Hier begegnen wir einem charakteristischem Merkmal eines jeden Fortschritts in der indischen Kultur: wenn ein neues Stadium erreicht ist, wird das alte nicht einfach beiseite gelegt, sondern früher oder später in das neue inkorporiert.

Bei bestimmten wichtigen Gesichtspunkten treten große, häufig sogar unüberwindliche Schwierigkeiten bei der Entscheidung auf, was denn nun genau die Lehre der Upaniṣaden ist. Dies erklärt das Aufkommen der verschiedenen Schulen des Vedānta in späteren Zeiten, die alle für sich beanspruchen, die Lehre der Upaniṣaden zu repräsentieren. Es ist klar, daß die in ihnen vorherrschende Anschauung monistisch ist und die Absolutheit vertritt. Mit anderen Worten: sie lehren, daß die letzte Realität eine und nur eine ist. Deren unsichtbare, aber durchdringende Präsenz wird in einer Upaniṣad dargelegt. »Brahman ist unten und oben, im Westen und im Osten, im Süden und im Norden. Brahman ist die ganze Welt«[11]. Die Lehre ist auch in dem Sinne idealistisch, daß man diese einzigartige Realität ihrer Natur nach als geistig betrachtet und alles andere als in ihr und durch sie existierend erklärt. In Bezug auf alle Dinge und alle lebenden Wesen sagt eine andere Upaniṣad: »All dies ist gegründet im Bewußtsein; das Bewußtsein ist die Grundlage des Universums, das Bewußtsein ist Brahman«[12]. Das bedeutet aber nicht, daß Pluralismus bzw. der Glaube an viele letztendliche Wesenheiten und Realismus bzw. der Glaube, Materie sei so real wie Geist oder Bewußtsein, den Upaniṣaden überhaupt unbekannt ist. Es bedeutet nur, wie bereits gesagt, daß diese Anschauungen in ihnen nicht deutlich in die Augen fallen. Sie erscheinen dort wie ein entferntes Echo der Lehren der früheren Abschnitte des Veda, die – allgemein gesprochen – weder monistisch noch idealistisch sind. Solch eine Zweiteilung des Veda ist zweifellos gegen die indische Tradition, die immer auf der Einheit der vedischen Lehre besteht. Weil alle Abschnitte des Veda in gleicher Weise offenbart wurden, behauptet man, es könne keine Nichtübereinstimmung in ihren Lehren geben. Blickt man jedoch auf den gesamten Umfang der vedischen Literatur und die ungeheure zeitliche Erstrekkung, die die frühesten von den späteren Abschnitten trennt, würde es in der Tat außergewöhnlich sein, wenn sie sich die ganze Zeit als genau dieselbe Lehre erwiesen hätte.

Was ist aber nun das genaue Merkmal der Lehre von der Einheit, die die vorherrschende Lehre der Upaniṣaden ist? Es ist notwendig, die Aufmerksamkeit auf bestimmte Details der frühen vedischen Lehren zu lenken, bevor man versucht, diese Frage zu beantworten. Wir haben bereits auf das Auftreten einer monistischen Anschauung in den späten Hymnen hingewiesen. Ausgehend von dem in diesem Zusammenhang genannten Beispiel und dem Namen, der ihm in der monistischen Quelle verliehen wird, nämlich »*Das* Eine«, kann man sehen, daß der Monismus das Ergebnis des Versuches ist, die ganze Welt – Natur, Menschen und Götter – von außen und objektiv zu betrachten. Es gibt andere Konzeptionen derselben Art in der älteren Literatur; und eine von ihnen, die allmählich wichtiger wurde, ist die vom Brahman. Auf die im Ṛgveda aufgeworfene Frage »Welches war denn das Holz, welches der Baum, aus dem sie Himmel und Erde zimmerten?«[s] wird später in einem Brāhmaṇa[t] die folgende Antwort gegeben: »Brahman war das Holz, Brahman war der Baum, aus dem sie Himmel und Erde zimmerten«. Diese Konzeption ist in den Upaniṣaden sehr berühmt. Der Ursprung des Begriffes *brahman* ist nicht ganz klar, und es mag genügen, hier nur eine der zahlreichen Erklärungen zu nennen, die jetzt in der Diskussion sind. Der Leser wird sich erinnern, daß das Wort *brahman* »Gebet« bedeutet. Abgeleitet von einer Wurzel *bṛh,* die »wachsen« oder »ausdehnen« bedeutet, steht es auch für die Kraft, die von selbst in eine heilige Formel als Gebet übergeht; und auf diese Bedeutung sollten wir nach einigen unter den zeitgenössischen Wissenschaftlern den philosophischen Sinn des Begriffes zurückführen, nämlich Kraft bzw. das ursprüngliche Prinzip, das sich selbst aus eigenem Antrieb als Universum manifestiert.

Es gibt eine zweite Geistesströmung in der frühen Literatur, die wir auch berücksichtigen sollten, wenn wir die monistische Lehre der Upaniṣaden genau verstehen wollen. Ihr Ziel ist nicht die Erkundung eines kosmischen Prinzips – der Quelle der Welt als Gesamtheit –, sondern eines psychischen Prinzips – das innere Wesen des Menschen. Der Ursprung dieser Geistesströmung sollte dem Glauben zugeschrieben werden, daß das ureigenste Forschungsobjekt der Menschheit der Mensch ist. Die Konzeption des Menschen von sich selbst ist bekanntermaßen nicht einheitlich; und alles vom rohen Körper bis zum feinsten Prinzip, was an eine individuelle Existenz gebunden ist, kann durch diese bezeichnet sein. Wir finden beinahe alle möglichen Alternativen in der vedischen Literatur wie z. B. den Lebensatem (*prāṇa*) und die Sinne (*indriya*). Den Gipfelpunkt dieses Forschens repräsentiert der *ātman* oder das Selbst, das manchmal negativ beschrieben wird, indem man leugnet, daß der *ātman* Atem, Sinne usw. ist: diese gelten alle als Nicht-Selbst (*anātman*). Manchmal erscheint das Selbst als die wahre Ursache, das erkennt, aber niemals erkannt werden kann – »er ist sehend nicht gesehen, hörend nicht gehört, verstehend nicht verstanden«[u]. Die Idee ist in jedem Fall, daß der *ātman* nach normalem Verständnis nicht erkennbar ist. Eine Upaniṣad drückt diese Einzigartigkeit des Selbst durch die paradoxe Erklärung aus, daß es nur denen bekannt ist, die es *nicht kennen*[v], was bedeutet, daß es nicht zum *Objekt* des Denkens gemacht werden kann, obwohl es intuitiv erfahrbar ist.

Brahman bedeutet also das ewige Prinzip, wie es sich in der Welt als Gesamtheit verwirklicht hat; und *ātman* ist das innerste Wesen des eigenen Selbst. Diese beiden Konzeptionen – Brahman und ātman – sind von großer Wichtigkeit und treten in der Literatur dieser Periode nicht unabhängig voneinander auf, sondern stehen manchmal in Wechselbeziehung zueinander; und ihre Parallelität erklärt man dadurch, daß das Selbst der Welt in derselben Weise in Beziehung zum natürlichen Universum steht wie das individuelle Selbst zu seinem Körper. So wird im Atharvaveda dargelegt, daß das universale Selbst bzw. die Weltseele »die Erde als Füße, die Atmosphäre als Bauch, den Himmel als Kopf, Sonne und Mond als Augen und den Wind als Atem hat«[w]. Bisweilen werden diese beiden Konzeptionen miteinander identifiziert; diese treffende Gleichsetzung begründet die wesentliche Lehre der Upaniṣaden. Diese wird ausgedrückt in den wohlbekannten Sprüchen »Das bist du« (*Tat tvam asi*)[x] und »Ich bin Brahman« (*Ahaṃ brahmāsmi*)[y]. Diese bringen zum Ausdruck, daß das Prinzip, an das die Welt als Ganzes gebunden ist und das, welches das Wesen des Menschen ausmacht, letztlich dasselbe sind. Hier endet das lange Fragen der Inder nach der durchdringenden Ursache aller Dinge – die Suche nach »dem, durch dessen Wissen alles gewußt werden wird«, wie die Upaniṣaden es ausdrükken. Passagen, die nur das Brahman oder nur den ātman beschreiben, tauchen häufig in den Upaniṣaden auf; aber sie sind nicht eigentümlich für sie, weil man diese auch schon in der früheren Literatur findet. Aber ihre ausdrückliche Gleichsetzung miteinander ist wiederum spezifisch upaniṣadisch.

Es ist notwendig, die volle Bedeutung dieser Identifizierung zu erklären. Brahman ist als das letzte kosmische Prinzip bzw. als Quelle des gesamten Universums allumfassend. Solch ein Prinzip muß aber seiner Natur nach nicht unbedingt geistig sein, sondern kann genausogut eine materielle oder natürliche Wesenheit besitzen. Eine solch gegenständliche Konzeption wie die obige ist jedoch wenig mehr als eine *Hypothese*, um den Ursprung des Universums zu erklären; es gibt nichts, was uns dazu treibt, es als tatsächlich existierend anzusehen, da es keine logische Sinnwidrigkeit ist, dies zu verleugnen. Einige Denker scheinen dies bereits in der upaniṣadischen Periode getan zu haben und behaupteten, daß »am Anfang diese Welt nichtseiend gewesen sei«[13] Die Begründung für den geistigen Charakter dieses Prinzips und die Beseitigung der Ungewißheit über seine Existenz sind durch seine Identifizierung mit dem ātman oder dem Selbst beide vollendet. Denn unser eigenes Selbst ist uns als geistig bekannt und es gibt daher eine unmittelbare Verpflichtung, es in gewissem Sinne als unbezweifelbar anzuerkennen. Wenn wir mit der Idee des Selbst statt der des Brahman beginnen, begegnen wir einer gleichartigen Schwierigkeit, weil dieses, während das Selbst auf das weist, was geistig und eine unbestreitbare Gewißheit ist (wie uns bekannt ist), seiner Natur nach notwendigerweise begrenzt ist. Welche Anschauung wir auch immer von seiner Natur haben mögen: es ist auf der einen Seite von der natürlichen Welt begrenzt, auf der anderen Seite von den anderen Einzelseelen. Das Fehlen der Begrenztheit aber ist eine Bestätigung der Identifizierung mit dem Brahman bzw. der allumfassenden Ursache des Universums. Das Ergebnis der Identifizierung ist daher, daß die letzte Realität, die man unbekümmert entweder als Brahman oder als ātman bezeichnen kann, geistig ist und nicht nur für alle Einzelseelen, sondern ebenso für das ganze natürliche Universum steht. Das ist die Bedeutung des Monismus oder der Einheitslehre wie sie in den Upaniṣaden niedergelegt ist.

Das geistige und monistische Wesen dieser absoluten Realität ist durch den klassischen Ausdruck *saccidānanda* sehr treffend ausgedrückt. Als einen einzigen zusammenhängenden Begriff, der sein Wesen definiert, begegnet man ihm nur in den späteren Upaniṣaden; aber seine drei Elemente – *sat, cit* und *ānanda* werden einzeln und gemeinsam schon in den frühesten Upaniṣaden benutzt. *Sat,* das »Sein«, weist auf das positive Wesen des Brahman hin, um es von allem Nichtseienden zu unterscheiden. Nach unserer Erfahrung können positive Wesenheiten jedoch geistig sein oder auch nicht. Das nächste Attribut *cit,* das »Empfindungsvermögen« bedeutet, zeigt, daß es geistig ist. Das letzte Attribut *ānanda,* das für »Zufriedenheit« steht, weist auf sein monistisches und allumfassendes Wesen hin, weil Mannigfaltigkeit die Quelle aller Schwierigkeiten und Ratlosigkeit ist. »Furcht entsteht aus Furcht«, sagt ein berühmter upaniṣadischer Spruch[14]. So bedeuten die drei Attribute zusammengenommen, daß das Brahman die einzige geistige Realität oder das Absolute ist, das nicht nur alles Sein (*sat*), sondern auch alles Denken (*cit*) umfaßt, so daß alles, was immer teilhat am Wesen des anderen, letztlich auf das Brahman zurückgeführt werden muß. Mit anderen Worten: es ist die Quelle des ganzen Universums, während es selbst selbst-existierend und sich-selbst-offenbarend ist: es gibt keine andere Wesenheit, von dem es abgeleitet oder durch die es erkannt werden könnte.

Eine andere Hauptschwierigkeit zum Verständnis der Upaniṣaden entsteht bei der Festlegung der genauen Beziehung dieses Einheitsprinzips zur Welt und zu den individuellen Einzelseelen. Es gibt einige Passagen, die lehren, daß die Welt nichts als eine Erscheinung ist und keinen wirklichen Platz in dieser letzten Realität hat. Es gibt andere Passagen, die nicht weniger zahlreich sind, welche der Welt Realität zubilligen, obwohl sie zur selben Zeit betonen, daß es neben dem Brahman oder Absoluten nichts gibt. Śaṅkara untersucht in seinen zahlreichen Kommentaren beide Positionen und kommt zu dem Schluß, daß die erste Anschauung die wahre Lehre der Upaniṣaden sei. Nach ihm ist die zweite Anschauung in ihnen nur versuchsweise in den Vordergrund geschoben worden. D. h., sie markiert nur einen versuchsweisen ersten Schritt in der Lehre; die Upaniṣaden distanzieren sich schließlich von dieser Anschauung, indem sie an deren Stelle die andere bestätigen, nämlich daß das Brahman und neben ihm nichts real ist. So soll man die Realität, die in solchen Passagen der Welt zugestanden werden, nicht als die letzte Realität ansehen. Dieses Zugeständnis dient nur dazu, sich an die endgültige Lehre von allgemeinen oder empirischen Arten des Denkens anzupassen, die die Ungleichheit als real annehmen. Aber diese repräsentieren die »niedere« Wahrheit (*aparā vidyā*), die als

Sprungbrett zum Verständnis der »höheren« (*parā vidyā*) dient – eine Unterscheidung, die bisweilen in den Upaniṣaden ausdrücklich bekräftigt wird[15]. Was die Individualseele betrifft, sieht Śaṅkara sie als das Brahman selbst an, die wegen ihrer Zusätze als endlich erscheint; diese sind aber ebenso wie der Körper als Teile des natürlichen Universums in der wahren Bedeutung des Begriffes nicht real.

Es gab noch andere hervorragende Vertreter der upaniṣadischen Lehre; einige von ihnen wie Bhartṛprapañca[16], der vor Śaṅkara lebte, behaupteten, daß das Selbst und das natürliche Universum real seien: obwohl beide endlich und unvollkommen sein mögen, sind sie aber andererseits vom Brahman nicht völlig verschieden. Das soll heißen, daß beide identisch und gleichzeitig von ihm verschieden sind; zusammen bilden die drei eine Einheit in der Verschiedenheit. *Als* Brahman ist die letzte Realität eine einzige, aber *als* Seelen und *als* Welt ist sie vielfältig. Nach dieser Anschauung entsteht das ganze Universum tatsächlich aus dem Brahman und deshalb hat sein Wesen notwendigerweise Anteil an der Realität. Die Fülle seines Umfanges zeigt, daß Brahman als seine Quelle komplex ist; nur ist die Vielfalt manchmal offenkundig, manchmal aber verborgen. Das erstere trifft zur Zeit der Schöpfung (*sṛṣṭi*) zu, das letztere zur Zeit der Auflösung (*pralaya*), welche sich nach uraltem indischen Glauben einander ohne Ende ablösen. Am Ende eines jeden Zyklus kehrt die Vielfalt zum Brahman zurück, entsteht aber am Beginn des nächsten Zyklus neu aus ihm. Der Unterschied, der hier zwischen einer verborgenen und einer offenbaren Stufe des Universums gemacht wird, weist auf das dynamische Wesen der letzten Realität hin, und daher wird diese Anschauung als »die Lehre vom sich selbst entwickelnden Brahman« (*Brahma-pariṇāma-vāda*) bezeichnet. Diese Anschauung ist wie die vorhergehende monistisch, weil sie keine Realität außerhalb des Brahman anerkennt. Obwohl sie die Welt nicht als eine Erscheinung erklären möchte, könnte diese Anschauung ebenso als idealistisch bezeichnet werden, weil sie ein letztes Ziel oder einen letzten Wert der Welt leugnet, außer wenn diese als ein Element im Brahman, dem absoluten Geist, angesehen wird.

Wie wir uns Brahman auch immer vorstellen, es ist die Quelle, aus der das Universum in all seinen organischen und nichtorganischen Aspekten entsteht. Zuerst läßt es die fünf »Elemente« (*bhūta*) entstehen, nämlich Raum (*ākāśa*), Luft (*vāyu*), Feuer (*agni*), Wasser (*ap*) und Erde (*pṛthivi*). Jedes dieser Elemente besitzt seine eigene charakteristische Qualität: der Raum ist durch den Ton (*śabda*) charakterisiert, die Luft durch Berührung (*sparśa*), Feuer durch Farbe (*rūpa*), Wasser durch Geschmack (*rasa*) und die Erde durch Geruch (*gandha*). Diese Klassifizierung, die von fast allen späteren indischen Philosophen akzeptiert wurde, hängt zweifellos mit dem fünfteiligen System der Sinnesorgane zusammen – Hören, Fühlen, Sehen, Schmecken und Riechen – und sollte mit diesem in Verbindung gebracht werden. Von diesen Elementen ist zum einen die gesamte anorganische Welt, die aus solchen Dingen wie Hügeln und Flüssen besteht, abgeleitet, zum anderen die organischen Körper von Pflanzen, Tieren und Menschen, in denen Seelen wohnen, die letztlich Brahman selbst sind oder sich jedenfalls nicht tatsächlich von ihm unterscheiden.

Was bedeutet aber solch eine Anschauung der letzten Realität für unser tägliches Leben? Die auffallendste Eigenschaft des letzteren ist die Überzeugung, die damit verknüpft ist, nämlich daß die Vielfalt real und endgültig ist. Die Voraussetzung der meisten, wenn nicht aller Tätigkeiten des Lebens, ist jene, daß ein Mensch vom anderen verschieden ist. Die durch soziale und politische Organisationen gemachten Anstrengungen, die Menschen zu einen, zeigen bereits, daß sie sich selbst als untereinander verschieden betrachten. Wenn schon ein Mensch vom anderen verschieden ist, dann ist seine Verschiedenheit von der natürlichen Umgebung noch klarer. Aber nicht nur sind

Mensch und Materie voneinander verschieden; die Materie selbst, mag sie nun als Attribut des Selbst, wie der natürliche Körper und die Organe, dienen oder als seine Umgebung, scheint ihrem Wesen nach vielfältig. Jedes Objekt besitzt seine eigene Individualität oder, wie die Upaniṣaden es ausdrücken, seinen eigenen Namen (*nāma*) und seine eigene Form (*rūpa*). Es kann kein Zweifel bestehen, daß kein Teil dieser Vielfalt endgültig ist, wenn der Monismus die Wirklichkeit ist. Das ist das Kennzeichen der Lehre der Upaniṣaden, soweit es unsere alltäglichen Glaubensvorstellungen betrifft.

Die in der alltäglichen Erfahrung auftretende Vielfalt mag nur eine Erscheinung des Brahman und daher falsch sein, wie eine Schule von Interpreten der Upaniṣaden meint; nach einer anderen Schule ist die Vielfalt auch nicht die ganze Wahrheit, weil die Einheit gleichermaßen real ist. Und doch scheint sie die einzige Wahrheit zu sein, woran unsere eingewurzelte Geistesverfassung schuld ist, die wiederum auf unser Nichterkennen (*avidyā*) der letzten Realität zurückzuführen ist. Dies ist es, was mit Māyā gemeint ist – jene Kraft bzw. das Prinzip, das uns das wahre Wesen der Realität verbirgt. Das Nichtwissen mag als negativ angesehen werden, als bloßes Fehlen des Wissens um die Einheit, die der im Alltag erfahrenen Vielfalt zugrunde liegt; oder es mag in dem Sinne als positiv betrachtet werden, daß es Anlaß zu einem Mißverständnis ist, das uns die mannigfaltige Welt dort sehen läßt, wo Brahman und nur Brahman ist. Im ersten Fall wäre unsere alltägliche Erkenntnisfähigkeit – so weit sie gehen konnte – richtig, wenn sie auch nicht weit genug ging, um die Einheit zu verstehen; im zweiten Fall wäre sie beinahe völlig falsch. Das Ziel des Lebens, wie es in den Upaniṣaden konzipiert ist, ist auf jeden Fall die Überwindung dieses angeborenen Nichtwissens durch Erlangung der völligen Erleuchtung oder des *jñāna*. Den Zustand der Erleuchtung nennt man Erlösung oder *mokṣa*. Es ist die Erlangung des wirklichen Selbstseins im Brahman.

Diese Erleuchtung bedeutet nicht nur ein intellektuelles Begreifen der Anschauung, daß alles eins ist, sondern auch eine tatsächliche Verwirklichung dieser Einheit in unserer eigenen Erfahrung. Mit anderen Worten: das Ziel des Studiums der Philosophie liegt nicht nur darin, theoretische Neugier zu befriedigen, wie uneigennützig diese Neugier auch immer sein mag; es liegt auch darin, die richtige Art des Lebens zu führen, indem man seine Lebensführung bewußt an seine intellektuellen Überzeugungen anpaßt. In dem Sinn, einem erfüllteren Leben zuzuneigen und nicht im Sinne eines Dogmas oder Aberglaubens, mischt sich in Indien Religion mit Philosophie. Das Erreichen solcher Erleuchtung erfordert einen langen Ausbildungsgang. Zunächst muß die Wahrheit, wie sie in den Upaniṣaden ausgedrückt ist, von einem speziellen Lehrmeister (*guru*) erlernt werden. Dieses Stadium der Ausbildung nennt man *śravaṇa* oder »formales Studium«. Aber das bloße Annehmen der Lehre, mag diese auch noch so wahr sein, würde nur blinden Glauben erzeugen; und sie wird solange nicht zur Philosophie, bis ihre vernunftgemäße Stütze aufgespürt ist. Die Glaubensvorstellungen anderer sind zweifellos häufig von großem Nutzen für uns, weil wir nicht alles über uns selbst wissen können. Der Fortschritt des Menschen ist häufig abhängig von der Fähigkeit, das Denken und die Erfahrung anderer zu übernehmen und von ihnen zu profitieren. Aber die Sachlage ist im Falle eines Gegenstandes wie Philosophie, deren Beziehung zum Leben so besonders eng ist, völlig verschieden. Andere mögen uns hier die Wahrheit lehren, die sie erfahren haben und die Methode, durch die dies gelang; aber auch wenn wir erfolgreich diesen Prozeß wiederholen und diese Wahrheiten für uns selbst wiederentdecken, können wir doch nicht diese Tiefe an Überzeugung erreichen, die einzig und allein im wahrsten Sinn des Wortes »Philosophie« genannt werden kann. Wenn es Tatsachen gibt, die jenseits des verstandesmäßigen Erfassens liegen und deshalb nicht uneingeschränkt dargelegt werden können, sollte die Philosophie wenigstens auf die *Wahrscheinlichkeit* hinweisen, daß sie wahr sein könnten. Dies erkennt man in den Upaniṣaden, weil sie vorschreiben, was man *manana* oder »Reflexion« als Zusatz zum Studium (*śravaṇa*) im Sinne des Lernens der Wahrheit durch einen Lehrmeister nennt. Das bedeutet, daß Philosophie zwar mit dem Glauben beginnen mag, aber nicht mit ihm endet.

Die in den Upaniṣaden vorgeschriebene Ausbildung macht hier nicht halt. Sie schließt auch *dhyāna* oder »Meditation« mit ein, was ein ständiges Sichbeschäftigen mit der Wahrheit bedeutet, von der man intellektuell überzeugt wurde. Diese Meditation ist auch als *yoga* bekannt, von dem in der Folge zu sprechen sein wird. Eine Anzahl von Abschnitten in den Upaniṣaden hat es auf sich genommen, die Arten der Übungen oder *upasānas* zu beschreiben, die den Schüler auf die Betrachtung der letzten Wahrheit vorbereiten, indem sie ihn daran gewöhnen, seinen Geist von allen störenden Gedanken freizumachen und ihn auf ein einziges Objekt zu lenken. Es ist das Ziel der letzten Kontemplation, ihn in die Lage zu versetzen, die Einheit der Existenz unmittelbar zu erfassen – so unmittelbar, wie er ihre Vielfalt erfaßt hatte. Wenn also Reflexion (*manana*) zum Erlangen intellektueller Überzeugung dient, dann dient die Meditation (*dhyāna*) zum Erreichen unmittelbarer Erfahrung. Ohne die Erlangung einer solch unmittelbaren oder intuitiven Erfahrung wird die Philosophie von rein akademischem Interesse sein, auch wenn sie eine logische Gewißheit bietet. Solche theoretische Erkenntnis mag ein geistiges Verstehen sein; da sie aber mittelbar ist, kann sie nicht die unmittelbar erfahrene Überzeugung in die Endgültigkeit der Vielheit vertreiben und wird daher keinen ständigen Einfluß auf das Leben ausüben. Die Upaniṣaden gründen diesen Teil ihrer Lehre auf eine Erfahrungstatsache, nämlich die, daß eine mittelbare Erkenntnis der Wahrheit eine unmittelbare Illusion nicht überwinden kann: sehen allein ist nur glauben. Damit aber die Meditation wirkungsvoll oder auch nur möglich sein kann, erfordert sie nicht nur ein intellektuelles Verstehen der endgültigen Wahrheit, sondern auch ein Loslösen von selbstsüchtigen Interessen. Das war die Idee, die der Praxis zugrundeliegt, die Lehre der Upaniṣaden als Geheimnis zu bewahren und sie nur wahren und erprobten Schülern mitzuteilen, wie schon früher ausgeführt wurde: »Gib sie niemandem, der nicht gelassen ist«, sagt eine Upaniṣad[z], weil man befürchtete, daß die unbeschränkte Verbreitung der Wahrheit, daß alles eins ist, zu deren Verzerrung führen und sie in Mißkredit bringen könnte. Die sittliche Ausbildung, die sich im Abwenden von selbstsüchtigen Interessen zeigt, betrachtete man im allgemeinen in den Upaniṣaden als selbstverständlich und beschäftigte sich daher nicht sehr intensiv damit. Wo aber davon gesprochen wird, legt man Wert auf ihre Wichtigkeit, z. B. am Anfang der Kaṭha-Upaniṣad, wo ein Knabe, der vom Todesgott erfahren möchte, ob die Seele den Körper überlebt oder nicht, auf vielfache Art und Weise mit dem Anerbieten von Macht und Reichtum versucht wird, bevor er die Wahrheit erkennt. Aber es ist nicht nur der Geist der Selbstverleugnung, der in der Lehre der Upaniṣaden vorausgesetzt wird; gleicher Nachdruck wird auf die Sozialethik gelegt. So macht Prajāpati, der, wie wir wissen, eine moralische Autorität ist, in einer anderen Upaniṣad nicht nur die Praxis der Selbstverleugnung, sondern auch die der Freigebigkeit und des Mitleides zur Pflicht[17]. Die Upaniṣaden beschreiben das Brahman als frei vom Bösen – eine Beschreibung, die stillschweigend fordert, daß derjenige, der die Brahmaschaft zu erlangen wünscht, sich selbst von allen Formen des Bösen freimachen sollte. Wie Max Müller sagt, sind Güte und Tugend »ein *sine qua non* zur Erlangung der höchsten Erkenntnis, die die Seele zurück zu ihrer Quelle und ihrer Heimat führt und ihre wahre Natur wiederherstellt«. Der Gipfelpunkt dieser ethischen Ausbildung wird in der formellen Weltentsagung oder *saṃnyāsa* symbolisiert, die ihren herausragendsten Platz in den Upaniṣaden findet. Es ist der asketische Lebenswandel (*nirṛtti*), der vom aktiven (*pravṛtti*) der Brāhmaṇas zu unterscheiden ist – eine Unterscheidung, auf die wir in einiger Ausführlichkeit im nächsten Kapitel eingehen.

Um kurz den ganzen Lauf der Ausbildung zu wiederholen: Die notwendige Voraussetzung, einen vedāntischen Lebenslauf zu beginnen, ist Entsagung. Mit anderen Worten: niemand, der sich nicht einem ethischen Ausbildungsgang unterzogen hat, der darauf hinzielt, alle egoistischen Regungen abzutöten, ist für ein ernsthaftes Studium der Upaniṣaden qualifiziert. Wenn man diese vorbereitende Qualifikation erlangt hat, gibt es eine dreifache Ausbildung, die hauptsächlich intellektuell ist: (1) Erlernen der letzten Wahrheit mit Unterstützung eines Lehrers (*śravaṇa*), (2) Reflexion über das Gelernte im Hinblick darauf, sich selbst der Gewißheit bzw. zumindest der Möglichkeit der Wahrheit zu versichern (*manana*) und (3) Meditation, die die Vertiefung und Intensivierung dieser Überzeugung zum Ziel hat, bis sie alle Glaubensvorstellungen ausgerottet hat, die unvereinbar mit der Wahrheit sind (*dhyāna*).

Das Ziel des Lebens ist, wie bereits bemerkt, die Erlangung der Erlösung (*mokṣa*) vom empirischen Stadium des *saṃsāra* oder dem Kreislauf von Geburt und Tod. Das Ziel ist, Brahman zu werden oder, was auf dasselbe hinausläuft, die eigene wahre Natur wahrzunehmen. In Übereinstimmung mit der zweifachen Anschauung der letzten Realität, die man in den Upaniṣaden findet, stellt man es sich auf zwei Arten vor. Nach Śaṅkara beispielsweise ist es ein Zustand, in dem das Selbst bei sich selbst bleibt – ohne Anteil und friedvoll; nach anderen wie Bhartṛprapañca ist es ein Zustand, in dem nur die Ansicht von der Vielfalt als letzte Realität verschwindet und man eine allumfassende Realität als identisch mit sich selbst erfährt. In jedem Fall ist es ein Stadium moralischer und intellektueller Vollkommenheit, das die gewöhnlich gemachten Unterschiede zwischen dem Selbst und dem Nicht-Selbst und zwischen Gut und Böse überwindet. Die Upaniṣaden insgesamt scheinen zu lehren, daß dieses Ziel im gegenwärtigen Leben erreichbar ist. Es wird *jīvanmukti* oder »Erlösung bei Lebzeiten« genannt. »Wenn alle Begierden, die im Herzen wohnen, verschwinden«, sagt die Kaṭha-Upaniṣad[zz], »dann wird der Mensch unsterblich und erlangt bereits hier das Brahman«. Hier z. B. ist eine von anderen unterschiedliche Erwähnung des Zieles. Im Zustand der *jīvanmukti* verschwindet die Vielfalt der Welt nicht – selbst bei denen nicht, die glauben, sie sei falsch; aber der Glaube an die Endgültigkeit der Vielfalt ist ein für allemal zerstört. Diese Erlösungskonzeption bedeutet eine große Weiterentwicklung der früheren vedischen Glaubensvorstellung, daß das endgültige Ideal des Menschen erst im Jenseits verwirklicht werden kann. Von Sokrates sagt man, er habe die Philosophie vom Himmel herunter auf die Erde geholt; die Weisen der Upaniṣaden aber entdecken – wie man sagen könnte –, daß der Himmel selbst auf der Erde ist, wenn man nur in der Lage ist, dies zu erkennen. Wenn letztendlich eine Person, die dieses Stadium erreicht hat, von ihrem natürlichen Beiwerk losgelöst ist, wird sie Brahman selbst. Das ist die endgültige Erlösung (*videha-mukti*).

Bis jetzt haben wir unsere Aufmerksamkeit auf Personen beschränkt, die jede Leidenschaft in sich erfolgreich abtöteten und die völlige Erleuchtung in diesem Leben erlangten. Aber ihre Zahl ist unvermeidlich sehr klein. Von den anderen, die die große Mehrheit bilden, unterscheiden die Upaniṣaden zwei große Gruppen: jene, die dem richtigen Weg des Lebens folgen, auch wenn sie nicht in der Lage sind, in diesem Leben die völlige Erleuchtung zu erlangen und jene, die ihren natürlichen Trieben folgen, weil sie keine Selbstbeherrschung haben. Die erste Gruppe, die zweitbeste, schreitet von einem Stadium der Existenz zu einem höheren, ohne zur Welt der Sterblichen zurückzukehren, bis sie zum Schluß Erlösung vom Zyklus von Geburt und Tod findet. Diese schrittweise Verwirklichung (*krama-mukti*) des Lebensideals ist jenes, das einige Vedāntins als die *einzige* Form der Erlösung nach der upaniṣadischen Lehre ansehen. Dies hängt mit den eschatologischen Anschauungen über das Ziel des Menschen zusammen, wie es in den früheren Stadien der vedischen Periode verstanden wurde. Nur stellt man sich das Ergebnis hier als völlige Befreiung von den Bedingungen der weltlichen Existenz vor und nicht als sublimiertes Leben voll Freude in der Welt der Götter. Auf der anderen Seite wird die zweite Klasse von Personen, d. h. die, die sich ihren Begierden hingeben statt sie zu zügeln, wieder und wieder geboren; ihr Zustand in jedem einzelnen Leben ist festgelegt durch »die Art ihrer Taten und die Art ihres Denkens«[18] in der Vergangenheit. Der Glaube an die Karman-Lehre, der hier miteinbezogen ist, bildet ein charakteristisches Merkmal der upaniṣadischen Lehre. Aber es wird bequemer sein, ihre Betrachtung auf das nächste Kapitel zu verschieben. Im Moment genügt es, auf die eindeutige Verkündung des moralischen Gesetzes in den Upaniṣaden hinzuweisen, das in dem Glauben zum Ausdruck kommt, daß »gute Taten zum Guten, schlechte Taten zum Übel führen«[19].

Es gibt noch einen anderen Punkt, auf den kurz eingegangen werden muß, bevor wir diesen Abschnitt beenden, nämlich den Platz des Theismus in den Upaniṣaden. Wir haben seine Entwicklung am Ende der Brāhmaṇa-Periode bereits skizziert. Seine weitere Geschichte führen wir im nächsten Kapitel fort und werden den Platz benennen, den der Monotheismus im strengen Sinne in den Upaniṣaden einnimmt. Aber es gibt auch eine andere Form von ihm in ihnen, über die jetzt einige Worte verloren werden sollen. Dieser Theismus hat sich nicht wie z. B. die Konzeption von Prajāpati aus dem Polytheismus der mantras entwickelt, sondern unmittelbar aus der Brahman-ātman-Konzeption, und in Übereinstimmung mit dieser sieht man den höchsten Gott als in allem immanent, was das Universum ausmacht, einschließlich der Götter und Menschen. Diese Wahrheit zeigt sich in dem Namen, der ihm in den Upaniṣaden allgemein gegeben wird, d. i. Īśa oder Īśvara (»Herr«), der als der »innere Lenker« (*antaryāmin*) in allen Dingen des Universums lebt[20]. Īśvara ist in diesem Sinne nur die personifizierte Form von Brahman. Daher bezeichnet der Begriff keinen Schöpfer, der vom Geschaffenen zu unterscheiden ist – etwa so wie Gott im Monotheismus konzipiert ist –, sondern ein Prinzip, das letztlich eins mit diesem ist. Um dasselbe in der Begrifflichkeit des späteren Vedānta auszudrücken: so wie Gott hier konzipiert ist, ist er sowohl Stoff wie auch die wirksame Ursache des Universums. Erwartungsgemäß geht diese personifizierte Konzeption von Brahman häufig unmerklich in die Konzeption des Absoluten in den Lehren der Upaniṣaden über.

Anmerkungen zu Kapitel I

1 Die Mantras sind Verse, die Brāhmaṇas sind in Prosa verfaßt, aber sie enthalten häufig Zitate in Versen. Das gesamte Material ist in vier Abteilungen gegliedert, von denen jede als ein »Veda« (d. h. Wissen) bezeichnet wird – Ṛgveda, Yajurveda, Sāmaveda und Atharvaveda. Jeder Veda enthält infolgedessen Mantras und Brāhmaṇas.

2 *Six Systems of Indian Philosophy*, S. 41.

3 »Obwohl der Name der Uṣas von der Wortwurzel mit Aurora und 'Hως verwandt ist, ist der Kult der Morgenröte als eine Göttin doch eine besondere indische Entwicklung«. Macdonell, *Vedic Mythology*, S. 8.

4 *Ethics of India*, von E. W. Hopkins, S. 8. Der Verfasser fügt hinzu: »Die *bhakti* oder liebende Hingabe, die einige Gelehrte nur als eine späte Entwicklung der Hindu-Religion vermuten, ist bereits im Ṛgveda nachweisbar«.

5 Vgl. Aitareya-Upaniṣad III,3, wo Brahmā an der Spitze der Lebewesen genannt wird.

6 Ṛgveda X, 129.

7 Ṛgveda X, 90: *Sá bhū́mim viśváto vṛtvā́ty atiṣṭhad daśāṅgulám.*

8 Siehe z. B. *Mīmāṃsā-nyāya-prakāśa* von Āpadeva, S. 47 (Nirṇaya Sāgara Press). Diese Stufe in der Entwicklung der indischen Religion kann man als »Brahmanismus« bezeichnen. Ihr charakteristisches Merkmal ist die Anerkennung des Veda als göttliche Offenba-

rung. »Hinduismus« ist der Name, den sie in einer späteren Phase erhielt. Er beruft sich ebenfalls auf die Autorität der Veden, aber »sein Bereich ist viel umfangreicher und schließt die Verehrung von Gottheiten nachvedischen Ursprungs und nachvedischer Entwicklung mit ein.«

[9] Bṛhadāraṇyaka-Upaniṣad I,4,10.

[10] Vergl. Bṛhadāraṇyaka-Upaniṣad IV,4,22.

[11] Chāndogya-Upaniṣad VII,25,2; Muṇḍaka-Upaniṣad II,2,11. (Anm. d. Übers.: 1. In der Chāndogya-Upaniṣad steht *ātman,* nicht *brahman;* 2. In der Muṇḍaka-Upaniṣad steht die Passage »unten und oben« nach der Angabe der Himmelsrichtungen.)

[12] Aitareya-Upaniṣad III,3.

[13] Chāndogya-Upaniṣad VI,2,1–2.

[14] Bṛhadāraṇyaka-Upaniṣad I,4,2: *Dvitīyāt vai bhayaṃ bhavati.*

[15] Vgl. Praśna-Upaniṣad V,2.

[16] Hiriyanna, »Bhartṛ-prapañca«; in: *Indian Antiquary,* Vol. 53 (1924), S. 77–86.

[17] Bṛhadāraṇyaka-Upaniṣad V, 2. Daher ist die Annahme mancher Leute nicht richtig, daß die Upaniṣaden nicht so sehr auf Sozialethik achten und nur Wert auf den Weg der individuellen Vollkommenheit legen. Vgl. Hopkins, *Ethics of India,* S. 64.

[18] Kaṭha-Upaniṣad II,2,7: *Yathā-karma yathā-śrutam.* (Anm. d. Übers.: andere Zählung K.-U. V,7.)

[19] Praśna-Upaniṣad III,7: *Puṇyena puṇyaṃ lokaṃ nayati pāpena pāpam.*

[20] Vgl. Īśa-Upaniṣad I und Bṛhadāraṇyaka-Upaniṣad III,7. Man mag denken, daß die Konzeption von Brahman (n.) dieselbe wie die von Brahmā (m.) ist, der bisweilen in den Upaniṣaden erscheint. Aber dem ist nicht so, weil Brahmā, wie ausdrücklich gesagt wurde (S. 19) nicht auf das Absolutum der Upaniṣaden, sondern auf Prajapati zurückgeht. Siehe auch Anmerkung 2 von Kapitel 2.

Anm. des Übersetzers

[a] Neueste Forschungen haben ergeben, daß die 80jährige Lebenszeit des Buddha auf das 5.–4. Jh. v. Chr. festzusetzen sei. Siehe dazu Heinz Bechert, Die Lebenszeit des Buddha – das älteste feststehende Datum der indischen Geschichte? Göttingen 1986. Folglich könnte die vedische Periode erst ca. 400 v. Chr. enden.

[b] Es sei daran erinnert, daß Hiriyannas Original 1949 erschien.

[c] Winternitz, *A History of Indian Literature,* Vol. 1, S. 310. Im deutschen Original (*Geschichte der indischen Litteratur,* Bd. 1, S. 258) legte sich Winternitz für die gesamte vedische Periode nur auf den Zeitraum »x bis 500 v. Chr.« fest, wobei er x lieber in das 3. als in das

2. Jahrtausend v. Chr. datieren möchte. Jan Gonda, *Vedic Literature,* Wiesbaden 1975, S. 22, vertritt jedoch die inzwischen allgemein anerkannte Meinung, die Indo-Arier seien nicht vor 1500 v. Chr. nach Indien eingefallen und die Hymnen des Ṛgveda seien um 1000 v. Chr. entstanden.

[d] Gemeint sind vor allem die Ausgrabungen von Sir John Marshall zwischen 1922 und 1927 und Ernest John Henry Mackay zwischen 1927 und 1931 in Mohenjo-Daro.

[e] Siehe aber dazu die Studie von Georges Dumézil, *Camillus. A Study of Indo-European religion as Roman history,* Los Angeles, London 1980, die sich besonders mit der römischen Göttin der Morgenröte im Vergleich mit Uṣas auseinandersetzt.

[f] Bezieht sich sinngemäß auf Ṛgveda I, 17.

[g] Radhakrishnan, *Indian Philosophy,* I, S. 85.

[h] Atharvaveda IV,16,2.

[i] Ṛgveda I,164,46b; nach der Übersetzung von Geldner, *Der Rig-Veda,* I, S. 236.

[j] Ṛgveda X,82,3; Übers. Geldner, III, S. 265.

[k] Ṛgveda X,121; Übers. Geldner, III, S. 347–349.

[l] Atharvaveda IV,35,1a: *prathamajā ṛtasya prajapatis* ... und Atharvaveda XII,1,61d: *prajāpatiḥ prathamajā ṛtasya.*

[m] Ṛgveda X,129,1a; Übers. Geldner, III, S. 359.

[n] Ṛgveda X,129,2b; Übers. Geldner, III, S. 360.

[o] Geldner übersetzt *tapas* genauer mit »heißer Drang« (Ṛgveda X.129,3b).

[p] Ṛgveda X,90,1b; Übers. Geldner, III, S. 286.

[q] Hindī: *ghī,* Sanskrit: *ghṛta.*

[r] Die Grundbedeutung des Wortes ist »Das sich in die Nähe Setzen«.

[s] Ṛgveda X,31,7 und X,81,4; Übers. Geldner III, S. 178 und 263.

[t] Taittirīya-Brāhmaṇa II,8,9,6a.

[u] Bṛhadāraṇyaka-Upaniṣad III,7,23.

[v] Kena-Upaniṣad II,3.

[w] Atharvaveda X,7,32–33.

[x] Chāndogya-Upaniṣad VI,8,7.

[y] Bṛhadāraṇyaka-Upaniṣad I,4,10.

[z] Śvetāśvatara-Upaniṣad VI,22.

[zz] VI,14.

II Der Übergang zu den Systemen

Wir haben uns sehr kurz mit der vedischen Religion und Philosophie beschäftigt und werden jetzt in etwas größerer Ausführlichkeit die verschiedenen Systeme des indischen Denkens betrachten. Diese Systeme erscheinen jedoch nicht unmittelbar nach dem Ende der vedischen Periode, sondern erst sehr viel später, obwohl man die genaue Dauer der Zwischenzeit nicht festlegen kann. Bis vor einigen Jahren war es üblich anzunehmen, daß keines der Systeme sehr viel älter als die christliche Ära sei. Die gegenwärtige Tendenz billigt ihnen einen früheren Zeitpunkt zu[1], aber auch dann trennt eine Reihe von Jahrhunderten die vedische Periode von dem, was wir als die Zeit der Systeme bezeichnen wollen. Das indische Denken machte Riesenschritte in diesem Zeitraum, in dem nicht nur in diesem Land ein großer Umbruch im Denken stattfand, sondern auch anderswo wie z. B. in Griechenland. In dieser Zeit blühten nicht nur die im vorangegangenen Kapitel erwähnten verschiedenen Denkrichtungen; es entstanden auch endgültig neue und sehr wichtige religiöse und philosophische Schulen. Natürlich setzen die Systeme, die wir betrachten werden, all diese Entwicklungen voraus, und deshalb ist es notwendig, ihr allgemeines Wesen aufzuzeigen, bevor wir weiter fortfahren.

I

Wir werden mit der weiteren Entwicklung der verschiedenen vedischen Denkrichtungen beginnen. Aber wir werden Monismus nicht von Monotheismus trennen, weil beide, wie wir beobachten konnten (S. 20) sooft miteinander vermischt sind, daß es häufig sehr schwierig ist, zwischen beiden zu unterscheiden. Es mag die Bemerkung genügen – soweit es den Monismus betrifft –, daß man beide früher genannten (S. 27–28) Anschauungen des Absoluten in der frühen nachvedischen Literatur findet. In der Gītā z. B., die dieser Zeit angehört, ist an einigen Stellen die letzte Realität als alle existierenden Dinge durchdringend beschrieben; aber in anderen steht sie fernab, völlig unberührt von irgendeinem Ding. Die Hauptquellen unserer Information sind: 1. Das Kalpa-Sūtra, eine Klasse von Abhandlungen, die im allgemeinen aus kurzen Aphorismen besteht, in denen die ritualistischen Abschnitte der vedischen Lehre systematisiert sind; 2. das wohlbekannte Epos Mahābhārata, das eine wahre Schatzkammer der menschlichen Weisheit ist; und 3. einige der »späteren« oder »kleineren« Upaniṣaden, wie sie jetzt im Gegensatz zu denen genannt werden, die echte Teile des Veda bilden. Bei der Benutzung der letzten beiden Quellen müssen wir sehr vorsichtig sein, weil große Teile von ihnen einer späteren Zeit angehören als der, mit der wir uns jetzt beschäftigen. Sie enthalten neben altem auch neues Material, und es ist sehr schwierig, dazwischen zu unterscheiden. Daher haben unsere Aussagen über einzelne Dinge, wenn sie sich auf diese beiden Quellen stützen, mehr oder weniger den Charakter von Mutmaßungen. Die allgemeine Tendenz des Denkens ist in ihnen aber ziemlich eindeutig.

1. *Monotheismus*: Die impersonale Form des Theismus, die wir im vorhergehenden Kapitel (S. 19) behandelten, dauert auch in der nachvedischen Zeit fort. Wir haben gesehen, daß man Prajāpati, den Hauptgott der Brāhmaṇas, in späterer Zeit unter dem Namen Brahmā (mask.) als untergeordnete Gottheit ansah. Die eigentliche Identität zwischen beiden Konzeptionen erklärt sich durch die Tatsache, daß auch Brahmā in der frühen Literatur manchmal als höchster Gott betrachtet wird. Das ist z. B. im Mahābhārata der Fall. Aber solche Vorstellungen von ihm erscheinen bezeichnender-

weise zumeist in jenen Abschnitten des Epos, die zu seinen frühesten theistischen Sektionen zählen, aber auch andeuten, daß Brahmās einst anerkannte Oberhoheit nach und nach schwand. Im Laufe der Zeit wurde sein Platz von zwei anderen Gottheiten eingenommen, nämlich Śiva und Viṣṇu; im gesamten Epos sind sie es, die an hervorragender Stelle stehen.

Diese Götter sind älter als Prajāpati; sie nahmen aber anfangs keine sehr wichtige Stellung ein (S. 13). Auf jeden Fall stellt man sie sich als Personen vor[2]; und dieser personale Charakter wurde mit zunehmender Berühmtheit mehr und mehr betont, so daß sie schließlich den Rang einer höchsten Gottheit einnahmen, der dem des Varuṇa (S. 14–15) in den frühen Mantras vergleichbar ist.

Die Geschichte dieses persönlichen Theismus, der dem Niedergang der Varuṇa-Verehrung folgte, ist verlorengegangen; aber aus der Tatsache seines Fortdauerns in späterer Zeit können wir schließen, daß dieser nicht völlig verschwunden war. Der Theismus war wohl hauptsächlich eine Glaubensvorstellung des einfachen Volkes geblieben, wie er das im allgemeinen zu sein pflegt; möglicherweise wurden diese beiden Gottheiten unter dem Einfluß jener Glaubensvorstellungen völlig personifiziert. In ihrer vollentwickelten Form werden Śiva und Viṣṇu beide als Götter unter Göttern (*deva-deva*) bzw. als Götter über den Göttern (*devādhideva*) beschrieben; und jeder hat eine so klar umrissene Persönlichkeit, daß es unmöglich ist, den einen mit dem anderen zu identifizieren. Diese Verschiedenartigkeit erklärt zumindestens teilweise den generell sektarischen Charakter des Theismus in der gegenwärtigen Zeit[3].

Śivaismus: der Glaube, in dem Śiva als der höchste Gott betrachtet wird. Die Anfänge dieser Vorstellung kann man bis zu den frühen Hymnen zurückverfolgen, in denen wir Rudra als die Personifikation der zerstörerischen Kräfte finden, z. B. in Stürmen und Blitzen. Tatsächlich bedeutet der Name Rudra wörtlich »Heuler«. Es gibt nur wenige

Hymnen im Ṛgveda, die ihm zugeeignet sind; aber einige charakteristische Merkmale, die später hauptsächlich mit Śiva in Verbindung gebracht werden, finden dort bereits Erwähnung: so z. B. sein Wohnen in den Bergen, seine geflochtenen Haare und seine Bekleidung mit einem Fell. In späteren Phasen betrachtete man ihn sowohl als Schutzherrn wie als Modell der Asketen. Auf Grund seines allgemein schrecklichen Wesens wurde er in diesen frühen Zeiten darum angefleht, er möge gnädig gestimmt oder *śiva* sein. Dieser Name »Śiva« wird in den späteren Abschnitten des Veda zu seiner besonderen Bezeichnung. Hier beschrieb man ihn bisweilen auch als den großen Gott (*mahādeva*). In der Śvetāśvatara-Upaniṣad (in der diese Anschauung hier und da mit der vom Absoluten vermischt wird) nimmt er dieselbe bemerkenswerte Stellung ein und wird als durch liebende Hingabe (*bhakti*) erkennbar erklärt[a]. Diese Upaniṣad verkündet außerdem, daß zur Erlösung göttliche Gnade (*prasāda*) erforderlich sei[b]. Auf diese Weise führt sie ausdrücklich einen charakteristischen Grundsatz eines jeden personalen Theismus ein wie z. B. die Gnade Gottes und ihr notwendiges Gegenstück, seine Verehrung durch den Menschen.

Diese Züge des Glaubens erscheinen viel stärker in der späteren Literatur, z. B. in jenen Abschnitten des Mahābhārata, die Śiva preisen. Abbildungen dieses Gottes und Symbole seiner Göttlichkeit wurden in den Überresten von Mohenjo-Daro gefunden (S. 11–12), aber die genaue Beziehung zwischen der Religion, auf den diese deuten, und dem vedischen Glauben an Rudra-Śiva ist noch nicht bekannt. Es gibt aber einen Punkt, auf den die Enträtselung des tatsächlichen Wesens der Industal-Kultur, wie sie sich jetzt darstellt, wirklich neues Licht wirft. Es ist sicher, daß es eine bestimmte Mischung von gegensätzlichen Zügen in dieser Konzeption von Śiva gibt, und diese mag ihrem Wesen nach teilweise fremd wirken, aber diese fremden Elemente wurden später den arischen Vorstellungen angeglichen. Es gibt zahlreiche Hinweise, die auf den gemischten Charakter hindeuten. Die in mehr als einem alten Werk erzählte Geschichte vom Opfer des Dakṣa, zu dem Śiva als »kleiner Gott« nicht eingeladen wurde, ist einer von ihnen. Ein anderes Anzeichen ist jenes, daß die Śiva-Verehrung sich in hohem Maße auf die Āgamas (wörtlich »Tradition«) stützt, die nicht völlig mit den Lehren der Offenbarungen oder Vedas übereinstimmen; darauf weisen einige Denker wie z. B. Śaṅkara hin[4].

Viṣṇuismus: Glaube, in dem Viṣṇu als der höchste Gott verehrt wird. Viṣṇu ist, wie bereits festgestellt wurde, ebenfalls eine vedische Gottheit. In den Mantras wird er als eine der solaren Gottheiten vorgestellt und ist als solche mit dem Licht und dem Leben verbunden. Nach den Hymnen ist sein wesentlichster Zug die Ausführung der drei Schritte (*tri-vikrama*), die aller Wahrscheinlichkeit nach den Aufgang, den Höhepunkt und den Untergang der Sonne darstellen. Es war diese Verehrung der Sonne, »der sich schnell bewegenden Leuchte«, die sich stufenweise zur Verehrung des Viṣṇu (»der Durchdringende«) als höchstem Gott wandelte. Er hatte bereits zur Zeit der Brahmaṇas seine überragende Stellung erlangt; in einer der älteren Upaniṣaden sieht man das Erreichen des höchsten Wohnsitzes Viṣṇus als das Ziel des menschlichen Lebens an[5]. Es gab auch eine mit dieser verwandten Vorstellung, die des Nārāyaṇa, deren Ursprung man bis zum Ṛgveda zurückverfolgen kann, und die in ihrer vollendeten Form in den Brāhmaṇas erscheint. Der Name bedeutet »Wohnsitz bzw. Ruheplatz der Menschen« oder allgemein »das Ziel aller Lebewesen«. Eines der Brāhmaṇas berichtet, daß Nārāyaṇa sich selbst in der ganzen Welt und in allen Göttern manifestierte und diese alle in ihm eingeschlossen waren[c]. In einer relativ späten Upaniṣad, der Mahānārāyaṇa, nimmt dieser Gott die Stellung ein, die Śiva in der Śvetāśvatara-Upaniṣad inne hat; sein kosmisches Wesen wird wie folgt beschrieben: »Was immer in diesem Universum gesehen oder gehört wird, durchdringt all dieses

– innen wie außen – Nārāyaṇa ist in ihm«[6]. Im Epos nennt man ihn »Sohn des *dharma*«, womit zum Ausdruck gebracht wird, daß die Vorstellung von ihm nicht nur kosmisch, sondern in ihrem Wesen darüber hinaus auch ethisch ist.

Es gibt ein drittes Element, das ebenfalls prägend für den Viṣṇuismus ist und in dieser Zeit vorherrscht, aber es kommt ungleich den anderen aus einer nichtvedischen, wenn nicht sogar aus einer nicht-arischen Quelle. Einige Zeit vor Buddha und Mahāvīra, dem letzten Propheten des Jinismus, scheint im Nordwesten Indiens ein religiöser Reformer namens Śri Kṛṣṇa, Sohn des Vāsudeva, aufgetaucht zu sein, der einen theistischen Glauben lehrte. Der in diesem konzipierte höchste Gott, der »Bhagavān« (»Verehrungswürdiger«) genannt wurde, war von der Art des Gottes Varuṇa – ein Gott, der gleichermaßen wegen seines Ethos gerühmt wird und verehrungswürdig ist. Dieser Glaube nahm bald einen sektarischen Charakter in Form der Bhāgavata-Religion an; eine Phase dieses Glaubens findet man in der berühmten Bhagavadgītā – soweit sie theistisch ist – niedergelegt, einem Werk, das wir bereits angeführt haben und auf dessen Wichtigkeit in Bezug auf die praktischen Lehren wir später eingehen werden. Diese Religion war stark verbreitet, als Megasthenes Indien besuchte[d], so daß sie eine beachtliche Zeit vorher entstanden sein muß. Dieser monotheistische Glaube verband sich im Laufe der Zeit mit dem vedischen Kult des Viṣṇu-Nārāyaṇa; und diese Verbindung trug wesentlich dazu bei, dem Gott des Viṣṇuismus eine persönlichere Note zu geben als dem des Śivaismus. Etwas später wurde Śrī Kṛṣṇa, der Prophet der Bhāgavata-Religion, vergöttlicht und als eine Inkarnation des Viṣṇu-Nārāyaṇa mit diesem identifiziert.

So vermischten sich insgesamt drei geistige Strömungen, die den Viṣṇuismus bildeten. Wie der Śivaismus enthält auch er Elemente aus anderen Quellen als dem Veda; und die Art der Verehrung des Höchsten, die er empfiehlt, basiert hauptsächlich auf den Āgamas. Es gibt bestimmte besondere Ausprägungen, die diesen Glauben charakterisieren: zunächst ist er, wie gerade ausgeführt wurde, viel strenger monotheistisch ausgerichtet als der Śivaismus, der bisweilen impersonale Züge aufweist. Ein zweiter charakteristischer Zug ist die Annahme von verschiedenen Erscheinungen oder Inkarnationen (*avatāra*) des Viṣṇu. Das Wort *avatāra* bedeutet »Herabkunft« und meint, daß Gott sich selbst herunter auf die Erde begibt, um uns ein höheres Ideal des Lebens vorzuführen und uns dabei auf eine Stufe mit ihm zu erheben. Im allgemeinen ist im Hinduismus der Fortschritt in der Welt nicht beständig. Zu bestimmten Zeiten entwickeln sich die Dinge schlimmer und schlimmer, so daß Gott »im Falle von Katastrophen eingreift, um die Herrschaft von Gerechtigkeit und Glück einzusetzen«[7]. Diese Theorie der *avatāras* unterstützt das, was seit langem ein bemerkenswerter Zug des Hinduismus ist, nämlich die Übernahme anderer religiöser Vorstellungen in das eigene System, indem man die dort verehrten Götter zu Manifestationen des höchsten Wesens erklärt. »Diejenigen, die andere Götter verehren«, sagt Śrī Kṛṣṇa in der Gītā, »verehren auch mich, wenn auch unvollkommen«[8]. Auf diese Weise werden andere Glaubensvorstellungen nicht ausgerottet, sondern neuinterpretiert, und die Elemente der Wahrheit, die sie enthalten mögen, genutzt. Durch eine solche Neuinterpretation wurde z. B. die Verehrung des Śrī Kṛṣṇa selbst dem Vaiṣṇava-Glauben angeglichen, und noch später wurde für den Buddha ein Platz unter den zehn Hauptinkarnationen des Viṣṇu gefunden. Ein weiteres Charakteristikum des Viṣṇuismus ist der große Nachdruck, den er auf die liebende Hingabe (*bhakti*) als Mittel zur Erlösung legt – ein Zug, den wir schon im Fall des Śivaismus beobachtet haben. Diese Religion verwarf auch die Tieropfer und zeigte dadurch ihren Gegensatz zu dem, was in dieser Zeit ein offensichtliches Merkmal der vedischen Religion war. Ein Abschnitt des Mahābhārata, der den Ruhm des Viṣṇuismus verkündet[e], berichtet von der Ausführung eines »Pferdeopfers«, bei dem kein Tier getötet wurde.

Ein besonderes Merkmal des Monotheismus – sei es nun Śivaismus oder Viṣṇuismus – ist die Unterscheidung, die zwischen Gott, der individuellen Seele und der Welt, deren Schöpfer er ist, getroffen wird. Die Seele wird gewöhnlich als ewig angesehen, aber als völlig von Gott abhängig; und deshalb wird es die erste Aufgabe des Menschen sein, sich selbst zu einem verständigen und bereitwilligen Werkzeug der Erfüllung von Gottes Absichten zu machen. Man kann nicht genau feststellen, welche Vorstellung vom Ziel des Lebens der frühe indische Theismus hat, weil er sich in verschiedenen Formen darstellt. Verallgemeinernd kann man es als das Erlangen der Gegenwart Gottes bzw. als Erreichen der Gottgleichheit bezeichnen[9]. Zu den vorherrschenden Methoden, dieses Ziel zu erreichen, gehören neben gutem Verhalten (*caryā*) und liebender Hingabe (*bhakti*) auch der Wille, Gottes Gnade (*prasāda*) zu gewinnen – ein Mittel, dessen Wirksamkeit schon in den ältesten Abschnitten des Veda anerkannt ist, wie sich der Leser erinnern wird (S. 16).

Ritualismus: Der Geist des Ritualismus, der ein so hervorstechendes Merkmal des späten vedischen Denkens ist, wurde in der nachvedischen Zeit weiterentwickelt, wie man durch die Kalpasūtras zeigen kann, deren Aufgabe die Systematisierung des Zeremoniells ist, wie wir bereits beobachten konnten. Es gibt drei Klassen von Kalpasūtras. Eine von ihnen, die aus sehr umfangreichen Werken besteht, beschäftigt sich mit der Beschreibung ausgefeilter Riten, die den Hauptgegenstand der Brāhmaṇas darstellen. Eine andere hat die viel einfacheren Hausriten zum Gegenstand der Betrachtungen gemacht, die mit Ereignissen wie Heirat und Geburt von Kindern verbunden ist. Wir werden uns hier wenig mit diesen beiden Arten von Werken beschäftigen, weil deren Hauptinteresse im Zeremoniell liegt. Wichtig für uns ist die noch verbleibende Klasse dieser Sūtras, wenn auch nur mittelbar. Ihre Aufgabe ist es, die Lebensführung des Individuums zu regeln, indem von ihm die Ausführung bestimmter Pflichten gefordert wird, um es für das rituelle Leben vorzubereiten. Dieses wird in Übereinstimmung mit einem Prinzip, welches man schon seit den frühesten Zeiten beachtete, was aber nun klarer erkennbar wird, nur dann erfolgreich sein, wenn jene, die es ausüben, auch ethisch rein sind. »Die Veden reinigen jene nicht, die moralisch unwert sind«[10], sagt eines dieser Sūtras; und das Mahābhārata wiederholt dieselbe Idee, wenn es erklärt, daß sie »den nicht retten, der ein Heuchler ist«. Diese Texte werden Dharmasūtras genannt, weil es ihr Ziel ist, den Standard des *dharma* niederzulegen, dessen Bedeutung wir nun weiterhin betrachten wollen.

Das Wort *dharma* ist von großer Wichtigkeit für die Geschichte des indischen Denkens, aber unglücklicherweise ist die Bestimmung seiner Bedeutung nicht einfach. Wörtlich bedeutet es »das, was zusammenhält«[11] und zeigt an, daß es die Grundlage aller Ordnung ist, sei sie sozial oder ethisch. In seinem ethischen Aspekt ist der *dharma* somit mit *ṛta* verbunden. Tatsächlich verdrängt diese Anschauung, wie früher festgestellt wurde (S. 16), im Grunde genommen die andere in der gegenwärtigen Periode. Manchmal benutzt man den *dharma* als rein ethisches Konzept, und der steht für die richtige oder sittliche Lebensführung, die irgendeine Form des Guten zum Ergebnis hat. Seine konventionelle Bedeutung aber ist der religiöse Verdienst, der jemandem gebührt, der für eine Person in der Zukunft Gutes entweder hier oder sonstwo sichert, das er auf eine unsichtbare (*adṛṣṭa*) Weise bewirkt. So glaubt man, daß die Ausführung bestimmter Opfer den Ausführenden nach dem gegenwärtigen Leben zum Himmel führe, und daß die Vollziehung anderer Opfer ihm Reichtum, Kinder und das, was in diesem Leben gefällt, sichere. Auch wenn die Konzeption des *dharma* hauptsächlich ritualistisch ist, hört er in Übereinstimmung mit dem gerade zuvor referierten Prinzip doch nicht auf, eine ethische Bedeutung zu haben; und es ist diese Bedeutung bzw. das Ideal der moralischen Reinheit, das diese Abhandlungen zum Ausdruck bringen, welche für uns hier hauptsächlich Bedeutung haben, obwohl dieses Ideal auch in ihnen nicht als letztendlich, sondern nur als ein Mittel zum Erfolg im rituellen Leben festgelegt sein mag.

Es ist nicht möglich, hier auf die Einzelheiten der verbindlichen Pflichten einzugehen, wie sie in den Dharmasūtras vorgeschrieben sind. Wir können nur allgemein feststellen, daß sie zur Pflege sowohl eigennütziger Eigenschaften wie auch zur Erfüllung sozialer Verpflichtungen beitragen. Dies wird deutlich, wenn wir über zwei der Hauptklassen des *dharma,* wie er in diesen Abhandlungen gelehrt wird, berichten[12]:

1. Die ersten von ihnen beschreibt man als »häufig« oder »allgemein« (*sādhāraṇa-dharma*). Diese umfassen Tugenden wie Selbstbeherrschung, Freundlichkeit und das Sprechen der Wahrheit, die für alle gleichermaßen verbindlich sind[13].

Wenn sie altruistisch sind oder in einer Beziehung zu anderen stehen, sind sie so konzipiert, daß sie nicht bei der Menschheit Halt machen, sondern in ihren Bereich auch nichtmenschliche Wesen einschließen, denen man Rechte zugesteht, wenn sie auch keine Pflichten haben.

2. Um das Wesen der anderen *dharma*-Gruppen zu verstehen, müssen wir uns daran erinnern, daß die arische Gesellschaft in die vier wohlbekannten Klassen (*varṇas*) gegliedert war und noch immer ist, und daß das Leben der Individuen, die zu den höheren drei unter ihnen gehören, gleichermaßen in vier Stadien (*āśramas*) unterteilt war. Die vier Stadien oder Lebensordnungen sind die des religiösen Studenten (*brahmacārin*), der den Veda erlernt und ein hartes und einfaches Leben führt, die des Hausvaters (*gṛhastha*), der den Göttern opfert und andere Pflichten wie das

Almosengeben ausführt, die des Einsiedlers (*vānaprastha*), der sich in den Wald zurückzieht und dort das Leben eines Eremiten führt, und die des wandernden Bettelmönches (*saṃnyāsin*), der sich selbst der Meditation über die letzte Realität zuwendet, indem er alle weltlichen und selbstsüchtigen Belange aufgibt. Jede Klasse und jedes Lebensstadium hat eigene besondere Pflichten auszuführen, so daß es falsch ist zu denken, daß jene, die das Gewand des Bettelmönches tragen, keinen Verpflichtungen mehr nachkommen müssen. Ihr Eintritt in diese Lebensordnung bedeutet nur die Aufgabe des rituellen Lebens, das insbesondere mit dem Hausvater in Verbindung steht. Es bedeutet aber nicht, daß sie gleichgültig gegenüber dem Wohlergehen der anderen werden dürfen. Diese Pflichten, die den verschiedenen Klassen der Gesellschaft und den Lebensstadien angemessen sind, werden als »genau festgelegt« beschrieben (*varṇāśrama-dharmas*). Obwohl sie, ungleich den Pflichten des ersten Typs, ihrer Konzeption nach relativ sind, ähneln sie ihnen darin, daß auch sie in gleichem Maße verbindlich sind; doch während die ersteren für *alle* bindend sind, unabhängig von Alter oder Stellung, sind die letzteren es nur bei bestimmten Klassen oder Gruppen. Einige dieser Pflichten haben religiösen Charakter, aber selbst diese tragen zur Pflege privater Tugenden wie Selbstbeschränkung und Förderung des Gemeinwohls einschließlich des Wohlbefindens des Handelnden selbst auf lange Sicht bei. Zur Illustration dessen genügt es, die sogenannten fünf »großen Opfer« (*mahāyajña*) zu nennen, deren Ausführung von jedem Hausvater täglich erwartet wird; er studiert den Veda, opfert den Göttern, ehrt Gäste, überreicht den Ahnen Opfergaben und bietet den Vögeln usw. Nahrung an.

Nach der in diesen Sūtras zum Ausdruck kommenden üblichen Sichtweise muß die Ordnung der vier Lebensstadien der Reihe nach durchlaufen werden. Das bedeutet, daß sie die Ausübung des aktiven gesellschaftlichen Lebens (*pravṛtti*) mit jener der Entsagung (*nivṛtti*) verbinden. Es ist derselbe Lebenslauf wie der allgemein in den Upaniṣaden vorgeschriebene, umfaßt also auch *saṃnyāsa* (S. 35), weil dieses Stadium den Höhepunkt der ethischen Zucht bedeutet und die Ausübung der anderen Lebensstadien voraussetzt, besonders das des Hausvaters. Wir wissen z. B., daß der große upaniṣadische Lehrer Yājñavalkya ein Hausvater gewesen war, bevor er der Welt entsagte[14]. In den Dharmasūtras gibt es aber auch Belege für eine Anschauung, die *saṃnyāsa* kritisiert[15]. Diese stimmt besser mit dem Geist des Ritualismus überein und stellt aller Wahrscheinlichkeit nach die ursprüngliche vedische Anschauung dar, die als letztes Ziel des Lebens die Erlangung himmlischer Glückseligkeit anbot (S. 17). Aber diese Sūtras scheinen insgesamt gesehen eine Synthese zwischen dem Ritualismus und der upaniṣadischen Anschauung von Erlösung darzustellen, wie wir im vorhergehenden Kapitel ausführten (S. 23). So finden wir, daß eines von diesen die Selbstverwirklichung (*ātma-lābha*) als Ziel des Menschen betont, ein anderes die Anschauung in den Vordergrund schiebt, daß im Falle einer Auswahlmöglichkeit die Entwicklung der spirituellen Natur der zeremoniellen Heiligung vorzuziehen sei[16]. Das endgültige Ziel, das durch diese Übungen erreicht werden soll, beschreibt man als »Welt des Brahma« (*Brahma-loka*) – ein Ziel, welches der in den Upaniṣaden ausgeführten (S. 37) schrittweisen Verwirklichung des Ideals (*krama-mukti*) nahekommt.

II

Bis jetzt haben wir uns ausführlich mit den Lehren des Veda oder Werken, die von ihm abhängig sind, beschäftigt. Es existierten in dieser Zeit aber auch andere Lehrmeinungen, die sowohl von ihrem Ursprung als auch in ihrer allgemeinen Einstellung von jenen völlig verschieden waren. Sie begegnen uns in mehr als einer Form; insgesamt aber ist ihr wesentliches Merkmal ihre Gegnerschaft zum Veda. Wie bereits ausgeführt wurde (S. 23), gibt es auch innerhalb der vedischen Lehren selbst Elemente des Gegensatzes; z. B. die zwischen den Brahmaṇas und den Upaniṣaden, doch wurden diese im Laufe der Zeit überwunden. Der Gegensatz, mit dem wir uns jetzt beschäftigen, ist von grundsätzlicherer Art. Er ist derart, wie er sich sonst niemals in der langen Geschichte des indischen Denkens herausbildete, und er hat in einer bestimmten Form selbst bis zum heutigen Tag überdauert. Diese Lehre entstand nicht erst in der nachvedischen Zeit, sondern ist älter, da wir ausgeprägte, wenn auch nur gelegentliche Erwähnungen von ihr in allen wichtigen Abschnitten der vedischen Literatur finden. Wir führten ein solches Beispiel an (S. 28), um die upaniṣadische Konzeption der Realität zu erklären – eine nihilistische Anschauung, die zum Ausdruck bringt, daß es keine positive Quelle gibt, auf die die Erfahrungswelt zurückgeführt werden kann. Aber diese Lehre erscheint dort nur mittelbar, d. h. als eine, die die vedischen Denker glaubten unbedingt zurückweisen zu müssen. Es gibt keine unmittelbare Nachricht von dieser Lehre, die uns in irgendeiner Form aus dieser frühen Zeit überliefert ist; und deshalb können wir nicht sagen, welchen Grad der Entwicklung die Lehre zu diesem Zeitpunkt erreicht hatte oder wie groß ihr Einfluß gewesen war.

Was ihren Ursprung betrifft, könnte sie in gewisser Weise mit dem Denken und den Glaubensvorstellungen zusammenhängen, die vorherrschten, als die Āryas das Land zu besetzen begannen; oder es könnte auch lediglich das Ergebnis einer tieferen Spaltung der Denkkategorien der Āryas selbst sein, ein Gedanke, mit dem man sich nicht leicht vetraut machen konnte. Urteilt man von der Tatsache, daß die Anhänger dieser heterodoxen Lehre im allgemeinen ebenfalls Āryas waren, scheint die zweite Erklärung wahrscheinlicher zu sein, wenn auch das frühe Denken des Landes diese Lehre beachtlich beeinflußt haben mag. Aber was auch immer ihr Ursprung ist, eine bedeutende Rolle beginnt sie etwa am Anfang der nachvedischen Zeit zu spielen. Diese Lehre hat den Fortschritt des indischen Denkens insgesamt beschleunigt, da der Gegensatz Vertretern beider Lehrmeinungen Kraft gab. Während das vedische Denken auf den Norden und den Westen als seine Heimat hinweist, zeigt dieses nachvedische Denken auf den Osten als seine bedeutende Hochburg. In diesem Zusammenhang können wir feststellen, daß das Zentrum politischer Bedeutung in dieser Zeit ebenfalls in dieselbe Richtung weist, wie die Geschichte zeigt.

Jene Denkrichtung zeigt sich auch in der Gegenwart in drei Hauptarten. Die erste können wir Naturalismus (*svabhāva-vāda*) nennen, die beiden anderen werden durch die wohlbekannten Religionen Jinismus und Buddhismus vertreten, von denen die eine auf Indien beschränkt blieb, während die andere eine Weltreligion wurde. Jede der beiden letzteren hat ihre eigene Literatur, auch wenn diese nicht in die Zeit zurückreicht, in der ihre ersten bedeutenden Vertreter ihre Stimme erhoben. Die frühesten Teile dieser Literatur sind Jahrhunderte später zu datieren, doch können wir sicher sein, daß vieles von der Tradition, die sie umfassen, auf diese Zeit zurückgeht. Eine Besonderheit dieser Litaratur ist, daß sie nicht in Sanskrit, sondern in Prakrit geschrieben ist, jener Sprache, die zu dieser Zeit allgemein gesprochen wurde; das zeigt, daß die in Frage kommenden Bewegungen ihrem Wesen nach eher volksnah denn priesterlich waren. Für den Naturalismus gibt es keine derartige Literatur; man findet nur verstreute Hinweise in den Schriften der orthodoxen und heterodoxen Schulen. Unsere beste Informationsquelle für ihn ist das Mahābhārata, das häufig auf ihn verweist, wenn auch nur aus bestimmten Anlässen. Dennoch ist die Information, die wir über Details der Lehre erhalten, sehr gering, so daß wir das, was wir darüber zu sagen haben, erst im nächsten Kapitel behandeln. Die anderen beiden Lehren hatten sich zu der Zeit, als die Systeme entstanden, beachtlich entwickelt. Doch wollen wir die Betrachtung ihrer frühen Lehren aus praktischen Gründen ebenfalls erst im nächsten Kapitel behandeln, in dem wir uns mit ihnen in ihrer systematischen Form zu beschäftigen haben.

III

Selbst durch den von uns gegebenen kurzen Überblick über das indische Denken wird klar, daß sich eine große Menge philosophischen Stoffes im 3. oder 4. Jahrhundert v. Chr. angesammelt hatte. Die diesem Stoff innewohnende Heterogenität führte zu seiner Systematisierung, doch sind die Einzelheiten, die sich auf die frühen Abschnitte beziehen, verloren, möglicherweise unwiederbringlich. Die Hauptquellen unserer Information bezüglich der sich entwickelnden Denksysteme sind jene, die uns im allgemeinen unter der Bezeichnung »Sūtras« überliefert sind. Jedes der orthodoxen Systeme hat sein eigenes Sūtra, ausgenommen eines, nämlich der Sāṃkhya. Aber auch dieses System wird jetzt in einem Sūtra erklärt, aber es gibt überzeugende Argumente, daß dieses Sūtra sehr spät ist. Auch die heterodoxen oder nichtvedischen Systeme haben Primärquellen von mehr oder weniger gleichem Charakter. Der Gegenstand dieser Abhandlungen – gehören sie nun zur einen oder anderen Klasse – ist zweifach: die Lehre einer bestimmten Schule, zu der sie gehören, zu festigen; und die anderer, von denen sie abweichen, zu kritisieren. Weil sie untereinander Hinweise auf die anderen Schulen enthalten, scheinen sie alle gleichzeitig zu sein. Aber das ist sehr unwahrscheinlich, und wir müssen die häufig auftretenden gegenseitigen internen Verweise sehr oft als spätere Interpolationen einstufen. Die Werke bestehen aus Aphorismen (*sūtra*), die so lakonisch sind, daß man sie ohne Hilfe von Kommentaren nur schwer verstünde. Wir besitzen solche Kommentare für jedes Sūtra; umgekehrt wurden die Kommentare selbst wiederum kommentiert. Die Literatur eines Systems besteht aus seinem eigenen Sūtra mit Kommentaren und Superkommentaren über diese, ebenso aus bestimmten unabhängigen Abhandlungen (*prakaraṇa*), die die Lehre insgesamt im Hinblick auf die Hilfe für Anfänger darlegen oder einen bzw. mehrere Aspekte vom Standpunkt des fortgeschrittenen Studenten diskutieren.

Das Hauptmerkmal der Systematisierung des frühen Denkens dieser Zeit kommt in der Beachtung zum Ausdruck, die man ganz bewußt dem Wesen und der Funktion des Wissens schenkt bzw. dem Problem, was und wie wir erkennen. Um dasselbe in einer indischen Terminologie auszudrücken: ein allen Systemen gemeinsamer Zug ist, daß sie eine Untersuchung der *pramāṇas* miteinschließen, falls sie nicht sogar unmittelbar mit diesen beginnen; die *pramāṇas* sind ihrer Definition nach die direkten Mittel, Wissen oder *pramā* zu festigen. Gewöhnlich sieht man sie nicht nur als Hilfe zur Aneignung neuer Erkenntnis an, sondern als Bestätigung dessen, was bereits bekannt ist, so daß die Logik, wie sie in Indien konzipiert ist, sowohl eine Wissenschaft des Prüfens wie auch eine der Forschung ist. Ein *pramāṇa* wie z. B. die Wahrnehmung mag die Existenz und das Wesen von bisher nicht bekannten Dingen offenbaren. Es kann auch Mittel zur Bestätigung sein, so wie ein Objekt, das vom Sehorgan erfaßt ist, durch das Mittel der Berührung geprüft wird; oder falls ein Zweifel bezüglich etwas Gefolgertem auftaucht, klärt man diesen durch unmittelbare Beobachtung auf. Bezüglich der Details wie Ausdehnung und Wesen der *pramāṇas* gibt es große Abweichungen in den Meinungen indischer Denker, und wir werden uns auf einige von diesen beziehen, wenn wir die verschiedenen Systeme behandeln. Die Anzahl der *pramāṇas* ist auch ein Topos, über den unter den Schulen große Unterschiede der jeweils eingenommenen Standpunkte bestehen. Tatsächlich ist eine der üblichsten, wenn auch etwas mechanischen Klassifikationen der Schulen diejenige nach der Anzahl der *pramāṇas*, die sie anerkennen; sie erstrecken sich von einem bis sechs oder noch mehr. Die meisten indischen Logiker aber stimmen darin überein, drei von ihnen anzuerkennen: Wahrnehmung (*pratyakṣa*), Schlußfolgerung (*anumāna*) und Wortzeugnis (*śabda*). Wir müssen hier einige Worte über den letzten unter diesen sagen, dessen Einbeziehung unter die *pramāṇas* ein spezifisches Merkmal indischer Logik ist.

Zunächst müssen wir hier zwischen zwei Aspekten des *śabda* unterscheiden, die den Anfänger verwirren könnten. Wenn ein Satz ausgesprochen ist, gibt es zu Beginn einen bestimmten Eindruck, der durch den Hörkanal in unserem Verstand entsteht. Dies ist ein Fall von Wahrnehmung, und die wahrgenommenen Dinge sind *Töne,* die in einer bestimmten Reihenfolge erscheinen. Wortzeugnis als ein *pramāṇa* bedeutet das natürlich nicht. Es gibt einen anderen, den erklärenden oder semantischen Aspekt der Sätze; und das ist es, mit dem der *śabda,* den wir jetzt darlegen, zu tun hat. Die Nützlichkeit dieses Erkenntnismittels im Leben darf nicht unterschätzt werden. Von den zahlreichen Dingen, die ein Mensch wissen sollte, kann er nur einen Bruchteil für sich selbst lernen; beim Rest hängt er völlig vom Zeugnis anderer ab, das ihn durch deren Worte erreicht – ob sie nun gesprochen oder geschrieben sind, macht keinen Unterschied. Der Wert des Zeugnisses als ein Mittel, anderen Informationen zu vermitteln oder unseren eigenen Erfahrungsschatz zu bereichern, ist leicht einsichtig. Aber man könnte fragen, ob es ausreicht, daraus ein unabhängiges *pramāṇa* zu machen. So geht der Streit nur über die logische Stellung des Wortzeugnisses und nicht über seine Nützlichkeit.

Einige indische Logiker glauben nur an die Berechtigung von Wahrnehmung und Schlußfolgerung und weisen das Wortzeugnis als ein *besonderes* Mittel zur Überprüfung zurück. Nach ihnen wird das letztere nur dann Gültigkeit erlangen, wenn es unmittelbar oder mittelbar auf diesen beiden *pramāṇas* oder auf Erfahrung, wie sie gemeinhin verstanden wird, basiert. Deren Anschauung könnte man daher als Empirie bezeichnen. Dieser Typ indischen Denkens ist am besten im Naturalismus (*svabhāva-vāda*) vertreten, den wir am Rande erwähnten und dessen allgemeine erkenntnistheoretische Anschauung wir im nächsten Kapitel erklären werden. Diese Position wird auch von anderen Schulen akzeptiert, soweit sie die Aussagen gewöhnlicher Menschen betreffen (*pauruṣeya*). Nimmt man aber wie die Empiriker an, daß die Sinne und die Vernunft die *einzigen* Erkenntnisquellen sind, bedeutet das nach diesen Schulen, das Reich der Realität zu sehr einzuengen. Wenn auch der menschliche Verstand letztlich nicht erfassen kann, was jenseits von Wahrnehmung und Urteilsvermögen existiert, befindet er sich darüber dennoch nicht völlig im Unbewußten. Die Feststellung, daß die Realität durch eine normale Erfahrung erschöpft wird, schließt, durch das Setzen einer Grenze an diesem Punkt, mit ein, daß der Verstand jenseits dieser Grenze gewandert ist. Aber es wäre zweifellos unnütz, solch ein transzendentales Reich als ein bloßes erkennbares Etwas zu postulieren. Es gibt auch den Bedarf nach einem entsprechenden *pramāṇa,* wobei wir dieses erkennen mögen oder wenigstens jene Aspekte von ihm, die für uns von Bedeutung sind. Unter solchem Blickwinkel hat man das Wortzeugnis in der indischen Philosophie als ein besonderes *pramāṇa* akzeptiert. Jaimini z. B. betont, daß der Veda die Quelle unserer Erkenntnis ist, und zwar gerade dort, wo Wahrnehmung und Schlußfolgerung uns ihre Unterstützung versagen[17]. Ohne in Details zu gehen, können wir feststellen, daß die Hauptfunktion des Wortzeugnisses in diesem Sinne erklärt wird als eine Verbindung zu uns, um die beiden höheren Ideale *dharma* und *mokṣa* sowie die richtigen Mittel zu deren Verwirklichung zu erkennen[18].

Dieses *pramāṇa* geht nach einigen Überlieferungen auf die intuitive Vision eines Heiligen (*yogin*) zurück, und der Kanal, durch den die vermittelte Erkenntnis von ihm zu uns fließt, nennt man *smṛti* oder »(bloße) Tradition«[19]. Als ein gutes Beispiel dafür mag uns der Jinismus dienen, der seine

Wahrheiten auf die Einsicht großer Propheten wie Mahāvīra zurückführt. Zur Erkenntnis einer Welt, die die normale Erfahrung übersteigt, hängen wir nach dieser Anschauung völlig von der Autorität einer individuellen Einsicht ab. In dieser Berufung auf die Erfahrung eines Individuums sehen andere ein Risiko, weil nach ihrer Anschauung die private Erfahrung von niemandem die Garantie ihrer eigenen Gültigkeit mit sich bringt. So bemerkte *Kumārila*, ein bekannter Führer orthodoxen Denkens, bei der Erörterung eines behandelten Gegenstandes, daß eine »Vision«, die sich nur einer einzigen Person geoffenbart habe, letztendlich doch nur eine Illusion sein kann[20]. Damit wird nicht der gute Glaube des Heiligen angefochten; es bedeutet nur, daß die Vorzüglichkeit des Charakters eines Lehrers keine Garantie für die Wahrheit der Lehre ist. Um diesen möglichen Mangel der Subjektivität zu vermeiden, fordern orthodoxe Denker an Stelle des Zeugnisses, das auf der Intuition eines einzigen Weisen beruht, etwas anderes, nämlich *śruti* oder »Offenbarung«, die auch aus dem Veda bekannt ist, der uns – so der Anspruch – nicht in die Irre führen wird, weil er von Gott ausgegangen oder in einem anderen Sinne übernatürlich ist. Nach der herkömmlichen Erklärung ist die *śruti* eine Tradition, die man ihrem Wesen nach als ewig (*sanātana*) betrachtet, weil ihr Ursprung auf kein sterbliches Wesen zurückgeführt werden kann. Hier finden wir im Gegensatz zur vorhergehenden Anschauung die Schlußfolgerung, daß das Reich des transzendentalen Seins für den menschlichen Verstand nicht unmittelbar zugänglich ist, wie immer dieser auch moralisch und intellektuell ausgestattet sein mag.

Doch abgesehen von theologischen Betrachtungen sollte doch zugestanden werden, daß die Wahrheiten, für die der Veda steht, gegebenenfalls auf irgendeine menschliche Herkunft zurückgeführt werden können, ganz gleich, ob es jetzt möglich ist, diese Wahrheiten einem spezifischen Denken zuzuschreiben oder nicht; und diese Tatsache scheint in der Beschreibung enthalten zu sein, daß jene Wahrheiten von inspirierten Weisen (*ṛṣis*) der alten Zeit gesehen wurden. Wenn dies so ist, muß auch der Veda als Vermittler der Ergebnisse, die den alten Weisen eingegeben wurden, angesehen werden. Ein sehr wichtiger Unterschied kann aber aus der Voraussetzung abgelesen werden, die man bisweilen jeder »offenbarten« Lehre zugrunde legt, nämlich, daß sie von den besten Köpfen (*mahājana*) der Gemeinschaft als annehmbar geprüft wurde. Dies mag bei Uneinigkeit lediglich als ein Umgehen des Kerns der Frage erscheinen, weil die nichtvedische Tradition ebenfalls beansprucht, von den besten Köpfen der Gemeinschaft akzeptiert worden zu sein. Was auch immer mit dieser neuen Voraussetzung gemeint ist, die Anhänger der gegenwärtigen Schule scheinen sich im Falle des Zweifels bezüglich der Gültigkeit der aus der Vergangenheit überlieferten Anschauungen auf geistige Größen zu berufen, die sie zufriedenstellen: etwas, was die Anhänger anderer Schulen nicht tun. Zum Standard wird auf diese Weise schließlich eine Gemeinschaft von Menschen und nicht ein Individuum; und kraft des objektiven Status, den diese beansprucht, besitzen deren Äußerungen eine Autorität, die einer privaten Intuition von irgendwem nicht zukommt. Man kann sagen, daß hierin die Überlegenheit der *śruti* über die bloße *smṛti* im oben genannten Sinne liegt. Die Mīmāṃsā und der Vedānta sind Systeme, die »Offenbarung« in diesem Sinne akzeptieren, nämlich als Mittel zur Erkenntnis der übersinnlichen Wahrheit.

So sind indische Denkschulen von diesem Standpunkt aus zu unterscheiden, zunächst in Gruppen: eine, welche annimmt, daß die Realität auf das beschränkt ist, was durch normale Erfahrung gegeben ist und die man deshalb als positivistisch oder empiristisch bezeichnen könnte; und die andere, die das Reich des Seins nicht durch Mittel wie derartige Erfahrungen ausgeschöpft sieht und die ein einziges *pramāṇa* anerkennt, um das zu erkennen, was darüber hinausgeht. Die letztere Gruppe ist wiederum in zwei Kategorien zu unterteilen – eine, die glaubt, daß zur Erkenntnis des transzendentalen Reiches letztlich die individuelle Einsicht angemessen ist; und die andere, die dafür die Hilfe der Offenbarung sucht. Beide kann man zusammen als institutionalistisch bezeichnen, wenn wir uns die oben gegebene Interpretation von Offenbarung ins Gedächtnis zurückrufen. Beide meinen in gleicher Weise, daß letzte philosophische Wahrheiten weder allein von als selbstverständlich angesehenen Postulaten oder Prämissen abgeleitet noch auf der Grundlage einer bloß gewöhnlichen Erfahrung logisch aufgebaut werden können, sondern unmittelbar geschaut werden.

Gewöhnlich zählt man sechs Systeme, nämlich Nyāya, Vaiśeṣika, Sāṃkhya, Yoga, Pūrvamīmāṃsā und Uttaramīmāṃsā oder Vedānta. Diese werden in dieser Reihenfolge häufig in Zweiergruppen zusammengefaßt, weil sie enger miteinander in Verbindung stehen. In unserer Abhandlung werden wir dieser Aufteilung in Gruppen folgen. Die Systeme, die das letzte Paar bilden, sind in ihren theoretischen Aspekten zumindestens nach den Aussagen einiger nicht so eng miteinander verwandt, weshalb wir diese getrennt behandeln werden. Diese Systeme beruhen unmittelbar auf dem Veda. Die verbleibenden vier Lehren erklären in ihrer gegenwärtigen Form ebenfalls ihre Verbundenheit mit dem Veda, obwohl sie ihm ihre eigene Interpretation auferlegen; aber es ist zweifelhaft, ob sie vom Beginn ihrer Geschichte an vedisch waren. Zieht man ihre spätere Gestalt in Betracht, sind sie daher ebenfalls als orthodox zu bezeichnen. Zu diesen haben wir drei weitere hinzuzufügen, nämlich Materialismus (eine spätere Phase des Naturalismus), Jinismus und Buddhismus, die als Systeme ausdrücklich die Autorität der Veden ablehnen und heterodox sind. Diese werden wir zunächst kurz unter der Bezeichnung »nichtvedische Schulen« betrachten. Aber bevor wir damit beginnen, wird es nützlich sein, von zwei Merkmalen zu berichten, die allen Systemen, seien sie nun vedisch oder nichtvedisch, mit Ausnahme des Materialismus gemeinsam sind.

1. *Glaube an die Karman-Lehre*: Dieser Glaube hatte für lange Zeit einen tiefen Einfluß auf das Leben des indischen Volkes. Es gibt zwei Aspekte von ihm, die man klar unterscheiden sollte. An erster Stelle dehnt diese Lehre die Prinzipien der Verursachung auf die Sphäre menschlichen Verhaltens aus und lehrt, daß so, wie jedes Ereignis in der physischen Welt durch frühere Ereignisse bestimmt ist, auch alles, was sich im ethischen Bereich ereignet, vorherbestimmt ist. Wenn aber alle Handlungen eines Menschen auf diese Weise vorherbestimmt sind, mag man fragen, ob diese Lehre nicht fatalistisch wird und daher der Mensch keinen Raum hat, um Freiheit zu praktizieren. Um diese Frage zu beantworten, ist es erforderlich zu erklären, was man genau mit »Freiheit« meint. Wird man in seinen Handlungen durch von außen kommende Faktoren beherrscht, ist man kein frei Handelnder; aber Freiheit bedeutet auch nicht die völlige Abwesenheit von Bestimmung oder bloße Laune. Das Handeln aus willkürlich sich ändernden Motiven würde ein Handeln nach Impulsen sein, so wie bei einigen niedrigen Tieren. Daher sollte man Freiheit nicht als eine Sache betrachten, die in ungehemmter Zügellosigkeit besteht, sondern in Selbstbeschränkung. Wenn wir deshalb fragen, ob der Glaube an Karman nicht im Fatalismus endet, meinen wir damit, ob er Selbstbestimmung ausschließt oder nicht. Es ist evident, daß er diese nicht ausschließt, weil die Lehre die Ursachen, die eine Handlung bestimmen, auf das handelnde Individuum zurückführt. Weil aber die Ursachen nicht alle innerhalb der engen Grenzen eines einzigen Lebens gefunden werden können, behauptet er die Theorie vom *saṃsāra* oder der fortwährenden Existenz der Seele (*jīva*) in einer Folge von Leben[21]. Deshalb ist die Theorie der Seelenwanderung eine notwendige Folge der Lehre vom Karman. Wie Studenten der westlichen Philosophie wissen,

ist die Tatsache des moralischen Bewußtseins nach Kant die Garantie der persönlichen Unsterblichkeit. Auf gleiche Weise ist hier das Gesetz des Karman für uns die Garantie für die Wahrheit der Seelenwanderung. Wenn wir das Leben jetzt in dieser neuen Perspektive betrachten, rührt das gegenwärtige Verhalten einer Person und das Gute und Böse, das daraus folgt, von den eigenen Taten her, die man in einem bestimmten Stadium seiner Existenz beging. Vorherbestimmung wird auf diese Weise nur zu einer anderen Bezeichnung für Taten, die in früheren Existenzen begangen wurden, sagt eine alte Autorität[22]. Deshalb gibt es kein von außen einwirkendes Schicksal, das den Menschen dazu zwingt, so zu handeln wie er handelt; er ist frei im obengenannten Sinne, und deshalb führt diese Lehre auch nicht zum Fatalismus.

Ohne Zweifel wird jetzt die Frage gestellt, wann man die Verantwortlichkeit für das, was man tut, *zuerst* übernommen hatte. Aber eine solche Frage ist eigentlich unzulässig, weil damit impliziert wird, es habe eine Zeit gegeben, in der die Seele ohne irgendeine Bestimmung gewesen sei. Solch eine Anschauung von der Seele ist eine Abstraktion, die genauso ohne Bedeutung ist wie die der reinen Vorherbestimmung, die niemanden charakterisiert. Die Seele, wie sie uns normalerweise bekannt ist, bedeutet immer eine Seele mit einer bestimmten Menge von Vorherbestimmungen, und diese Tatsache wird in indischen Texten erklärt, indem man das Karman als anfangslos (*anādi*) beschreibt. Das bedeutet, daß es unerheblich ist, wie weit wir die Geschichte eines Individuums zurückverfolgen, weil wir niemals bis zu der Stufe gelangen werden, als es bar jeder Eigenschaft war. Denn es gibt in allen Stufen eine Selbst-Determinierung, und die Karman-Lehre bezieht den Einfluß irgendeines äußeren Zwanges in keiner Weise mit ein. So tief ist die Überzeugung einiger davon, daß das Karman angemessen sei, für die Wechselfälle des Lebens vorzusorgen und die Mannigfaltigkeit menschlicher Bedingtheiten zu berücksichtigen, daß sie auch keine Notwendigkeit sehen, die Existenz Gottes – konzipiert als Schöpfer der Welt und ihr überwachender Richter – anzuerkennen, wie wir später ausführen werden.

Nehmen wir an, daß wir allein auf dem langen Weg dafür verantwortlich sind, was uns geschieht, und man außerdem noch sagen könnte, daß wir nicht in der Lage sind, uns in irgendeiner Weise selbst zu helfen, weil wir den Lauf unseres vergangenen Karman nicht ändern können, der zu diesen Ereignissen führt. Vielleicht kommt der Zwang nicht von außen, aber es ist Zwang vorhanden, und deshalb kann es keine Freiheit des Handelns geben. Wenn wir diesem Einwand begegnen, ist es notwendig, unsere Aufmerksamkeit auf einen Punkt zu lenken, den wir schon im Vorübergehen streiften, nämlich auf die Idee der moralischen Vergeltung, die der Karman-Lehre zugrunde liegt (S. 38). Was immer wir wissentlich tun, wird uns früher oder später das Ergebnis bringen, das wir verdienen; und es gibt keinen Weg, dem zu entkommen. Was wir gesät haben, müssen wir ernten. Die Karman-Lehre bedeutet also nicht nur, daß die Ereignisse unseres Lebens durch vorangegangene Ursachen festgelegt sind, sondern auch, daß es absolute Gerechtigkeit bei den Belohnungen und Strafen gibt, die uns das Schicksal im Leben zuteilt. Dies ist der zweite Aspekt der Lehre, auf den wir früher anspielten. Demnach ist das Karman-Gesetz kein blindes mechanisches Gesetz, sondern im wesentlichen ethisch. Diese Überzeugung, daß es im Leben tatsächlich keine Ungerechtigkeiten gebe, erklärt die Abwesenheit des Gefühls der Bitterkeit und ist geeignet, Qual und Kummer nachzuvollziehen; dies ist auch beim einfachen Volk in Indien bemerkenswert, wenn es von einem Mißgeschick befallen wird. Es macht weder Gott noch den Nachbarn verantwortlich, nur sich selbst. Tatsächlich ist diese Gemütsverfassung, die den Glauben an die Karman-Lehre erzeugt, in ihrer Wirkung eine der heilsamsten. So berichtet Deussen vom Fall einer blinden Person, die er einst auf seiner Indienreise traf: »Nicht wissend, daß ihm die Blindheit angeboren war, fragte ich teilnehmend, durch welchen Unglücksfall er sich sein Gebrechen zugezogen habe? Sofort und ohne dadurch irgendwie in seiner guten Laune beeinträchtigt zu werden, war er mit der Antwort bei der Hand: ›durch irgendein in einer früheren Geburt begangenes Vergehen‹.«[23]

Aus dieser Idee der Vergeltung wird gefolgert, daß die Karman-Lehre in der moralischen Anschauung des Universums begründet ist und sie deshalb den Menschen zu einem wahrhaft moralischen Leben verpflichtet. Sie legt Gewicht auf die Wahrheit, daß es ein Ideal des Lebens gibt, welches eifriges Streben zur ersten Pflicht des Menschen als eines denkenden und selbstbewußten Wesens macht. Mit anderen Worten: die Lehre setzt die Möglichkeit moralischen Wachsens voraus; und die Belohnungen und Strafen, die dies anzeigen, enden daher nicht im Selbstzweck, sondern sind nur Mittel zum Hervorbringen solchen Wachsens. Aus diesem Grunde haben sie mehr als nur vergeltende Züge; sie bilden auch eine Schulung in natürlichen Folgeerscheinungen, die den Menschen moralisch erziehen. Wenn dem so ist, folgt daraus, daß die Freiheit, zwischen verschiedenen Möglichkeiten des Handelns zu wählen, mit dem Gesetz des Karman nicht nur vereinbar ist, sondern von diesem regelrecht gefordert wird. Wäre der Mensch nur ein Geschöpf seiner ihm angeborenen Impulse – völlig machtlos, sich über diese zu erheben – wäre es für ihn auch nur ein billiger Trost zu wissen, daß er nicht das Opfer eines fremden Schicksals ist.

Das bedeutet jedoch nicht, daß er die Folgen des vergangenen Karman abwehren kann. In dieser Hinsicht ist sein Leben durch stärksten Zwang charakterisiert; und er hat alle unerfreulichen Erfahrungen des Lebens willig anzunehmen wie die erfreulichen. Sie sind vorbestimmte Folgeerscheinungen, von denen er sich niemals selbst befreien kann. Das Mahābhārata sagt, daß die Folgen dessen, was ein Mensch getan hat, diesen später aufsuchen werden »so sicher wie das Kalb seine Mutter in einer Herde von Kühen«. Insofern schließt Karman Zwang mit ein. Wie bereits oben berichtet, schließt es aber auch Freiheit ein, nämlich in Bezug auf den *ethischen* Fortschritt. Es ist kein Widerspruch dabei, Freiheit und Zwang gleichzeitig als Inhalte der Lehre zu betonen, weil sie sich auf verschiedene Aspekte des Karman beziehen. Jede Tat, die wir begehen, führt zu einem zweifachen Ergebnis. Sie bewirkt nicht nur das, was man als direkte Folge (*phala*) bezeichnen könnte – die Strafe oder die Freude, die sich je nach dem Wesen der begangenen Tat ergibt; sie begründet in uns auch eine Neigung (*saṃskāra*), dieselbe Tat in der Zukunft zu wiederholen. Der in der Karman-Lehre enthaltene Zwang besteht nur in Bezug auf die ersten Folgen, nämlich Qual oder Vergnügen. Was die letzteren, nämlich die Neigungen, betrifft, sind diese völlig unter unserer Kontrolle; und unser moralischer Fortschritt hängt völlig vom Erfolg ab, mit dem wir diese lenken und ordnen, weil diese dazu tendieren, sich selbst in Handlungen auszudrücken. Doch führt diese Doppelbedeutung von Karman nicht zu einer Spaltung der Lebensinteressen oder zum Konflikt über den Zweck des Lebens, weil es die ethische Weiterentwicklung ist, die zum einzigen Ziel *aller* Aktivitäten gemacht werden soll. Dies ist z. B. die ausdrückliche Lehre der Gītā, wie wir bald sehen werden. Wenn man auf diese Weise die Verbesserung der moralischen Beschaffenheit von irgendjemandem als Ziel aller Bemühungen akzeptiert, kann man gleichgültig gegenüber dem sein, was in der Gegenwart als unvermeidliches Ergebnis vergangenen Karmans geschieht.

2. *Ideal des Mokṣa.* Der andere wichtige übereinstimmende Punkt bei den verschiedenen Schulen ist die Anerkennung der Befreiung oder Erlösung (*mokṣa*) vom Kreislauf der Wiedergeburten als höchstes der menschlichen Ziele oder Werte. Die Inder sprechen im allgemeinen von vier Werten

– *artha, kāma, dharma* und *mokṣa.* Von diesen sind die ersten beiden, die »Reichtum« bzw. »Vergnügen« bedeuten, säkulare oder rein weltliche Werte. Die beiden anderen, deren allgemeine Bedeutung schon genannt wurde, kann man im Gegensatz dazu als spirituell beschreiben. Philosophie ist nur mit den beiden letzten beschäftigt, aber das bedeutet nicht, daß sie die beiden anderen nicht berücksichtigt. Sie erkennt sie ebenfalls an, aber nur insoweit sie *dharma* und *mokṣa* helfen bzw. ihnen dienlich sind. Infolge dieser Entscheidung, wem sie den Vorzug gibt, ist die Philosophie in Indien im wesentlichen als eine kritische Betrachtung der Wertvorstellungen anzusehen. Tatsächlich ist es ihre Hauptaufgabe, den *letzten* Wert festzulegen und zu erklären, wie er realisiert werden kann. In früherer Zeit scheint man nur den ersten der beiden spirituellen Werte nämlich *dharma,* anerkannt zu haben. Das ist z. B. der Schluß, den man aus der ursprünglichen Rituallehre der Brāhmaṇas ziehen kann; und man kann noch einige Passagen in alten Werken finden, die zeigen, daß der Glaube an das Ideal des *mokṣa* nicht von allen übernommen wurde[24]. Aber diese Anschauung ist seit langem überholt, und *mokṣa* ist von allen Lehrmeinungen als der höchste aller menschlichen Werte anerkannt worden, so daß sie jetzt alle Erlösungslehren sind. Die hervorragende Stellung, die *mokṣa* nach und nach errang, bedeutet nicht, daß das Ideal des *dharma* aufgegeben wurde. Es wurde lediglich in den ethischen Lehren, mit denen es verknüpft ist, wie in den upaniṣadischen Lehren (S. 16) untergeordnet und zur notwendigen Unterstützung der Erreichung des *mokṣa* geschaffen.

Das Wesen des *mokṣa* ist in den verschiedenen Systemen recht unterschiedlich. Im allgemeinen stellt man es sich als das Erreichen der Selbstvollkommenheit vor und es mag im Augenblick genügen, nur diesem einen Punkt Beachtung zu schenken. Wir haben bereits erwähnt (S. 37), daß einige indische Denker betonten, die Erlösung sei nur nach diesem Leben erreichbar, während andere die Ansicht vertraten, daß sie in diesem Leben erlangt werden könne (*jīvanmukti*). Dieser Unterschied besteht auch im Zeitalter der Systeme fort. Das Ideal des *mokṣa* wird aber in allen Systemen als tatsächlich erreichbar angesehen, sei es hier oder sonstwo. Es kann natürlich die Auffassung bestehen, daß man ein Ziel wie die Selbstvervollkommnung niemals wirklich erlangt, aber eigentlich bedeutsam ist nur die sorgfältige Wahl und das beharrliche Streben nach *mokṣa.* Ein moderner Denker schreibt: »Die letzten Werte gehören nicht zum Reich der Tatsachen, sondern sind eher Ideale, die unsere Lebensführung regeln sollen«. Die Anschauung der indischen Philosophen ist jene, daß *mokṣa* ohne Zweifel verwirklicht werden kann – daß »sollen« »können« bedeutet. Sie alle einschließlich der Heterodoxen glauben, daß das Böse des *saṃsāra* den Samen seiner Zerstörung mit sich trägt, und daß es früher oder später dazu bestimmt ist, vom Guten überwunden zu werden. Mit anderen Worten: keines der indischen Systeme ist letztlich pessimistisch; und die weitverbreitete Anschauung, daß sie hauptsächlich »Lehre des Jammers« seien, ist völlig falsch. Wir haben in der Sanskritsprache mehr als einen interessanten Hinweis auf den Glauben der Inder in die letztliche Güte und Vernunftmäßigkeit der Welt.

Das Sanskritwort *sat* bedeutet, wie Max Müller vor langer Zeit bemerkte, nicht nur »real«, sondern auch »gut«. Gleichermaßen bedeutet das Wort *bhavya,* so möchten wir hinzufügen, nicht nur »das, was sich in der Zukunft ereignen wird«, sondern auch »das, was glücksverheißend ist«, und bringt damit zum Ausdruck, daß es doch das beste ist, zu sein. In Verbindung mit diesem Glauben auf der praktischen Seite steht auf der theoretischen Seite, daß Nichtwissen oder Irrtum am Ende doch durch die Wahrheit überwunden werden, woran, wie ein alter buddhistischer Vers es ausdrückt, »der menschliche Geist seinen natürlichen Anteil hat«[25]. Denn wenn weder das Böse noch der Irrtum endlich wäre, wäre die Welt unvernünftig.

Bevor wir die Themen *mokṣa* und ethische Lehre verlassen, die eine wesentliche Voraussetzung beim Streben nach Erlösung sind, ist es notwendig, auf zwei bereits genannte Lebenswege einzugehen – den des Handelns (*pravṛtti*) und den der Entsagung (*nivṛtti*). Aller Wahrscheinlichkeit nach konnte man zunächst nur einen der beiden unter Ausschluß des anderen beschreiten. Doch bereits vor dem Ende der vedischen Periode war es möglich geworden, wie wir gesehen haben (S. 35), von einem zum anderen zu wechseln, nachdem man eine bestimmte Stufe der Selbstbeherrschung erreicht hatte. Die mehr oder weniger gleiche Praxis bestand auch in den nichtvedischen Schulen und blieb in dieser Zeit sogar bei diesen ausschlaggebend.

Soweit aber die orthodoxen Schulen betroffen sind, vollzog sich seitdem eine tiefgreifende Wandlung in der Anschauung der Beziehung zwischen den beiden Wegen. Man veränderte den positiven Weg, indem man das Wesen des negativen Weges miteinbezog. Aber auch in seiner früheren Bedeutung legte der Weg des Handelns den natürlichen Trieben zahlreiche Zwänge auf und schloß daher die Notwendigkeit einer großen Portion Selbstbeherrschung mit ein. Aber die Selbstbeherrschung war nur ein Teil, weil es einer Person, die diesem Weg folgte, erlaubt war, ihr eigenes privates Glück zu suchen, vorausgesetzt, sie begeht keine falsche Handlung. Ein besonderes Merkmal der letzteren Auffassung von diesem Weg ist der *völlige* Ausschluß von Eigeninteresse. Damit wird nicht nur ein Unterordnen der Interessen des Individuums unter die der Gemeinschaft oder unter die einer anderen größeren Einheit, zu der es sich zugehörig fühlen mag, bezweckt, sondern auf den völligen Verzicht des Eigeninteresses. Entsprechend legt der Weg des Handelns denselben Nachdruck auf Selbstentsagung wie der Weg des *saṃnyāsa,* und hier wird ebenso wie dort in das eingewilligt, was manchmal als »vernünftige Eigenliebe« oder »aufgeklärtes Eigeninteresse« bezeichnet wird. Dabei handelt man aber, ohne den Nachdruck auf die

Notwendigkeit des Engagements in sozialen Tätigkeiten zu vermindern. Konsequenterweise ist die Aufgabe des aktiven sozialen Lebens in keinem Stadium erlaubt. Man muß sich ihm ganz und gar widmen, aber im Geiste absoluter Losgelöstheit. Indem auf diese Weise asketisches und aktives Leben miteinander verbunden sind, erhöht die neue Form der Lehre beide. Dabei wird das asketische Leben zu viel mehr als Selbstverleugnung, und das aktive Leben ist frei von allen egoistischen Motiven. Diesen bemerkenswerten Wandel verdanken wir hauptsächlich den Lehren der Gītā. Aber auch wenn die Gītā diese neue Idee nicht eingeführt haben sollte, hat sie ihr doch weite und dauerhafte Geltung verschafft, indem sie sie in einer glänzend erdachten Fassung präsentierte. Wir werden nun in einiger Ausführlichkeit zeigen, wie dies in diesem Werk ausgeführt ist.

Die Bedeutung der Bhagavadgītā, um dem Werk seinen vollen Namen zu geben, in der religiösen und philosophischen Literatur Indiens kommt nur der der Upaniṣaden gleich. Dieses Gedicht von 18 Gesängen erscheint als ein Einschub im Mahābhārata, wo die beiden gegnerischen Armeen der Pāṇḍavas und Kauravas beschrieben werden, die sich einander auf dem Schlachtfeld gegenüberstehen. Arjuna, der insgesamt gesehen der bemerkenswerteste der Pāṇḍava-Brüder ist, wird plötzlich von Verzweiflung gepackt und lehnt es ab zu kämpfen. Der Gedanke, der in diesem Augenblick in seinem Verstand übermächtig wird, ist der, daß er seine Freunde und Verwandten nicht töten dürfe, sondern sich vom Streit zurückziehen solle, *wie auch immer* die Folgen eines solchen Rückzuges aussehen würden. Er ist weit davon entfernt sicher zu sein, daß er und seine Brüder die Schlacht gewinnen werden; und selbst wenn dies gelänge, würde das Königreich, das sie gewännen, so fühlt er, eines sein, das nahezu alles entbehren würde, für das sie Sorge tragen. In seiner Verzweiflung zieht er es vor, Eremit zu werden. Da rät ihm Śrī Kṛṣṇa, der die Wagenlenkung übernommen hatte, den Kampf zu beginnen, was seine Pflicht als Fürst ist: man glaubt, dieser Ratschlag sei in das Gedicht eingefügt worden.

Wenn wir auf Einzelheiten eingehen, ist die Lehre voller Verworrenheit, weil das Werk den früher erwähnten vielschichtigen Charakter mit dem Epos teilt, zu dem es gehört. Wir sind bereits nebenbei auf einen seiner Aspekte eingegangen, nämlich den, daß es an einigen Stellen auf den Upaniṣaden basiert, an anderen aber die theistische Anschauung eines Typs voraussetzt, der durch die Bhāgavata-Religion gekennzeichnet ist. Aber wie auch immer diese Wirrungen gelagert sein mögen, gibt es doch überhaupt keinen Zweifel bezüglich des Hauptpunktes seiner praktischen Lehre. Wir haben besonders zwei Aspekte von Arjunas Stimmung zu dieser Zeit zu berücksichtigen, um den genauen Inhalt der Lehre zu verstehen. Der erste ist, daß er vergißt ein Kriegerfürst zu sein, dessen Pflicht es ist zu kämpfen, wenn die Situation es erfordert. Sein Wunsch, aus der Welt zu fliehen, steht eher in Einklang mit dem Ideal des *saṃnyāsa*. Wie wir gesehen haben ist die Weltentsagung normalerweise für jene vorgesehen, die beim Erreichen einer bestimmten Stufe spirituellen Fortschritts erfolgreich waren; aber Arjuna, wie er im Epos dargestellt wird, gehört nicht zu diesen. Der zweite Aspekt ist, daß er fühlt, der Kampf werde hauptsächlich, wenn nicht völlig, zum Nutzen für sich selbst und jene, die ihm lieb und teuer sind, geführt. Mit anderen Worten: sein Standpunkt ist in der Tat selbstsüchtig, obwohl sein Wunsch, der Welt zu entsagen, als völlig selbstlos erscheinen mag. Śrī Kṛṣṇa erklärt diese Auffassungen für falsch und hat Erfolg damit, ihn von der Notwendigkeit zu überzeugen, jenen Entschluß auszuführen, mit dem er das Schlachtfeld betreten hatte. Als Ergebnis beschließt Arjuna erneut, den Feind zu bekämpfen mit der Folge, daß sein Anliegen, das das Anliegen der Rechtschaffenheit ist, siegt.

Aus dem Kontext der Gītā wird klar, daß diese die Wichtigkeit sozialer Verpflichtungen betont, deren Bedeutung wir bereits erklärt haben. Doch indem er dies betont, führt Śrī Kṛṣṇa eine Neuerung ein, die der Lehre insgesamt ihre Bedeutung gibt. Wie schon früher ausgeführt, konzipierte man diese sozialen Verpflichtungen ursprünglich zum Fortschritt des Gemeinwohls bzw. als Interessen nicht nur der Gesellschaft als Ganzem, sondern auch als solche des individuell Handelnden. Die Gītā legt aber besonderen Wert darauf, daß solche Pflichten ohne irgendeine Rücksicht auf das Gute, das daraus hervorgehen kann, ausgeführt werden. Das bedeutet aber, daß der Begriff der Pflicht vollkommen von den aus ihr resultierenden Folgen, wie sie allgemein verstanden werden, zu trennen sind. Diese Neuerung geschieht nicht ohne eine psychologische Rechtfertigung. Die Wechselbeziehung zwischen sozialem und individuellem Wohl, über die man in den alten Gesetzbüchern, d. h. den Dharmasūtras, nachsinnt, ist streng genommen unmöglich. Die Anwendung dieses Prinzips mag solange nicht schwierig sein, wie die gleiche Richtschnur dazu dient, die Interessen beider zu verfolgen; und deshalb mag es als unproblematisch erscheinen, beide in Harmonie miteinander zu bringen. Aber bei den Gelegenheiten, in denen die beiden Interessen miteinander in Konflikt geraten, wird es unmöglich, ihren miteinander rivalisierenden Ansprüchen gerecht zu werden. Um diesen Konflikt zu vermeiden, empfiehlt die Gītā die Erfüllung der Pflicht auf eine völlig desinteressierte Weise (*niṣkāma-karma*)[26]. Der Konflikt kann zweifellos durch das Aufgeben aller selbstsüchtigen Interessen und das ausschließliche Verfolgen des Wohls der Gesellschaft, von der der Handelnde ein Teil ist, vermieden werden. Aber solch ein bewußtes Annehmen der Rolle eines sozialen Wohltäters durch irgendjemand führt wahrscheinlich in gewissem Sinne zur Überbewertung des Ich, was sich auf alles spirituelle Wachsen zerstörerisch auswirkt. Daher die Lehre, daß beide Ziele aufzugeben seien.

Wenn auf die Weise die Idee der Pflicht von der ihrer Folgen getrennt wird, kann es so scheinen, als ob es keine

Mittel zur Festlegung ihres Umfangs in einem bestimmten Lebenszusammenhang gäbe und deshalb die Lehre der Gītā, während sie uns erzählt, *wie* wir handeln sollen, völlig dabei versagt uns zu zeigen, *welche* Taten wir ausführen sollen. Tatsächlich fehlt aber in der Lehre eine solche Orientierung nicht, weil nach ihr die Pflichten, die eine Person auf sich nimmt, durch den Platz, den sie in der Gesellschaft einnimmt, festgelegt sind. Damit wird ein anderes wichtiges Prinzip der Gītā ausgesprochen, nämlich, daß die eigene Pflicht (*sva-dharma*) niemals so niedrig sein könne, um nicht über der des anderen zu stehen[27] – ein Prinzip, dessen Kenntnis selbst zu den niedrigsten Schichten unserer Gesellschaft durchgesickert ist, z. B. durch die Worte, die Kālidāsa dem Fischer im Schauspiel Śākuntala in den Mund legt[f]. Die Bedeutung dieses Prinzips liegt darin, die moralische Qualität der Handlungen über ihren Inhalt zu stellen. Was wirklich zählt, ist die Absicht, die das Handeln inspiriert – wie Handlungen ausgeführt werden und nicht, worin diese bestehen. »Gott achtet mehr auf das Adverb als auf das Verb«, hat irgendjemand festgestellt. Somit ist die Arbeit, für die sich Arjuna selbst infolge der Lehren Śrī Kṛṣṇas engagiert, in ihrer Größenordnung erstaunlich, da es sich um die Welt handelt, die aus den Fugen zu geraten droht und wieder in geordnete Bahnen zu bringen ist. Die Handlungen, die gewöhnliche Leute wie wir auszuführen haben, sind diesen nicht vergleichbar. Während die eine z. B. in historischer Betrachtung als eine große Tat gilt, bedeutet die andere nichts. Betrachtet man aber den moralischen Wert, unterscheiden sich die beiden kaum. Solch eine unbeeinflußte Erfüllung der eigenen Pflichten, woraus diese auch immer bestehen mögen, nennt man *karma-yoga.*

Notwendigerweise muß man doch hinzufügen, daß alle Folgen als solche von dieser Lehre nicht unberücksichtigt gelassen werden. Es gibt zwei Gruppen von Folgen, nämlich jene, die der Gesellschaft entstehen und jene, die sich auf den Handelnden beziehen, die bewahrt wurden; aber sie wurden insofern verwandelt, als die eine miteinbezogen wird, die andere aber vergeistigt. Die Tatsache, daß die Gītā auf der eigenen Pflicht bzw. auf einer Pflicht in einem bestimmten Lebensstadium besteht, zeigt ganz deutlich, daß die Erhaltung der sozialen Ordnung nicht außer Acht gelassen wurde. Sie hört lediglich auf, das Motiv für die Ausführung der Handlung zu sein und wird zur bloßen Folge, die notwendigerweise miteingeschlossen ist. Gleichermaßen verhält es sich im Falle des Handelnden, für den es ein Ziel gibt: seine spirituelle Verbesserung[28]. Absichtsloses Handeln im wörtlichen Sinn des Ausdrucks ist eine psychologische Unmöglichkeit; und darauf im Namen der Ethik zu bestehen, ist, wie Śaṅkara beobachtete, eine Einschränkung des Lebens auf eine Form sinnloser Plackerei[29]. So haben selbst Taten, die im Geist der Lehren der Gītā begangen wurden, ein Ziel, nämlich »die Reinigung des Herzens« (*sattvaśuddhi*) oder wie wir sagen würden, Charakterbildung. Was mit dem Ratschlag der Gītā gemeint ist, daß jeder Gedanke an die Früchte der Handlung beim Erfüllen der Pflicht aus dem Verstand verbannt werden soll, bedeutet nicht, daß die Pflicht jeglichen Grundes entbehren soll, sondern daß die *unterschiedlichen* Zwecke von Handlungen, die sich in eines jeden Lebensschicksal ereignen, durch *ein und dasselbe* Ziel ersetzt werden sollen, nämlich die moralische Verbesserung des Handelnden. So gibt es wie bei allen willentlich vollzogenen Handlungen in der älteren Lehre auch hier ein Ziel; es ist nur von höherer Art, weil es das Begehren niedriger und nützlicher Werte gänzlich ausschließt und allein nach subjektiver Reinigung strebt. Diese subjektive Reinigung – das sollte nicht vergessen werden – ist nur das unmittelbare Ziel der Pflicht, weil es, wie wir wissen (S. 35) ein Mittel ist, durch *jñāna* dem höheren und endgültigen Ziel der Erlösung zu dienen. Mit anderen Worten: *karma-yoga* befähigt unmittelbar zu *jñāna-yoga* oder der Erlangung der richtigen Erkenntnis und nicht zum *mokṣa*.

Bis jetzt haben wir lediglich auf einen der beiden Wege angespielt, den, auf dem die Pflicht, wie sie im Gesang verstanden wird, auszuführen ist. Er fußt auf der absolutistischen Anschauung. Es gibt eine andere, die die Pflicht vom Standpunkt des Theismus erklärt, welcher einen ebenso wichtigen Aspekt der Gītā-Lehre darstellt wie der Absolutismus. Nach der theistischen Anschauung sollen die Pflichten zur Erfüllung der Ziele Gottes ausgeführt werden bzw., um dasselbe mit anderen Worten zu erklären, zur Förderung des universellen Lebens. Wie in der vorangegangenen Anschauung entsprechen auch hier die Pflichten, die eine Person zu erfüllen hat, seinem Lebensstadium, aber sie soll sie erfüllen, indem sie ihren Willen völlig und mit ganzem Herzen dem göttlichen Willen unterordnet. Hier wird jede Arbeit dem Herrn zugeeignet (*Īśvarārtha*)[30] und ist als *bhakti-yoga* oder »Weg der Hingabe« bekannt. Indem man so für den Herrn arbeitet, entsagt man den Früchten, die gewöhnlich mit Pflichten verbunden sind[g]. Dabei reinigt man sein Herz; aber im Unterschied zur vorangegangenen Anschauung erreicht man hier die Erlösung eher durch die Gnade Gottes als durch *jñāna*. Tatsächlich ist der Unterschied zwischen den beiden Lehren aber nicht so groß; während die erste die wenigen ansprechen wird, deren Verstand wohlausgebildet ist, hat die zweite eine entschieden stärkere Anziehungskraft auf das einfache Volk mit seinem einfachen Glauben an einen persönlichen Gott.

Anmerkungen zu Kapitel II

1 Siehe z. B. Jacobi, »Mīmāṃsā und Vaiśeṣika«, S. 164; er datiert das Mīmāṃsā-Sūtra auf ca. 300–200 v. Chr., das Vaiśeṣika-Sūtra auf ca. 100 v. Chr. und das Nyāya-Sūtra etwas später. (Anm. d. Übers.: In der *Encyclopedia of Indian philosophies*, Vol. II (1977) wird die uns heute vorliegende Form der Vaiśeṣika-Sūtras (Plural!) auf ca. 50–150 n. Chr. datiert. Die Nyāya-Sūtras legt Matilal, *Nyāya-Vaiśeṣika*, in die ersten beiden nachchristlichen Jahrhunderte.)

[2] Es wurde bereits erwähnt, daß auch die Götter später (z. B. in den kleinen Upaniṣaden) in Übereinstimmung mit dem allgemeinen Tenor der Lehre der Upaniṣaden als Personifikationen von ātman oder Brahman erscheinen.

[3] Z. B. sagt das Mahābhārata, daß Śiva aus Śrī Kṛṣṇa's Stirn entsprang (Kumbakonam Edition, III, xii, 37ff.), womit die ihm im Śivaismus zugebilligte Suprematie zurückgewiesen wird.

[4] Siehe Śaṅkaras Kommentar zum Vedāntasūtra des Bādarāyaṇa II,2,45.

[5] Kaṭha-Upaniṣad I,3,9: *Tad Viṣṇoḥ paramaṃ padam.*

[6] *Yac ca kiṃcij jagaty asmin dṛśyate śrūyate 'pi vā*
antar bahiś ca tat sarvaṃ vyāpya Nārāyaṇaḥ sthitaḥ.
(Anm. d. Übers.: Mahānārāyaṇa-Upaniṣad XI,6.)

[7] Bhagavadgītā IV,7–8.

[8] Gītā IX,23.

[9] Bhagavadgītā XII,8 und XIV,2.

[10] *Ācāra-hīnaṃ na punanti vedāḥ*: Vāśiṣṭha-Dharmasūtra VI,3.

[11] Vgl. Mahābhārata XII,109,14: *Dhāraṇād dharmam ity āhuḥ.*

[12] Es gibt auch zwei andere Arten des *karman,* nämlich *kāmya* und *pratiṣiddha.* Die erste ist wie die Opfer zur Erlangung des Himmels zielgerichtet und wird von denen ausgeführt, die solche Erfolge suchen; die zweite ist diejenige, die verboten ist, z. B. die Zufügung von Unrecht. Siehe Kapitel 6, S. 208–209.

[13] Vgl. Yājñavalkya-Smṛti (I,4,122):
Ahiṃsā satyam asteyaṃ śaucam indriya-nigrahaḥ
Dānaṃ damo dayā śāntiḥ sarveṣāṃ dharma-sādhanam.

[14] Bṛhadāraṇyaka-Upaniṣad II,4.

[15] Vgl. Gautama-Dharma-Sūtra III,36.

[16] Vgl. Āpastamba-Dharma-Sūtra I,22,2ff. und Gautama-Dharma-Sūtra VIII,22–23.

[17] *Aprāpte śāstram arthavat.* Vgl. Mīmāṃsā-Sūtra I,1,5. Dieser Abschnitt behandelt Typen des indischen Denkens, der nächste die Karman-Lehre. Beide Abschnitte basieren großenteils auf zwei Artikeln, die der Verfasser im *Aryan Path* vom September 1934 bzw. Januar 1935 veröffentlichte.

[18] Siehe z. B. die Einführung des Sāyaṇa zum Kommentar zum Ṛgveda.

[19] *Smṛti* ist ein allgemeines Wort für Tradition oder »das, an was man sich erinnert«. Aber von den Orthodoxen wird nur jene Tradition akzeptiert, die ihre Basis direkt oder indirekt in der *śruti* oder »Offenbarung« hat.

[20] Ślokavārttika des Kumārila Bhaṭṭa (Chowkhamba Series), S. 90.

[21] Ebenso verweist die Tatsache, daß ein Mensch nicht in jedem Fall in diesem Leben die Früchte der guten und bösen Handlungen erntet, auf die Notwendigkeit hin, zukünftige Geburten zu postulieren.

[22] Yājñavalkya-Smṛti I,349. Siehe auch Manu-Smṛti VII,205.
[23] Deussen, Die Philosophie der Upanishad's, S. 282, Anm.
[24] Vgl. Nyāyamañjarī des Jayanta Bhaṭṭa, S. 513–515; siehe auch Āpastamba-Dharmasūtra XXIII–XXIV. (Anm. d. Übers.: Gemeint ist wohl Āpastamba-Dh.S. I,8, 22–23, wo die Erlangung der Erkenntnis des ātman betont wird.)
[25] *Nirupadrava-bhūtārtha-svabhāvasya viparyayaiḥ*
na bādho yatnavattve 'pi buddhes tat-pakṣa-pātataḥ
(Anm. des Übers.: es handelt sich hierbei um *Pramāṇavārttika* I,212 des Dharmakīrti. Diesen buddhistischen Vers als alt zu bezeichnen, wirkt etwas befremdend, da Dharmakīrti erst im 7. Jahrhundert n. Chr. lebte.)
[26] Vgl. II,47.
[27] Vgl. II,31; III,35; XVIII,47–48.
[28] Vgl. V,11; VI,12.
[29] Kommentar zu Gītā III,1: *Vihitasya karaṇākaraṇayoḥ duḥkharūpatvāt.*
[30] XII,10; vgl. XI,54.

Anm. des Übersetzers

[a] Śvetāśvatara-Upaniṣad IV,17.
[b] Śvetāśvatara-Upaniṣad VI,18.
[c] Śatapatha-Brāhmaṇa XIII,6,1,1.
[d] Megasthenes war Gesandter des Seleukidenherrschers Seleukos I. Nikator (312–281 v. Chr.) am Hofe des Maurya-Herrschers Candragupta (321–297 v. Chr.) nach 305 v. Chr.
[e] Mahābhārata XII,338.
[f] Abhijñānaśākuntala VI,1.
[g] Auf die darin auch enthaltene Beziehung zwischen indischem Lehnsherrn und seinem Vasallen verweist Vijay Kumar Thakur, »Social roots of the Bhagavad-Gītā«, in: *Indologica Taurinensia* 10 (1982), S. 289–300.

III Nichtvedische Schulen

Unser Plan schließt keine ausführliche Behandlung der als nichtvedisch eingestuften Lehren ein. Wir werden auf sie hier kurz eingehen, weil eine allgemeine Kenntnis von ihnen erforderlich ist, um die Darstellung, die den orthodoxen Lehren in den künftigen Kapiteln gewidmet ist, richtig einzuschätzen oder ihr bisweilen auch nur folgen zu können.

A. MATERIALISMUS

Wie wir schon sahen (S. 55), ist die Information, die wir über Einzelheiten dieser Schule des Denkens in ihrem frühen Stadium erhalten können, sehr gering. Alles, was wir sicher wissen, ist, daß diese Schule – wie bereits durch ihre allgemeine Bezeichnung in diesem Stadium (*svabhāva-vāda*) angedeutet wird – bei der Betrachtung eines wie auch immer gearteten Gegenstandes alles genau auf diesen Gegenstand und nicht auf eine außerhalb dessen wirkende Kraft zurückführt. Demzufolge weist sie die Idee zurück, daß die Natur irgendeine göttliche oder transzendentale Macht, die hinter ihr wirkt, offenbart. »Feuer ist heiß, Wasser kalt und die Luft für die Empfindung gemäßigt. Wer sollte solche Unterschiede ins Leben rufen, wenn sie nicht zum eigenen Wesen (*svabhāva*) dieser Gegenstände gehörten«[1]. Das bedeutet, die Dinge sind wie sie sind; und ihr Wesen erklärt durch sich selbst die ganze Vielfalt des Universums und die in ihm feststellbare Ordnung. Der spätere Materialismus oder das Cārvāka-System, von dem wir jetzt zu berichten haben, ist ein unmittelbarer Nachfahre dieser Lehre. Ihm wird auch die Bezeichnung »Lokāyata« zuerkannt, die wörtlich »eingeschränkt auf die Welt der gewöhnlichen

Erfahrung« bedeutet und somit seinen positivistischen Charakter betont. Die Hauptlehrsätze, die man jetzt gewöhnlich mit dieser Schule in Verbindung bringt, sind die folgenden:

1. Es steht fest, daß die Cārvāka nur die Gültigkeit eines einzigen *pramāṇa* anerkennen, nämlich die Wahrnehmung, und nicht nur das Wortzeugnis, sondern auch die Schlußfolgerung ablehnen. Das kann nur bedeuten, daß der indische Materialist um das Fehlen von *Endgültigkeit* in begründeten Schlußfolgerungen wußte, weil diese alle stillschweigend, wenn nicht sogar ausgesprochen, auf irgendeiner induktiven Wahrheit beruhen, die niemals nachweislich sicher ist, auch wenn sie höchstwahrscheinlich sein mag. Diese hohe Wahrscheinlichkeit erklärt die erfolgreiche Vorhersage, die bei zukünftigen Ereignissen häufig möglich ist wie z. B. im Falle des Aufgangs der Sonne am morgigen Tag, nachdem sie heute unterging. Es gibt nichts befremdliches bei solch einer Anschauung von schlußfolgender Erkenntnis. Tatsächlich vertritt der indische Materialist nur eine Position, die dem Studenten der modernen Logik sehr vertraut ist. Schlußfolgerung in irgendeinem anderen Sinn zu leugnen, wäre absurd, weil die Leugnung selbst eine verallgemeinernde Schlußfolgerung wäre wie jene, gegen die er aus Gründen der Unsicherheit Einwände hat.

2. Wir wissen, daß die Upaniṣaden von fünf Elementen sprechen (S. 31). Der Materialist erkennt nur vier von ihnen an – alle, die natürlich und durch Wahrnehmung erfaßbar sind – Erde, Wasser, Feuer und Luft, und verwirft die fünfte, nämlich den Raum. Er hält sie für die endgültigen Tatsachen des ganzen Universums und erklärt den Verstand zu einer Funktion dieser Elemente, der durch eine einzigartige Verbindung in den lebenden Körper gelangt. Auf diese Weise ist der physische Körper, der durch Empfindungen charakterisiert ist, für den Materialisten das einzige Selbst

(*ātman*), und es gibt keine »Seele« daneben. Deshalb ist es genaugenommen falsch, ihn den Körper *von* einem Menschen zu nennen. Jedoch leugnen nicht alle Materialisten die Seele völlig; und einige unter ihnen sind gewillt, ein »erkennendes Selbst« anzuerkennen, das in seinem Wesen monistsich ist, vorausgesetzt, es wurde nur so dauerhaft angesehen wie der körperliche Organismus und nicht als diesen überlebend[2].

3. Wie bereits festgestellt, glaubt der Cārvāka an keine geistigen Werte (S. 68) und ist zufrieden mit den weltlichen wie sinnlichen Vergnügungen (*kāma*) und Reichtum (*artha*). Deshalb betrachtet man ihn als jemanden, der die Moral aufgegeben hat und predigt, was vorwurfsvoll als das Prinzip der »guten Verdauung ohne Gewissen« bezeichnet wird. Aber kein ernsthafter Denker, sollte man meinen, würde eine solche Lehre vertreten haben. Die einzige Sache, die der Materialist gemeint haben könnte, ist, daß es in dem Sinne, wie sie von der Allgemeinheit der indischen Philosophen akzeptiert wird, keine höheren Werte gibt, d. h. solche, wie sie der Zusammensetzung des Universums zugrundeliegen und dazu bestimmt, letztlich über die anderen Werte zu triumphieren. Er lehnt die Autorität des Veda ab, der bei den Orthodoxen die Quelle des Glaubens an solche Werte ist (S. 59), indem er sagt, daß verschiedene Teile von ihm unvereinbar im Widerspruch zueinander stehen und daß es deshalb unmöglich ist festzustellen, was er wirklich lehrt. Der Materialist gibt das Vorhandensein von Leiden und Qual neben dem Vergnügen im Leben zu; aber das bedeutet für ihn nicht, daß ungeteiltes Glück erreicht werden kann oder begehrt werden sollte. Er denkt, die Weisheit liege darin, sich den größten Überschuß zu sichern, der im Bereich seiner Möglichkeiten liegt; daher kann die Lehre von ihrem ethischen Aspekt her als grob hedonistisch bezeichnet werden.

Bei der Interpretation der Lehre zeigt sich, daß sie nicht

ohne eine eigene philosophische Bedeutung ist und zahlreiche Parallelen in der Geschichte des menschlichen Denkens hat. Sowohl Hindu- wie Jaina- als auch buddhistische Denker haben sie alle so dargestellt, als nähmen sie die oben angeführten Lehren *wörtlich*. Das bedeutet nur, daß die Lehre schon lange herabgewürdigt wurde und ihre Individualität insgesamt verloren hat. Aber auch beim besten Willen kann die materialistische Theorie nicht überzeugen, weil sie das höhere Prinzip des Geistes durch das niedrigere der Materie zu erklären versucht. Indem sie mit der Existenz der Materie beginnt, erklärt sie den Geist lediglich zu einer Funktion von ihr. Aber damit sieht es diese Theorie bereits als Gewißheit an, daß es keinen Geist gibt, obwohl er genauso eine Begleiterscheinung der Erfahrung ist wie die Materie. Tatsächlich haben wir überhaupt keine Konzeption der Materie, ausgenommen jene, wie sie dem beobachtenden Geist erscheint. Der Glaube an die Existenz der Materie bedingt somit den Glauben an die Existenz des Geistes[a]. Die Wahrheit, die dieser Theorie zugrunde liegen mag, ist, daß alle Dinge der Welt letztlich unter einen Hut gebracht werden können, aber es ist falsch, daraus zu schließen, daß die monistische Quelle notwendigerweise physisch ist.

B. JINISMUS

Dies ist eine sehr alte Form einer nichtvedischen Religion. Wie der Viṣṇuismus scheint auch er eine Reform des Brahmanismus darzustellen, aber mit viel weniger konservativen Zügen. Er lehnt z. B. Tieropfer ab (S. 48), glaubt aber nicht an einen höchsten Gott. Aller Wahrscheinlichkeit nach entstand er in der spätvedischen Zeit und wurde durch Vardhamāna, genannt »der große Held« (*mahāvīra*), im 6. Jahrhundert v. Chr. nur erneuert[b]. Die Jaina-Tradition selbst macht dies klar, weil sie ihn nicht als den Gründer, sondern als den Wiederbeleber bezeichnet. Tatsächlich glaubt man von ihm, er sei der 24. in einer Reihe von Prophetenführern oder »Pfadfindern« (*tīrthaṃkaras*)[c]. Die Lehre, die er verkündete, wurde von Orientalisten zeitweise irrtümlich für eine Sekte des Buddhismus gehalten, aber sie unterscheidet sich von ihm in wesentlichenPunkten und ist auch älter.

Vardhamāna wurde 540 v. Chr.[d] in einer Fürstenfamilie in Kundagrāma in Nord-Bihār geboren und lebte bis zum reifen Alter von 72 Jahren. Er führte das Leben eines Familienvaters bis zu seinem 30. Lebensjahr, entsagte dann aber allem und wanderte umher, indem er ein Leben strengster Enthaltsamkeit und Meditation führte. Im 13. Jahr danach erlangte er die Erleuchtung, die ihm die Befreiung von allen Übeln sicherte. Er wurde dann ein *jina* oder »spiritueller Eroberer« – ein Wort, von dem die Bezeichnung »Jinismus« abgeleitet ist, was »die Religion der Anhänger des Jina« bedeutet. Es zeigt auch, warum er »großer Held« genannt wurde. Viele Jahre nach Erlangung der Vollkommenheit predigte er unermüdlich seine Lehre und starb 468 v. Chr. Obwohl sich der Jinismus seitdem weit verbreitete, blieb sein Einfluß ungleich dem des Buddhismus auf Indien beschränkt. Aber im Unterschied zum letzteren hat er seine Individualität bis auf den heutigen Tag bewahrt, hauptsächlich dank seines Konservatismus – »seine peinliche Sorgfalt zur Bewahrung alter Sitten, Institutionen und Lehren«. Es gibt zwei Hauptsekten des Jinismus, bekannt als Śvetāmbaras und Digambaras. Wie diese Namen zeigen, sind die Heiligen der ersten Sekte in reines Weiß gekleidet, während die der zweiten nackt gehen, weil sie glauben, daß niemand, der etwas besitzt – selbst ein Stück Lendentuch – dazu fähig ist, die Erlösung zu erlangen. Es gibt noch einige andere Unterschiede zwischen den beiden Sekten, aber diese sind von keiner wirklich philosophischen Bedeutung.

I

Das unterscheidende Merkmal des Jinismus in der Theorie ist sein Glaube an die ewige und unabhängige Existenz von Geist und Materie bzw. richtiger dem Belebten und dem Unbelebten, danach *jīva* und *ajīva* genannt. Aber mit Geist haben wir hier nur das individuelle Selbst zu verstehen und nicht die höchste Seele wie in den Upaniṣaden. Obwohl der Jinismus anerkennt, wie wir sehen werden, daß auch materielle Wesenheiten ihre eigenen Seelen haben, glaubt er nicht an irgendeinen universellen Geist oder Gott im allgemeinen Verständnis dieses Begriffes.

Wir werden die Konzeption dieser beiden Wesenheiten nun kurz behandeln:

1. *Jīva:* man stellt ihn sich als eine ewige Substanz (*dravya*) von begrenzter, aber veränderlicher Größe vor. Er ist deshalb in der Lage, seine Größe den Maßen des physischen Körpers für die Zeit anzupassen, in der er in ihm zu wohnen pflegt. Bei diesem letzten Gesichtspunkt steht der Jinismus auffällig im Widerspruch zu den anderen Schulen des indischen Denkens, die die Seele entweder als atomistisch oder als allgegenwärtig betrachten und deshalb niemals als eine, die ihre Größe ändert. Erkenntnis oder Empfindung ist ihr wahres Wesen; und unter den Beschränktheiten, die vom *ajīva* oder der unbelebten Natur verursacht werden (einer Art Scheuklappe, mit der sie während ihrer irdischen Existenz versehen ist) ist empirisches Wissen in seinen verschiedenen Formen eine Manifestation von ihr. Die Augen z. B. werden hier nicht als Hilfe zum Sehen betrachtet, sondern als ein Hemmnis für die absolute Sicht der Seele. Das endgültige Ziel des Lebens sieht man in der vollständigen Beseitigung dieser Beschränktheiten, so daß die Seele mit der Allwissenheit ihr wahres Wesen wiedergewinnen und offenbaren kann. Dann erstreckt sich ihre Wahrnehmung auf alle Dinge bzw. gibt es dann weniger eine Wahrnehmung im gewöhnlichen Sinne, sondern nur eine mystische

oder unmittelbare Erkenntnis aller Dinge. Diese völlige und umfassende Erkenntnis bezeichnet man als *kevala-jñāna.*

Der Geist ist tatsächlich vielfältig, und wie der Hinduismus glaubt auch der Jinismus an die Theorie der Seelenwanderung. Aber es gibt zwei wichtige Unterschiede. Im allgemeinen glauben die Hindus, daß Gott allen Wesen gemäß ihrem Karman Lohn und Strafe zuteilt. Auf der anderen Seite erklären die Jainas, die an keinen höchsten Gott glauben, daß das Karman durch sich selbst wirke. Hier ist ein Beispiel für den Glauben an das allumfassende Wesen des Karman, das wir bereits im vorhergehenden Kapitel (S. 65) anführten. Wie wir sehen werden, enthält dieser Glaube eine sonderbare Ähnlichkeit zur vedischen Lehre der Mīmāṃsā. Während die Hindus wiederum Karman als nichtmateriell verstehen, glauben die Jainas jedoch, es bestehe aus feinen Materieteilchen und es sei einer der *ajīvas,* die ihren Weg in die Seele finden und deren Wesen beschmutzen. Die Folgerung aus dieser Anschauung ist, daß die Seele aus Teilen besteht, weil sonst ein Eindringen von Karman-Teilchen unmöglich wäre. Die Seelen sind in ihren empirischen Voraussetzungen in höhere und niedere Klassen unterteilt, und zwar nach der Anzahl der Sinnesorgane, die diese nach dem Glauben der Jainas besitzen. Ein Beispiel für die niedrigste Klasse, die nur ein Sinnesorgan besitzt, nämlich das der Berührung, sind Pflanzen. Die höchsten sind die Menschen, die zusätzlich zu den fünf Sinnen mit einem »inneren Sinn« (*manas*) ausgestattet und rational sind.

2. *Ajīva:* Der *ajīva* ist, wie sein Name zeigt, ohne Bewußtsein des Lebens. Er wird als fünffach angesehen, aber es mag genügen, hier lediglich drei Elemente zu erwähnen, nämlich Materie (*pudgala*), Zeit und Raum[3]. Von diesen ist die Materie vielfältig, ihr letztes Stadium ist atomistisch. Gegenstand allgemeiner Erfahrung wird sie jedoch nur, wenn ihre Atome angehäuft sind. Sie hat die Qualitäten von Farbe, Geschmack, Geruch und Berührung. Der Laut ist

ebenfalls ein Merkmal der Materie oder genauer eine Modifikation von ihr, jedoch nur in seiner zusammengesetzten und nicht in seiner atomistischen Form. Deshalb gibt es demnach keinen Unterschied in den Atomen als solchen; qualitative Unterschiede zwischen einem materiellen Gegenstand und einem anderen, wie sie uns bekannt sind, entstehen als Folge der verschiedenen Arten, in denen die Atome sich verbinden, um einen Gegenstand zu erzeugen. Klassifizierbar sind deshalb die Verbindungen als Erde, Wasser, Feuer und Luft. Alle diese Atome bzw. die Anhäufungen von ihnen beherbergen vermeintlich Seelen, so daß das gesamte Universum als voll Leben pulsierend angenommen werden kann[4]. Die Zeit ist unbegrenzt und alles durchdringend. Alle Dinge befinden sich in der Zeit, und aller Wechsel vollzieht sich in ihr. Das Universum als Gesamtheit sieht man so, daß es keinen Anfang hat und keinem Ende zustrebt, obwohl es ständigem Wandel unterworfen ist. Man glaubt, der Raum dehne sich über unsere Welt hinaus aus und er sei wie die Zeit unendlich und alles durchdringend.

So weit wollen wir von der Theorie her die Bildung der ursprünglichen Basis des Jinismus betrachten. Wie andere Lehren machte auch diese in der Zeit der Systeme eine Weiterentwicklung durch. Wir werden nur auf einige ihrer vielen Besonderheiten unter den zwei Hauptpunkten Erkenntnis und Realität eingehen:

1. *Erkenntnis: Jñāna* wird hier als Selbsterleuchtung betrachtet, das der Seele oder dem Selbst nicht nur Gegenstände, sondern sich selbst zeigt. Es gehört zum Selbst, aber nicht im Sinne eines äußeren Besitzens. Es ist aber ein Zustand (*paryāya*) des Selbst und in diesem Sinne sprechen wir davon, daß das Selbst *jñāna* besitzt. Wir wissen, daß das Selbst hier nicht als unveränderbare Wesenheit betrachtet wird, sondern in der Lage ist, seine Größe zu modifizieren. Es kann auch unter Beibehaltung seiner Größe eine Verän-

derung seiner Form vornehmen; und *jñāna* oder Erkenntnis, die zur Offenbarung der Gegenstände führt, ist eine davon. Der Punkt, der besonders zu berücksichtigen ist, ist der, daß der erkannte Gegenstand als außerhalb und unabhängig von der Erkenntnis existierend vorgestellt wird. So sicher wie es ein Subjekt gibt, welches erkennt, sagt der Jinismus, so sicher gibt es ein Objekt, das man erkennt. Erfahrung ohne etwas, das man erfahren kann, ist bedeutungslos. Aus diesem Grunde wird die Lehre als realistisch bezeichnet. Sie ist aber auch pluralistisch, weil sie an die Vielfältigkeit von Geist und Materie glaubt.

Die Jainas unterteilen Erkenntnis in eine mittelbare (*parokṣa*) und eine unmittelbare (*pratyakṣa*); aber die Erfahrung oder Erkenntnis, die nur ein Zustand des Selbst ist, wird in beiden Fällen notwendigerweise als unmittelbar betrachtet. Die zweigeteilte Klassifizierung der Erkenntnis hat deshalb ausschließliche Beziehung zu der Art und Weise, auf die *Objekte* durch sie erkennbar gemacht werden. Das Feuer z. B., das durch die Beobachtung des Rauches abgeleitet ist, wird in einer Weise erkannt, die sich von der unterscheidet, durch die ein Tisch, den man wahrnimmt, erkannt wird. Die erste Erkenntnis ist mittelbar, die zweite unmittelbar, aber die Erkenntnis selbst, sei sie nun als Folgerung oder als Wahrnehmung klassifiziert, ist unmittelbar.

(a) *Unmittelbare Erkenntnis*: Die bedeutendste Tatsache ist hierbei, daß sie mit der wahrnehmenden Erkenntnis, wie sie gemeinhin verstanden wird, nicht identisch ist. Sie hat einen viel weiteren Gesichtskreis, und Erkenntnis durch die Sinne ist nur eine ihrer Möglichkeiten. Sie ist demnach nicht als etwas bestimmt, das durch den Kontakt der Sinne mit den diesbezüglichen Gegenständen entsteht wie in vielen anderen Systemen, sondern lediglich als lebende (*viśada*) Erkenntnis, womit eine detaillierte oder »aufgespaltene« Auffassung des fraglichen Gegenstandes gemeint ist, indem er seine Farbe, die Anordnung seiner Teile usw. offenbart. Sie kann die Tätigkeit der Sinne miteinschließen, muß es aber nicht, kann also auch außersinnlich sein. Es ist eine Tatsache, daß das Selbst nach dem Jinismus durch seine eigene Natur alle Dinge unmittelbar wissen kann und keine Hilfe von außen benötigt. Z. B. ist *kevalājñāna* unmittelbare und sofortige Erkenntnis, aber sie hängt nicht von der Mitarbeit irgendeines Sinnes ab. »Alles, was sie voraussetzt«, wird gesagt, »ist die Seele«. Es ist die Erkenntnis in ihrer alten Form und wird vornehmlich Wahrnehmung (*mukhyapratyakṣa*) genannt. Man kann es als Intuition bezeichnen, die alle Dinge und alle Phasen von diesen umfaßt[5]. Der Besitzer solchen Wissens ist ein *arhan* (»der es wert ist«) oder ein Vollkommener (*siddha*) – eine Vorstellung, die sehr stark an die des *jīvanmukta* im orthodoxen Denken erinnert (S. 37). Die andere Art unmittelbarer Erkenntnis ist die allgemeine Wahrnehmung (*sāṃvyavahārika-pratyakṣa*). Sie ist zweifach, da sie durch die Hilfe der äußeren Sinne oder durch den Verstand erlangt wird. D. h., es kann sinnliche Erkenntnis sein, wie wenn wir einen vor uns stehenden Tisch sehen, oder innere Wahrnehmung, wie wenn wir feststellen, daß wir glücklich sind[6].

(b) *Mittelbare Erkenntnis:* diese schließt zahlreiche Arten des Erkennens wie Schlußfolgerung und Wortzeugnis mit ein. Wir werden nur auf eine von ihnen, nämlich das Wiedererkennen (*pratyabhijñā*) eingehen, dessen Vorstellung hier eher einzigartig ist. Die allgemeine Erklärung dieser Art von Erkenntnis in den indischen Systemen ist, daß es sich hierbei um Wahrnehmung handele, die durch Erinnerung gestützt oder ergänzt wird. Eine Person wiederzuerkennen bedeutet demnach, daß diese jetzt vor uns steht und ihre Gegenwart, wenn wir sie wahrgenommen haben, in uns wachruft, daß wir sie bereits früher gesehen haben. Andererseits ist dies für die Jainas ein neuer Erkenntnistyp, der nicht selbst wahrnehmend ist, obwohl er auf Wahrnehmung und Erinnerung beruht. Die besondere Tatsache, die in ihm offenbart wird, ist wie in den anderen Systemen die Identität (*ekatva*) einer Sache in zwei Augenblicken – einem vergangenen und einem gegenwärtigen. Solch eine Erklärung setzt einen Glauben an Gegenstände voraus, die für eine längere oder kürzere Zeit existieren, auch wenn sie sich ändern. Hier wird behauptet, daß weder Wahrnehmung noch Erinnerung aus sich selbst in der Lage sind, diese Identität zu enthüllen, weil sie eine Beziehung zu *beiden,* Vergangenheit und Gegenwart, erfordert. Daher entsteht die Notwendigkeit, wie festgestellt wurde, eine neue Art der Erkenntnis zu fordern.

Bisher haben wir die Jaina-Idee von dieser Spielart der Erkenntnis, dasselbe zu sein wie Wiedererkennen im üblichen Sinne, angenommen, nach der eine Sache, die in der Vergangenheit erfahren wurde, ausdrücklich mit einer identifiziert wurde, die man in der Gegenwart erfahren hat. Andere Systeme indischen Denkens beschränken ihren Blickwinkel darauf, aber der Jinismus dehnt ihn weiter aus, so daß er alle Fälle umfassen kann, in denen Wahrnehmung und Erinnerung miteingeschlossen sind und die sich daraus ergebende Erkenntnis einheitlich ist. So dient die Erkenntnis, daß A gleich B ist, als Beispiel dafür, obwohl sie die Ähnlichkeit und nicht die Identität von A und B betont. Gleichermaßen sind »A ist von B unterschieden« und »A ist größer als B«, »Die Mango ist eine Frucht« usw. in diesem Sinne alles Fälle von »Wiedererkennen«. In jedem von diesen ist das, was wahrgenommen wird, unterschieden von dem, an das man sich erinnert; aber beide sind sich in der einen oder anderen Hinsicht ähnlich. Die Ähnlichkeit ist im ersten der Beispiele, nämlich A ist gleich B, deutlich; in den anderen Fällen wird sie impliziert, weil diese einen Vergleich oder eine Klassifikation enthalten, die sich nicht auf absolut unterschiedliche Dinge beziehen können. Diese Ähnlichkeit (*sādṛśya*) ist der zweite Typ einer Wahrheit, die durch »Wiedererkennen« offenbart wird, wie man hier erklärt. Wir werden sehen, daß der Buddhismus die Ähnlichkeit allein als wahren Gegenstand des Wiedererkennens betrachtet und Identität, die der gesunde Menschenverstand damit verbindet, als falsch und illusorisch ansieht.

2. *Realität:* Die upaniṣadische Anschauung von Realität teilt sich in zwei Gruppen – eine, die den Wandel als tatsächlich ansieht und eine andere, die ihn als nicht wirklich betrachtet (S. 29). Von diesen ähnelt die Jaina-Anschauung der ersteren; nur sie betrachtet die Realität als ihrem Wesen nach vielfältig. Es ist das, was sich beinahe ununterbrochen ändert bzw. dynamisch ist und dennoch seine Identität ganz und gar bewahrt. Ein bestimmter Zug in der Anschauung der hier vorgestellten Lehre sollte besondere Beachtung finden. Dieser lehrt, daß jedes Ding einen allgemeinen (*sāmānya*) und einen speziellen (*viśeṣa*) Aspekt hat. So ist eine Kuh durch Kuhheit charakterisiert, die sie mit anderen Kühen gemeinsam hat. Sie hat aber auch bestimmte Merkmale, die nur ihr zu eigen sind, wie etwa eine besondere Farbe oder Größe, durch die wir in der Lage sind, sie von anderen Kühen zu unterscheiden. Einige Denker sehen diese Besonderheiten bzw. sogenannte allgemeine Merkmale, als voneinander getrennt real an. Die Jainas nehmen ihrerseits an, daß beide *zusammen* die Realität ausmachen und somit die Dinge – seien sie nun spirituell oder materiell – notwendigerweise komplex sind[7]. Das Besondere und das Allgemeine für sich allein genommen sind reine Abstraktion. Im Denken kann man sie unterscheiden, aber in der Realität sind sie nicht zu trennen. Die Beziehung zwischen diesen beiden Aspekten eines Gegenstandes ist die Identität in der Unterscheidung (*bhedābheda*). D. h.: das Besondere und das Allgemeine sind als solche unterschiedlich; aber als Stufen derselben Substanz (*dravya*) sind sie auch eins. Im Falle einer Kuh z. B. sind diese beiden, nämlich die Kuhheit und die besondere Farbe oder Größe als solche voneinander zu unterscheiden; aber sie sind es nicht im absoluten Sinne,

weil sie zu ein und demselben Gegenstand gehören bzw. diesen charakterisieren und kein Sein besitzen, das von diesem getrennt ist. Auf den Einwand, daß die sich ausschließenden Merkmale Identität und Unterschied wie Hitze und Kälte nicht vom gleichen Gegenstand behauptet werden können, antworten die Jainas, daß unsere einzige Berechtigung, über Realität zu sprechen, die Erfahrung ist; und wenn die Erfahrung eine solche Tatsache bezeugt, muß man zugeben, daß dem so ist. Die sogenannten Widersprüche können womöglich sogar selbst die letzte Wahrheit über die Realität sein. Der Verstand muß dem Wesen der Realität folgen, um sie zu erfassen und sollte nicht versuchen, die Realität zu bestimmen.

Die allgemeinen oder universellen Züge können von zweierlei Art sein; man bezeichnet sie als »quer« (*tiryak-sāmānya*) und »weit ausgedehnt« (*ūrdhvatā-sāmānya*) und kann sie als Äquivalente zu dem betrachten, was in der westlichen Philosophie als die abstrakten und die konkreten Universalien angesehen wird. Ein Beispiel für die ersten haben wir in der »Kuhheit«, die sich gleichzeitig in mehreren Kühen zeigt (*tiryak* bedeutet wörtlich »sich waagrecht erstreckend«); die zweiten unterliegen Manifestationen, die zeitlich nacheinander erscheinen (*ūrdhva* bedeutet wörtlich »sich nach oben erstreckend«), z. B. Baumwolle als ein Material von einzelnen Garnen, Fäden und Tuch. Wir werden sehen, daß diese Begriffe auf denen von Ähnlichkeit und Identität beruhen, die man gleichermaßen durch »Wiederkennen« (*pratyabhijñā*) erkennt. Zwei oder mehr Kühe, die dieselbe Kuhheit zeigen, sind ähnlich; die Baumwolle, die im Garn und im Tuch erscheint, ist identisch. Wenn wir sagen, daß A eine Kuh ist und B ebenfalls eine Kuh, folgt daraus die Aussage, daß das Element der Kuhheit beiden gemeinsam ist; aber wenn wir sagen, daß X ein Junge war und er nun ein Jugendlicher ist, bezieht sich dies auf das betreffende Element selbst. Beide Gruppen von Merkmalen – mögen sie beständig sein wie die Kuhheit oder dem

Wechsel unterworfen wie Knabenalter und Jugend, bezeichnet man hier als »Arten« oder »Formen« (*paryāya*) der Substanz, zu der sie gehören. Es ist klar, daß von diesen die letzteren unbeständig sind. Der Jinismus vertritt aber die Ansicht, die andere Gruppe von Arten wie Kuhheit sei es ebenso. Hierbei handele es sich nur um besondere Anordnungen bzw. Gestaltungen der Substanz, in der sie erscheinen; als solche werden sie als unterschiedlich in unterschiedlichen Besonderheiten angesehen. Die Kuhheit einer Kuh ist z. B. zahlenmäßig nicht dasselbe wie die Kuhheit einer anderen.

Wir werden jetzt die genaue Bedeutung der Definition von Realität in diesem System verstehen lernen, das durch Schöpfung und Zerstörung wie auch durch Beständigkeit gekennzeichnet ist[8]. Die Schöpfung und die Zerstörung beziehen sich auf die Arten (*paryāya*) der Realität, die Beständigkeit auf ihre Grundlage. In diesem Sinne ist die Realität in *jīva* und *ajīva* mit ihrer fünffachen Spielart unterteilt, wie wir oben erwähnten. Alle diese sechs Arten der Realität bezeichnet man als Substanzen (*dravya*) – eine Bezeichnung, die zugleich bedeutet, daß sie Qualitäten (*guṇa*) und Arten (*paryāya*) hat[9]. Die Unterscheidung zwischen Qualitäten und Arten ist dennoch nicht ganz klar, und das Wiedererkennen der ersten rührt möglicherweise, wie wir vermuteten, vom Einfluß anderer Lehren her. Von diesen sechs Substanzen haben alle außer der Zeit neben ihrer Realität auch eine Ausdehnung (*asti-kāya*). Die Zeit ist real, hat aber keine räumliche Ausdehnung. Sie ist nur eine eindimensionale Wesenheit.

Es müssen noch einige Worte zu dem hinzugefügt werden, was als *sapta-bhaṅgī* oder »siebenfache Aussage« bekannt ist. Das diesem zugrundeliegende Denken liegt in der Lehre begründet, obwohl seine klare Aussage der jetzigen Zeit anzugehören scheint. Wir haben bereits zum Ausdruck gebracht, daß die Realität im Jinismus sich widersprechende Merkmale nicht ausschließt, was auf die Aussage hinausläuft, daß sie in ihrem Wesen unbestimmt (*anekānta*) ist. Das bedeutet jedoch nicht, daß sie ganz und gar unbestimmt ist, sondern nur, daß sie nicht absolut bestimmt werden kann. Diese Idee wird als Ganzes durch die siebenfache Aussage übermittelt; und sie drückt das Wesen der Realität in verschiedenen Stufen aus, weil keine einzelne Form ihr angemessen erscheint. Allgemein gesprochen gab es drei verschiedene Arten, wie man sich Realität zu der Zeit vorstellte, als diese Theorie formuliert wurde. Einige sagten »Es ist immer« (*asti*), andere »Es ist niemals« (*nāsti*), und noch andere dachten, daß die Realität unerforschlich sei und es deshalb nicht zulässig sei, auf eine der beiden ersten Arten ausgedrückt zu werden (*avaktavya*)[10]. Der Jinismus hält keine dieser Anschauungen für völlig korrekt. Jede bezieht sich nur auf einen einzigen Aspekt der Realität und ist nur richtig, wenn wir sie in Beziehung zu diesem Aspekt setzen und nicht absolut, wie deren Anhänger behaupten. Es ist dieser relative Charakter unserer Erkenntnis der Realität, die durch die *sapta-bhaṅgī* erkannt wird; und sie besteht aus sieben Gliedern, weil es sieben und nur sieben Arten der Verbindung der drei Formeln gibt, nämlich indem man sie einzeln, in Zweiergruppen und alle zusammen nimmt.

Die ersten vier Stufen unseres Schemas sind folgende: 1. möglich, daß ein Ding existiert; 2. möglich, daß es nicht existiert; 3. möglich, es existiert und existiert nicht; 4. möglich, daß es unbeschreibbar ist. Im Falle eines goldenen Ornaments z. B. können wir sagen, daß es (1) existiert, nämlich als Gold, aber daß es (2) nicht existiert, nämlich als Silber[11]. Als eine Folge dieser doppelten Formulierung können wir weiter fortschreiten und feststellen, daß (3) beides zutrifft: es ist und ist nicht. Von dem, was bis jetzt auf diese Weise festgestellt wurde, wird klar, daß wir mit der Aussage »das Ornament existiert« nicht meinen, es existiere nur als irgendetwas, sondern auch, daß es nicht so beschaffen ist wie irgendetwas anderes. Die letzte Idee ist implizit und nicht explizit wie die erste. Das Gegenteil bestätigt sich, wenn wir sagen, daß es nicht existiert. Die dritte Stufe ist nur eine Kombination dieser beiden Feststellungen; und beim Verständnis der beiden Elemente sollte der Nachdruck auf die Aussage *nacheinander* gelegt werden. Nun kann aber gefragt werden, ob man über diese beiden Elemente des Ornaments *gleichzeitig* etwas aussagen kann, indem man auf beide den gleichen Nachdruck legt. Man erwartet, daß als Antwort auf diese Frage eine Verneinung folgt, aber die Jainas mit ihrer umfassenden Anschauung von Realität lehnen es ab, irgendeine Aussage in Bezug darauf als unzulässig anzusehen und geben eine bejahende Antwort. Sie fügen hinzu, daß diese Aussage durch kein Wort in der Sprache zum Ausdruck gebracht werden kann, womit impliziert wird, daß die Realität von einem bestimmten Standpunkt aus unergründlich ist. Diese Aussagen sollten nicht als unvereinbar mit den Gesetzen von Identität und Widerspruch in der Logik genommen werden, weil diese Gesetze nur auf die Realität angewendet werden, die man als einfach und statisch auffaßt und nicht wie hier als außerordentlich komplex und unbeschränkt veränderlich. Die verbleibenden drei Stufen des Schemas sind: 5. möglich, ein Ding existiert und ist unbeschreibbar; 6. möglich, ein Ding existiert nicht und ist unbeschreibbar; 7. möglich, ein Ding existiert, existiert nicht und ist unbeschreibbar. Diese Stufen sind nacheinander durch die Verbindung der vierten mit den ersten drei hergeleitet, die sich alle auf beschreibbare Aspekte der Realität beziehen. Diese relativistische Anschauung wurde ein so wesentlicher Teil des Jinismus, daß der häufig als »die Lehre vom es mag sein« (*syādvāda*) oder als Lehre von den Standpunkten bezeichnet wird.

Es ist leicht zuzugestehen, daß unsere Erkenntnis der Realität relativ ist; aber man muß die wichtige Frage berücksichtigen, ob wir einfach dabei stehenbleiben können wie der Jinismus. Der Begriff der Relativität selbst schließt einen absoluten Maßstab mit ein, durch den wir urteilen; nimmt man einen solchen Maßstab, wird die Erkenntnis, die vollständig befriedigt, die letzte Wahrheit über die Realität und sonst nichts. Die relativistische Anschauung ist in diesem Fall in ihrer Anwendung auf die Sphäre der gewöhnlichen menschlichen Erfahrung beschränkt und die Wahrheit der *sapta-bhaṅgī* wird sich selbst auf eine bloße Binsenwahrheit reduzieren. Urteilt man von der Art, in der *kevala-jñāna* oder »vollkommene Erkenntnis« beschrieben wird – nicht nur als alle Dinge und alle Stufen dieser Dinge umfassend, sondern auch als übersinnlich und einzigartig[12] –, scheint solch eine absolute Erkenntnis im Jinismus akzeptiert worden zu sein und ist nicht bloß die Voraussetzung seiner Anschauung von Erkenntnis. Wenn man aber diese letzte Wahrheit nur als ein Zusammenfügen von mehreren Teilwahrheiten erklärt, wird die Charakterisierung der Erkenntnis als relativ aus dem bereits angeführten Grund bedeutungslos. Alte indische Kritiker des Jinismus drücken dasselbe Argument in einer etwas anderen Form aus[13]. Wenn unsere ganze Erkenntnis über die Realität relativ ist, sagen sie, muß also auch die Jaina-Anschauung, daß sie so ist, relativ sein. Diese Schlußfolgerung zu leugnen, würde zumindest eine absolute Wahrheit erlauben; und dies zu gestatten, würde die Lehre ohne eine feste Anschauung von der Realität zurücklassen und sie auf diese Weise in eine Spielart des Skeptizismus verwandeln.

II

Betrachten wir den praktischen Teil der Lehre, sind hauptsächlich zwei Punkte zu beachten. Er ist pessimistisch, wenn auch nicht im endgültigen Sinne; und er ist ebenso streng asketisch. Die meisten der hier akzeptierten asketischen Grundsätze wurden von modernen Gelehrten auf Hindu-Quellen zurückgeführt[14], doch wurden diese Grundsätze im Jinismus in einigen Fällen ins Extreme gesteigert. Das Gebot der Nichtverletzung (*ahiṃsā*) ist ein Beispiel dafür. Kein Jaina wird wissentlich auch nur das kleinste Insekt töten oder ihm ein Leid zufügen. Aber nicht alle Anhänger sind verpflichtet, in ihrer Lebensführung solch strengen Grundsätzen zu folgen. Wenn sie keine Mönche (*śramaṇa*), sondern Laien (*śrāvaka*) sind, können sie die Einschränkungen in einer weniger strengen Art ausüben, bis sie sich dafür eignen, Asketen im völligen Sinn des Wortes zu werden.

Wie bereits bemerkt, ist es das Ziel des Lebens, die vormalige Reinheit der Seele wiederherzustellen, so daß sie Allwissenheit (*kevala-jñāna*) erlangen kann. Dies ist ein körperloser Zustand, in dem die Seele alle Vollkommenheiten besitzt – nicht nur unbegrenzte Erkenntnis, sondern auch unbegrenzten Frieden und unbegrenzte Macht. Wie in der upaniṣadischen Lehre (S. 37) bedeutet auch hier Freiheit, über Gut und Böse zu stehen, indem sowohl Verdienst (*puṇya*) wie Sünde (*pāpa*) überwunden werden. Die empfohlene Zucht zur Erlangung dieser Vollendung ist dreifach. Sie beginnt mit dem Glauben an die Lehre (*saṃyagdarśana*); wenn die richtige Erkenntnis (*saṃyagjñāna*) und die richtige Lebensführung (*saṃyakcāritra*) sie zusätzlich unterstützen, führt dies zu *mokṣa* oder Nirvāṇa, wie es die Jaina gewöhnlich nennen. Diese drei – rechter Glaube, rechte Erkenntnis und rechte Lebensführung – bezeichnet man als die »drei Edelsteine« (*tri-ratna*). Die Ausübung der Macht geistiger Konzentration (*yoga*) spielt auch hier wie überhaupt in den anderen indischen Lehren eine bedeutende Rolle[15].

Um zu verstehen, wie diese Lehre zur Erlösung verhilft, ist es notwendig, sich daran zu erinnern, daß die Verbindung zwischen dem *jīva* und dem *ajīva* Karman ist, womit hier, wie wir wissen, Materie in einer außerordentlich feinen Form gemeint ist. Die ist in ihrer irdischen Verfassung von solcher Materie durch und durch durchdrungen; ihr Lebensziel besteht darin, sich von dieser Spielart des *ajīva* zu befreien. Die Prozesse der Bindung an und der Befreiung von ihm werden so beschrieben: es gibt zunächst ein Einströmen (*āsrava*) von Karman in die Seele, was ihre Fesselung (*bandha*) zur Folge hat. Dieses Karman wird als eine Folge seiner Wirkungen von Freude und Leid, die einem begegnen, ständig abgebaut. Aber im Falle des gewöhnlichen Menschen findet anderes Karman – sowohl gutes wie schlechtes – infolge der willentlichen Handlungen der Seele gleichermaßen ununterbrochen seinen Weg in sie, so daß sie niemals als frei bezeichnet werden kann. Nach dem Tod folgt dieser karmische Begleiter (*kārmaṇa-śarīra*) der Seele in ihre neue Existenz. So kommt es, daß der anfangslose und eigentlich auch endlose Kreislauf der Wiedergeburten sich fortsetzt. Die Hoffnung des Menschen auf Erlösung beruht auf der Tatsache, daß der Prozeß des Einfließens von neuem Karman aufgehalten werden kann. Als ein Mittel zu seiner Beendigung bezeichnet man die oben genannte Lehre in ihrer dreifachen Ausformung. Wie im Fall des Schmiedens der Fessel gibt es zwei Stufen zur Befreiung der Seele. Die erste ist das Hemmen des Zustroms neuen Karmans und wird Karman-Kontrolle (*saṃvara*) genannt; die zweite ist die Zerstörung des Karmans, das sich in der Vergangenheit angesammelt hat und wird als Abnahme des Karmans (*nirjara*) bezeichnet. Mit der völligen Zerstörung des fesselnden Karmans erreicht man automatisch die Erlösung (*mokṣa*), die ein Zustand absoluter Vollkommenheit ist, und auf diese Weise behält der Jinismus doch die Idee des Göttlichen als etwas bei, das die Vollkommenheit darstellt, obwohl er die Existenz eines höchsten Gottes leugnet. Diese fünf, nämlich Bewegung von Karman (*āsrava*), Fesselung (*bandha*), Karman-Kontrolle (*saṃvara*), seine Abnahme (*nirjara*) und die Erlösung (*mokṣa*) werden manchmal zusammen mit *jīva* und *ajīva* als die sieben Prinzipien des Jinismus bezeichnet.

C. BUDDHISMUS

Die uns vertraute Geschichte vom Leben des Buddha basiert zum größten Teil auf einer Tradition, die viel später ist als die Zeit, in der er lebte. Nach dieser wurde er in Kapilavastu geboren, sein Vater war Herrscher eines Fürstentums. Wie Vardhamāna war er deshalb von königlicher Herkunft. Als Datum seiner Geburt wird jetzt allgemein 563 v. Chr. angenommen[e].

Er wird als ein vollkommen ausgebildeter Prinz vorgestellt. Im Alter von 16 war er verheiratet und nach einer gewissen Zeit wurde ihm ein Sohn geboren. Etwa zu dieser Zeit begann er über die Nichtigkeiten des Lebens und die Tragödie von Tod, Krankheit und Alter nachzudenken, die die Menschheit quält. Dies ist malerisch in der Geschichte festgehalten, in der er nacheinander auf einen alten Mann, einen Kranken und einem Leichnam trifft. Diesen Begegnungen folgte die eines Einsiedlers, der der Welt völlig entsagt hatte; und dies führte zu seinem Entschluß, sich selbst von allen weltlichen Bindungen zu befreien und sein möglichstes zu versuchen, einen Ausweg aus dem nicht endenden Elend des Lebens zu entdecken. Um diesen Entschluß auszuführen, verließ er in derselben Nacht den Palast, auf den er als »einen Ort des Staubs« blickte, und begab sich zu einem fernen Wald. Dort übte er in Begleitung von fünf anderen strenge Askese und kasteite seinen Körper, wie es zu dieser Zeit bei leidenschaftlich religiös gesinnten Menschen üblich war.

Er führte diese Art von Leben sechs Jahre lang; als er aber dadurch dem Erreichen seines Ziels nicht näher kam, begann er einen neuen Weg in der Selbstbeherrschung zu beschreiten, der sich durch geringere Strenge auszeichnete. Da verließen ihn seine Begleiter, weil sie mit seiner Anschauung nicht übereinstimmten. Bei seinem zweiten Versuch war er erfolgreich und wurde erleuchtet (*buddha*) und erlangte, wie man es beschrieb, »das Ende der Begierden«.

Mit seiner persönlichen Erleuchtung blieb er aber nicht zufrieden, sondern beschloß, den Weg zu ihr auch anderen lehrhaft zu zeigen. Seine ersten Schüler waren die fünf Asketen, die sich früher von ihm getrennt hatten. Sie befanden sich zu dieser Zeit an einem Platz in der Nähe von Benares, der als Sārnāth oder »Gazellenhain« bekannt ist. Nachdem er sie zu seiner Art des Denkens bekehrt hatte, verkündete er nach der Tradition in seiner ersten Predigt, die er diesen hielt, die vier edlen Wahrheiten (*ārya-satya*), auf die wir später eingehen werden. Danach konnte er zahlreiche andere Personen einschließlich seiner eigenen Familie bekehren. Dennoch waren seine Aktivitäten auf eine relativ begrenzte Region beschränkt, die Teile des modernen Bihār, der United Provinces[f] und Nepāls umfaßten. Er starb 483 v. Chr. im Alter von 80 Jahren[g] in Kuśīnara an seinem Geburtstag wie man sagt und erlangte die endgültige Erleuchtung. Dieses Ereignis fand zwischen zwei *śāla*-Bäumen statt, ein Umstand, der als Schlußszene seines Lebens liebevoll in Skulpturen und auf Bas-Reliefs abgebildet ist. Buddha ist zweifellos einer der großen religiösen Lehrer der Welt. Im 3. Jahrhundert v. Chr. wurde der berühmte Kaiser Aśoka Buddhist. Allgemein glaubt man, daß der Buddhismus sich durch den Anstoß, den er ihm gab, nicht nur in anderen Teilen Indiens verbreitete, sondern auch darüber hinaus.

I

Es ist sehr schwierig, die ursprüngliche Form dieses Glaubens zu bestimmen, da uns, wie bereits gesagt wurde (S. 98), kein Bericht aus der Zeit überliefert ist, in der er zuerst verkündet wurde. Die frühesten Werke, die sich darauf beziehen und die »kanonische Literatur« bilden, können viel von dem enthalten, was vom Buddha tatsächlich selbst gesagt wurde; aber es gibt kein Mittel mit Sicherheit festzustellen, welche Teile das sind. Daher gab es unter modernen Gelehrten viele Meinungsunterschiede über den wirklichen Charakter seiner Lehre. Dennoch besteht kein Zweifel, daß der Buddhismus als Religion begann, aber nicht viel später gezwungen wurde, eine Philosophie zu werden, weil er sich gegen metaphysische Schulen des Hindu- und Jaina-Denkens zu verteidigen hatte.

Eine ähnliche Schwierigkeit liegt in der Bestimmung der Beziehung zwischen frühem Buddhismus und Brahmanismus. Es bedarf keiner Erwähnung, daß der erstere stark vom letzteren, dem vorherrschenden Glauben des Landes zu dieser Zeit, beeinflußt wurde. Die Punkte, die zu berücksichtigen sind, sind der Umfang des Einflusses und welche Form des Brahmanismus genau ihn beeinflußte. Es wird jetzt allgemein angenommen, daß der primitive Buddhismus eine neue Strömung innerhalb des Brahmanismus, nicht gegen ihn, darstellt[h]. Die kanonische Literatur kritisiert ohne Zweifel hin und wieder den Brahmanismus, aber hauptsächlich auf dem Gebiet des Rituals. Daraus kann geschlossen werden, daß Buddhas Lehre ein Protest gegen den überaus komplizierten Ritualismus ist, ein Protest, der in gewissem Sinne auch der upaniṣadischen Lehre den Aufstieg ermöglichte (S. 22–23). Eine wichtige Folge dieser Ablehnung des Rituals war der Nachdruck, der auf die Ethik gelegt wurde, die im Brahmanismus einen untergeordneten Platz einnahm, obwohl sie von ihm keinesfalls ignoriert wurde (S. 49–50). Die Beziehungen zur upaniṣadischen Lehre, dem anderen Aspekt des Brahmanismus, sind viel enger und zeigen, daß der Buddhismus sich nicht sehr stark von ihr unterscheidet. Dennoch gibt es einige Unterschiede, von denen wir jetzt die wichtigsten berücksichtigen wollen.

Die upaniṣadische Lehre war, wie wir wissen (S. 22), nur für wenige Auserwählte gedacht. Zum anderen war es der charakteristische Zug der Lehre Buddhas, daß sie keine esoterischen Wahrheiten anerkannte und für alle gedacht war, die nicht damit zufrieden waren, ihr Leben nur nach ihren natürlichen Neigungen zu führen. Sie war eine »volkstümliche Wahrheit«, so wie man sie beschrieb. Ihre Botschaft war für den einfachen Mann bestimmt und nahm daher einen allgemeinen Aufschwung, der von großer Bedeutung war[i]. Ein zweiter Unterschied war der, daß der Brahmanismus zu sehr auf von anderen gegebenen Anweisungen basierte, während der Buddhismus besonderen Wert auf Selbstvertrauen und eigene Anstrengung zur Erkenntnis der letzten Wahrheit legte. Der Schüler wurde angehalten, für sich selbst zu denken und die Meinungen anderer nur zu übernehmen, wenn er von deren Richtigkeit völlig überzeugt ist. D. h., daß der Buddhismus auch wenig dogmatisch war. Im übrigen war der frühe Buddhismus von derselben Art wie der Brahmanismus und glaubte an dieselben kosmologischen und eschatologischen Anschauungen einschließlich der Karman-Lehre[j]. Die Hauptzüge des primitiven Buddhismus kann man wie folgt zusammenfassen[16]:

Wir haben gesehen, daß der Mensch in der frühen vedischen Periode als vom Göttlichen verschieden betrachtet wurde, diese Anschauung aber in der Zeit der Upaniṣaden schrittweise in jene umgeformt wurde, er sei im Grunde genommen göttlich. Diesen Gott-im-Menschen verstand der Buddha als ātman – weder Körper noch Verstand, sondern Geist. Er glaubte auch, daß der ātman als Geist sowohl hier wie im Jenseits besteht, so daß es falsch ist zu sagen, der Buddha habe das Selbst geleugnet oder es mit Körper und Verstand identifiziert, wie es oft getan wird[k]. Für ihn bedeutete es auch nicht den Menschen so wie er ist, sondern wie er sein könnte oder möchte. Mit anderen Worten, es steht für das Ideal selbst, dessen Verwirklichung ein angeborener Drang im Menschen ist. Demnach ist seine vornehmste Aufgabe im Leben in Erwiderung auf dieses zu handeln; und das Ergebnis solchen Handelns, nämlich das »Abnehmen« seiner niedrigen Natur, der Lust und des Hasses in ihm, ist alles, was mit Erlösung oder Nirvāṇa gemeint ist[l], ein Wort, mit dem wir bereits im Zusammenhang mit dem Jinismus Bekanntschaft schlossen. Die Erlösung ist nicht die Vernichtung des Selbst[m], sondern nur die Vernichtung der Selbstsucht in der gewöhnlichen Bedeutung des Wortes. So ist der frühe Buddhismus eine Botschaft der Hoffnung und nicht der Verzweiflung wie sie gemeinhin dargestellt wird.

Was aber ist das Mittel für solch eine Erlösung? Die Upaniṣaden, deren Lehre fast die gleiche ist, schreiben einen Weg der Disziplin vor, damit das Selbst zu Brahman wird. Aber nach einer der beiden Interpretationen (S. 32) wird der Abfall des Menschen von seinem wahren spirituellen Zustand nicht als real betrachtet, der einen Raum in der Zeit einnimmt, sondern nur als scheinbar[n]. Deshalb kann das Ziel nicht tatsächlich erreicht, sondern nur im Denken verwirklicht werden. Daher wird wenig Gewicht auf »Werden« im Sinne des Erlangens von etwas, was noch nicht erreicht wurde, gelegt. Die andere Interpretation der Upaniṣaden, nach der der Geist sich selbst entwickelt, ist im Hinblick darauf zweifellos ganz anders; aber dort wird das Ziel als wichtig angesehen und nicht so sehr der Weg, der zu ihm führt wie hier. Für den ursprünglichen Buddhismus zählt der Mensch als Anwärter zur Vollkommenheit mehr als der Mensch, der diese erreicht hat. Weiterhin ist in der upaniṣadischen Anschauung *yoga* das empfohlene unmittelbare Mittel zur Erreichung des endgültigen Ziels (S. 34), selbst wenn es als *Wachsen in* das Brahman angesehen wird. Andererseits betont der Buddha den *dharma* in seiner ethischen Bedeutung (S. 50). Er wird als »die Lampe des Lebens« beschrieben und bezeichnet eine vollkommene Lebensführung bzw. göttliches Leben und nicht einen bloßen Kodex von Dogmen, zu dem er später wurde.

II

Die so rekonstruierte ursprüngliche Form des Glaubens enthält natürlich hypothetische Elemente. Sie scheint auch bestimmten Aspekten der Lehre der Upaniṣaden wenig Gerechtigkeit widerfahren zu lassen. Z. B. ignoriert sie den hervorragenden Platz, den die dynamische Vorstellung von Brahman in ihnen findet und vermindert damit auch die Bedeutung, die dabei der moralischen Reinheit im Plan der Lehre zur Verwirklichung der letzten Wahrheit zukommt (S. 35). Doch wie auch immer sich dies verhalten mag, für uns ist bedeutsam, daß die Lehre des Buddha positiv und konstruktiv war. Im Laufe der Zeit wurde aber die negative und analytische Anschauung vorherrschend, und als Folge davon erhielt der Buddhismus seinem Wesen nach eine gänzlich mönchische Prägung[o]. Diese Veränderung hatte bereits zu der Zeit begonnen, als sich die Systeme herausbildeten. Aus ihr bestand die Hauptlehre der buddhistischen Pāli-Literatur, deren Hauptzüge wir jetzt kurz skizzieren wollen. Am besten beginnen wir daher mit der Erklärung der vier edlen Wahrheiten, die nach dem Pāli-Kanon Gegenstand der ersten Predigt des Buddha in Benares waren. Der Bericht, der uns über diese Wahrheiten überliefert ist, gilt jetzt allgemein als einem späteren Stadium der Lehre zugehörig – als Ergebnis eines »mönchischen Mißverständnisses«[p]. Voraussetzung dieser Wahrheiten ist, daß das Leben ein Übel ist, und ihr Hauptziel, die Überwindung dieses Übels aufzuzeigen. Diese Wahrheiten erinnern an die Behandlung einer Krankheit durch den Arzt: die Feststellung des Wesens der Krankheit, die Entdeckung ihrer Ursache und ihre Behandlung durch die Anwendung dafür geeigneter Mittel. Diese sind:

1. *Das Leben ist schlecht.* Die gesamte Lehre beruht – wie durch den Vergleich des Lebens mit einer Krankheit gezeigt wurde – auf einer pessimistischen Anschauung, die mönchi-

schen Einfluß zeigt. Aber selbst in dieser späteren Form der Lehre wird das Übel nicht als die endgültige Wirklichkeit des Lebens angesehen. Ihr Pessimismus bedeutet, daß das Leben voll von Qualen und Leiden ist, aber nicht aus sich selbst, sondern nur wie es gewöhnlich gelebt wird. Die Lehre bietet die Hoffnung, daß das Leiden im Stadium des Nirvāṇa völlig überwunden werden könne und dieses hier und jetzt erreicht werden kann, wenn man nur will.

2. *Unwissenheit ist die Ursache des Übels.* Der Ursprung des Übels liegt in der Unwissenheit (*avidyā*) bzw. der Unkenntnis der wahren Natur des Selbst. Wir halten das Selbst gewöhnlich für ein wesentliches Ding, das anders als der körperliche Organismus beschaffen ist und glauben, es existiere nicht nur solange wie der Organismus, sondern überlebe diesen sogar. Nach dem kanonischen Buddhismus ist dies ein absoluter Irrtum, und es gibt kein anderes Selbst als den Komplex des Körpers (*rūpa*) und die Geistigkeit (*nāma*). Manchmal wird von ihm gesagt, es bestehe nicht aus diesen beiden, sondern aus fünf Faktoren (*skandhas* genannt), von denen einer der physische Körper (*rūpa*) und der Rest verschiedene Phasen der Geistigkeit (*nāma*) wie Wahrnehmung und Gefühl sind – eine Anschauung, die zeigt, wie der Geist der Analytik mehr und mehr vorherrschend wurde. Aber das Selbst ist selbst in dem Sinne, daß es nur ein Komplex ist, der aus zwei oder fünf Faktoren besteht, nicht beständig. Es ist beinahe ständig Wandlungen unterworfen, und im Nirvāṇa hört es völlig auf zu sein. Das Festhalten am falschen Selbst als Ergebnis unserer Unwissenheit über seine wahre Natur erklärt alles Elend des Lebens, so wie es gewöhnlich gelebt wird[17]. So kam der Buddhismus, der ein sich ständig wandelndes Selbst aus Protest gegen die von einigen zu dieser Zeit vertretene Vorstellung eines statischen Selbst postulierte, im Laufe der Zeit dazu, letzteres völlig abzulehnen. Wir müssen hinzufügen, daß dieses Erklärungsprinzip bald auf andere Bereiche

ausgedehnt wurde und zu dem Ergebnis führte, daß alle Dinge und nicht nur das Selbst als bloße Aggregate (*saṃghāta*) ihrer entsprechenden Bestandteile galten. Ein Wagen ist z. B. nichts anderes als eine Ansammlung von Deichsel, Rädern usw. Man kennt dies als die Lehre von der Nichtwirklichkeit (*nairātmya*) der Dinge.

3. *Das Übel kann überwunden werden.* Es ist möglich, dieses Übel zu beseitigen, weil es verursacht wurde, und alles, was eine Ursache hat, nach dieser Lehre beseitigt werden kann. Ist eine Ursache vorhanden, folgt ein Resultat[18]. Kann die Ursache beseitigt werden, wird auch zwangsläufig das Resultat aufhören zu existieren. Die Tatsache, daß das Übel eine Ursache hat, zeigt sich in der Formel von zwölf Bedingtheiten, die als die »Kette der Verursachungen« bekannt ist. Die erste von ihnen ist die Unwissenheit über die wahre Natur des Selbst, was impliziert, daß das Übel wie im Fall der upaniṣadischen Lehre (S. 31–32) von grundsätzlicher metaphysischer Art ist. Von den verbleibenden elf Bedingtheiten sollen hier nur drei genannt werden, nämlich Begierde oder Durst (*tṛṣṇā*), Tod und Wiedergeburt. Das bedeutet, daß die menschliche Unwissenheit zur selbstsüchtigen Begierde nach Dingen führt, und unbefriedigte Begierden führen zur Wiedergeburt nach dem Tod. Dieser sich wiederholende Kreislauf von Geburt und Tod soll beendet werden. Das Ergebnis ist das Nirvāṇa, das deshalb als das Aufhören von Unwissenheit, Begierde, Geburt und Leben bezeichnet werden kann. Das Ziel des Lebens ist somit hier als rein negativ zu betrachten, während es in der ursprünglichen Lehre die völlige Entwicklung des höheren Selbst bedeutet, das die Tyrannei des niederen überwindet. Man glaubte, daß eine Person, die erfolgreich diesen Kreislauf des *saṃsāra* durchbricht, die heitere Gemütsruhe des Nirvāṇa im gegenwärtigen Leben erreichen könne; und diese Person wird wie im Jinismus *arhan* oder »Ehrwürdiger« genannt. Das Prinzip, das der Kette der

Verursachungen zugrunde liegt und ursprünglich zur Darstellung des Übels des Lebens formuliert wurde, hat man später auf alle Dinge ausgedehnt, seien sie psychisch oder physisch. Sie wurden ebenfalls als verursacht angesehen und daher als letztlich vernichtbar. Dies ist als die Lehre von der Unbeständigkeit (*anityatva*) der Dinge bekannt.

4. *Richtige Erkenntnis ist das Mittel zur Beseitigung des Übels.* Ebenso wie Erkenntnis die logische Antithese zur Unwissenheit ist, wird die Erleuchtung über das wahre Wesen des Selbst das Übel beseitigen. Unter dieser Erleuchtung sollen wir eine innere Überzeugung verstehen (S. 34), die einen langen Weg vorheriger moralischer Übung erfordert, um endgültig sicher zu sein. Hier begegnen wir dem Nachdruck, den der Buddha, wie wir früher sahen, einst auf die richtige Lebensführung legte. Aber in Übereinstimmung mit dem allgemeinen Trend der Entwicklung der Lehre verlagerte sich das Hauptgewicht nun auf Erkenntnis oder Weisheit (*prajñā*) und meditative Übungen (*yoga*) hauptsächlich über die Vier Wahrheiten. Selbst dort, wo man fortfährt, die Lebensführung zu betonen, gewinnt ein asketischer Geist die Oberhand, obwohl dieser im Vergleich mit der Lehre der Jainas mild ist. Sicherlich legt sie ihren fortgeschrittenen Anhängern strenge disziplinarische Regeln auf, schreckt diese aber gleichzeitig davon ab, in ihrem Enthusiasmus zur Erlangung des Ziels irgendeine Form der Selbstpeinigung zu suchen. Es war »ein mittlerer Weg«, den sie empfahl – ein Weg wie der, dem der Buddha selbst folgte, bevor er die Erleuchtung erlangte, wie berichtet wird. Diese drei, nämlich richtige Lebensführung (*śīla*), rechte Erkenntnis (*prajñā*) und richtige Konzentration (*samādhi*) sind die wichtigsten Elemente dieser Lehre. Sie schließt fünf weitere mit ein und ist deshalb als der Achtfältige Pfad bekannt[19]; aber es ist nicht erforderlich, diese hier einzeln anzugeben. Man sollte hinzufügen, daß diese Lehre hauptsächlich für jene gedacht ist, die in den Orden der Asketen eintreten.

Wie im Jinismus war sie im Falle der Laienanhänger weniger streng.

III

Bei diesem kurzen Überblick über zwei Stadien in der Geschichte des Buddhismus haben wir gesehen, wie sehr diese voneinander abweichen. Einer seiner bemerkenswertesten Züge im nächsten Stadium ist seine Verbreitung weit über die Grenzen Indiens hinaus in Länder wie China und Japan. In diesen Ländern hat er mit seiner Betonung des Mitleids – einen Zug, den er mit dem Jinismus teilt – das Ansteigen der Wohltätigkeit sehr gefördert. Ein moderner Schriftsteller sagt in diesem Zusammenhang in Bezug auf Japan, daß »dies noch der bedeutendste der Einflüsse sei, der unter einem spartanischen Volk Mitleid erwecke«. Das Auseinanderbrechen der Lehre in zahlreiche Sekten ist ein anderes Merkmal der gleichen Art. Wir lesen von vielen Sekten in Indien selbst, so daß die Spaltung nicht in jedem Fall der Berührung mit fremden Religionen in anderen Ländern zugeschrieben werden kann. Für unsere Zwecke mag es genügen, nur einem großen Unterschied Beachtung zu schenken, der in der Lehre auftauchte, nämlich der zwischen denen, die als die Hīnayāna- und Mahāyāna-Schulen bekannt sind. Vielleicht ist diese Unterscheidung in gewisser Weise älter als der gegenwärtige Zustand selbst. Die Bedeutung dieser Bezeichnungen ist nicht genau bekannt. Möglicherweise meinen sie den »geringeren« bzw. den »höheren« Weg. Ihre chronologische Folge und wiederum ihre genaue Beziehung zur Lehre des Buddha sind unbestimmt.

Bei der Darstellung dieser Lehren werden wir hauptsächlich den Berichten indischer Werke folgen, besonders denen von Hindu- und Jaina-Autoren[q]. Es gibt einige Glaubensvorstellungen, die den Glaubensformen des Hīnayāna und Mahāyāna gemeinsam sind, und wir werden über die eindrucksvollsten unter ihnen berichten, bevor wir beide Strömungen getrennt betrachten.

Eine von ihnen ist als die Lehre der Augenblicklichkeit (*kṣaṇa-bhaṅga-vāda*) bekannt, weil sie behauptet, daß nichts Existierendes länger als einen Augenblick existiert. Wir haben gesehen, daß im kanonischen Buddhismus alle Dinge als unbeständig betrachtet wurden. Diese Anschauung wurde nun weiter vorangetrieben, und es wurden Versuche gemacht zu zeigen, daß der einzige Unterschied in der Geschichte eines Dinges derjenige zwischen Entstehung und Vernichtung ist, was bedeutet, daß dieses noch nicht einmal einen einzigen Augenblick nach der Geburt überdauert. Wenn ein Ding in einem Augenblick entsteht, existiert es im nächsten bereits nicht mehr. Es ist hier nicht möglich, auf die ausgefeilten Argumente einzugehen, die diese Lehre unterstützen. Wir werden an dieser Stelle nur anmerken, daß nach ihr die Realität – sei sie nun materiell oder spirituell – ein beständiger Wechsel oder Fluß (*saṃtāna*) ist, weil bei der Aufeinanderfolge von Zuständen, die die Realität bilden, nichts statisch ist. Deswegen sind alle unsere Feststellungen von Stabilität illusorisch. »Niemand kann zweimal in denselben Strom steigen«, sagt man, weil der Strom in den beiden Augenblicken nur ähnlich und nicht identisch ist. Gegenstände ändern sich ständig. Auch wenn ein Ding sich nicht in irgendetwas anderes verwandelt, ist es doch nicht beständig, sondern bildet sich selbst neu und wird deshalb als eine Reihe von gleichen Formen angesehen, die ständig aufeinander folgen wie im Fall der Flamme einer Lampe.

Unsere frühere Darstellung hat gezeigt, daß der Buddhismus weder äußere Gegenstände noch das Selbst (*sarvāstivāda*) leugnet, obwohl er die Realität nur als ein Aggregat betrachtet. Er erkennt beide an und war in seiner Ansicht von Erkenntnis deshalb völlig realistisch. Dieses Merkmal überlebt im Hīnayāna-Buddhismus[20], ist aber natürlich in Übereinstimmung mit der neuen Hypothese von der Augenblicklichkeit modifiziert worden. Weder die äußere Realität noch das Selbst dauern demzufolge länger als einen Augenblick. Man glaubt aber, jedes Ding könne für eine Zeitlang *als eine Folge* weiterexistieren. Die Ähnlichkeit seiner verschiedenen Glieder läßt in unserem Verstand, wie bereits erwähnt, die Illusion der Gleichheit oder Identität entstehen. Die Flamme einer Lampe scheint in zwei verschiedenen Augenblicken dieselbe zu sein, doch tatsächlich zeigen diese zwei voneinander zu trennende Stufen der Flamme, die keine substantielle Identität besitzen. Mit anderen Worten: es gibt Modifikationen, aber nichts, das durch diese überdauert. Hier sehen wir einen Gegensatz zwischen Buddhismus und Jinismus, der Identität auch als Ähnlichkeit anerkennt. Beide Lehren akzeptieren den Wandel, aber im einen Fall ist er nur teilweise, im anderen völlig.

Wenn wir uns daran erinnern, daß der Buddhismus die Idee von einer dauerhaften Substanz ablehnt, sehen wir, daß das Selbst (wenn wir im Augenblick vom körperlichen Element absehen, das in seine Zusammensetzung eingeht) in ihm als ein ständiger Strom von Ideen betrachtet werden soll. Wenn das so ist, kann man fragen, wie der Buddhist über Tatsachen wie Erinnerung berichten kann, die Beziehungen zur Vergangenheit haben. Die Antwort darauf lautet wie folgt: wenn eine bestimmte Idee, die das Selbst für einen ganz bestimmten Augenblick bildet, verschwindet, dann verschwindet sie so, indem sie ihr Merkmal zurückläßt und folglich das Selbst des nächsten Augenblickes durch dieses völlig informiert wird. Das bedeutet, daß das Selbst einer Person in irgendeinem Augenblick zwar nicht dasselbe ist wie im vorhergehenden Moment, aber auch nicht völlig von diesem verschieden. Durch diese feine und nicht völlig überzeugende Unterscheidung kann die Behauptung aufgestellt werden, daß ein Individuum für seine Handlungen moralisch verantwortlich ist. Der Verbrecher, der bestraft wird, mag nicht dieselbe Person sein, die das Verbrechen beging; aber auch dieser verdient Strafe, argumentiert man, weil er eine Fortsetzung des Verbrechers ist und nicht als ein ganz anderer betrachtet werden kann.

Was die äußere Realität betrifft, die man ebenfalls als augenblicklich ansieht, bezeichnet man jedes Glied einer Folge, das einen Gegenstand bildet, als *sva-lakṣaṇa* – ein Begriff, der wörtlich »wie es selbst« oder »einzigartig« bedeutet. Es stellt eine reine Besonderheit dar. Wenn es doch in gewisser Weise charakterisiert erscheint, sagen wir als *blau* oder süß, so ist dieses Charakteristikum reine Illusion. Die Aussagen, die alle Allgemeinheiten oder gemeinsame Merkmale wie Qualitäten und Handlungen darstellen, werden *sāmānya-lakṣaṇas* genannt. Tatsächlich sind sie Einbildungen des Verstandes, die sich auf den Gegenstand übertragen haben – Konstituenten unseres Denkens und nicht aus der äußeren Welt stammend, auf die sie gerichtet sind. Der Kontrast zum Jinismus, der solche Merkmale als die Objekte tatsächlich charakterisierend betrachtet, ist wiederum klar. Die *sva-lakṣaṇas*, die die letztliche Grundlage der äußeren Realität sind, stehen hier für sinnliche Eindrücke wie Farbe oder Geschmack; nur sollten wir uns daran erinnern, daß die augenblickliche Empfindung, um spezielle Beispiele zu nennen, nur »blau« oder »süß« ist und nicht *etwas*, das sich durch »Blauheit« oder »Süßheit« auszeichnet. Die Zahl der *sva-lakṣaṇas*, die die letztendlichen Tatsachen der äußeren Welt sind, ist unbeschränkt. Demnach besteht die Vorstellung von einem äußeren Ding in dieser Schule darin, daß es eine Folge von Einzeldingen oder Aggregaten von diesen ist, die aber tatsächlich nicht alle Charakteristika besitzen, obwohl sie so erscheinen, als würden sie sie besitzen.

Soviel über den Hīnayāna-Buddhismus. Die Mahāyāna-Strömung wird durch zwei Schulen repräsentiert, die beide idealistisch sind. Bei den als Yogācāras bekannten ist die Erkenntnis auf keinen wie auch immer gearteten äußeren Gegenstand gerichtet. Es gibt nur das Selbst, das man sich noch mehr als im Hīnayāna-Buddhismus als einen Strom von Ideen vorstellt; aber keine der Ideen hat hier ein sachliches Gegenstück. Weil diese Lehre somit jede Realität auf das Denken zurückführt, wird sie Vijñāna-vāda oder »die Anschauung von der alleinigen Realität der Ideen« genannt. Eines ihrer Hauptargumente zur Unterstützung dieser Anschauung gründet in der untrennbaren Verbindung, die man als zwischen Erkenntnis und Objekt bestehend ansah. Es gibt keine Erkenntnis, die sich nicht auf ein Objekt bezieht; und es gibt kein Objekt, das man sich außerhalb der Erkenntnis vorstellen kann. Man sagt, diese zwangsläufige Verbindung zwischen ihnen zeige, daß es keine Notwendigkeit gibt, sie unterschiedlich zu behandeln und man das sogenannte Objekt als einen Aspekt oder eine Form der Erkenntnis betrachten kann. Der Idealismus dieser Schule besteht darin, die Objekte als bloße Zustände oder Formen des »Geistes« zu erklären, wenn wir dieses Wort für die Folge von Ideen gebrauchen wollen, die hier das Selbst bilden. Die Aneignung dieser Formen durch den Geist dient zur Wiederbelebung früherer Eindrücke (*vāsanā*), die von einer früheren Erfahrung übrig geblieben sind. Die Unterschiedlichkeit in der Wahrnehmung wird nicht durch die Unterschiedlichkeit der vorgefundenen Objekte erklärt, sondern durch die Unterschiedlichkeit in der Art der wiedererwachten Eindrücke.

Solch eine Erklärung mag fremd klingen, weil der Gedanke nahe liegt, der ursprüngliche Eindruck müsse dem äußeren Objekt wenigstens gleichen. Aber diese Ansicht wird von zwei Argumenten zerstreut. Zunächst wird geleugnet, daß die Eindrücke irgendeinen Ursprung in der Zeit haben. Sie sind im wörtlichen Sinne anfangslos. Zum anderen wird betont, daß die im Verstand zurückgelassenen Eindrücke nicht nur durch eine gültige Erkenntnis verursacht wurden, wie man gemeinhin annimmt oder durch ein entsprechendes Objekt außerhalb des Verstandes, sondern auch durch Irrtum wie es z. B. die eingebildete Wahrnehmung eines Gespenstes ist. Anzunehmen, daß jeder geistige

Eindruck letztlich auf ein tatsächlich existierendes äußeres Objekt zurückgeführt werden könne, heißt, von Beginn an von einer falschen Voraussetzung auszugehen. Selbst wenn es diesen Anfang bei irgendeiner Folge von Eindrücken gab, würde es nicht die Existenz eines *realen* Gegenstandes begründen, der zum Verstand in irgendeiner Zeit in der Vergangenheit in Verbindung stand.

Diese Lehre entspricht dem, was in der modernen Philosophie als subjektiver Idealismus oder Subjektivismus bezeichnet wird. Das Haupthindernis bei ihr ist, daß sie jede Erfahrung auf die Stufe von Träumen plaziert. Mit anderen Worten: sie beseitigt den Unterschied zwischen Wahrheit und Illusion, weil es in beiden gleichermaßen kein Objekt außerhalb der Erkenntnis gibt. Aber dies ist eine schwer zu verteidigende Position. Wir entdecken die Falschheit der Träume, indem wir sie mit der Erfahrung im Wachzustand vergleichen. Wenn die zweite gleichfalls falsch ist, müssen wir fragen, welche Erfahrung zeigt, daß dies der Fall ist. Wie auch immer die Antwort des Yogācāra auf diese Frage ausfallen mag, seine Position wird unhaltbar, weil er entweder zugestehen muß, daß es eine höhere Art der Erkenntnis gibt, die nicht falsch ist oder daß die Erfahrung im Wachzustand selbst wahr ist. Weiterhin muß der Subjektivist als Folge seiner Ablehnung äußerer Objekte die Existenz aller Selbste neben dem eigenen leugnen: wenn es keinen Grund gibt, an äußere natürliche Objekte zu glauben, gibt es auch keinen, an andere Leute zu glauben außer als Teil eines Traums. Die Lehre beschränkt sich damit auf den Solipsismus oder die Theorie, daß es nur ein einzelnes Selbst gibt und alles andere eine bloße Schrulle ist. Es ist einleuchtend, daß eine solche Anschauung, obwohl sie logisch nicht als falsch nachgewiesen werden kann, alle Voraussetzungen des praktischen Lebens lächerlich macht und jeder philosophischen Auseinandersetzung ein Ende setzt.

Eine zweite Entwicklung der idealistischen Schule ist der Nihilismus, die Lehre der Mādhyamikas, die nicht nur die

Realität äußerer Objekte leugnet, sondern auch die des Selbst. Sie stützt diese Schlußfolgerung, indem sie betont, die Vorstellung von Dingen – sowohl physischen wie psychischen – könne von Widersprüchen durchlöchert werden und sei daher als nicht real zu akzeptieren. Von den zahlreichen Argumenten, die in diesem Zusammenhang als Beweis angeführt werden, beziehen wir uns auf das, welches auf der buddhistischen Anschauung von der Ursächlichkeit beruht. Wie wir wissen, gibt es nach dieser Anschauung nichts, das nicht verursacht wurde. Der Mādhyamika betont, daß die Vorstellung von einem Gegenstand, der entsteht, unbegreiflich ist, gleichgültig, ob wir diesen vor der Entstehung als existent oder als nichtexistent betrachten. Im ersten Fall muß er nicht erzeugt werden, im zweiten ist es unmöglich ihn zu erzeugen, weil nichts dazu gemacht werden kann, etwas zu werden. Das bedeutet, daß die Vorstellung von Verursachung selbst eine Täuschung ist; und weil es nach der buddhistischen Lehre nichts gibt, das dauerhaft ist, müssen wir notgedrungen schließen, daß das ganze Universum sich selbst widerstreitend und illusorisch ist. Nāgārjuna, der bedeutendste Lehrer dieser Schule, sagt: »Es gibt weder ein Sein noch dessen Aufhören; es gibt weder Knechtschaft noch ein Entkommen aus ihr«[21]. Deshalb wird diese Lehre als »die Lehre von der Leerheit« (*śūnyavāda*) bezeichnet.

Man muß jedoch hinzufügen, daß die oben gegebene Erklärung aller Erfahrung als Täuschung nur die eines letztendlichen Standpunktes ist. Die Lehre gesteht sowohl dem Subjekt wie dem Objekt eine Art von Realität (*saṃvṛtisatya*) zu; und gemessen an den Tätigkeiten des täglichen Lebens werden beide für real gehalten. Diese Lehre leugnet nicht, daß wir erkennen, fühlen und handeln; sie vertritt nur die Meinung, daß die letztliche Bedeutung davon nichts ist, weil alles leer ist. Aus diesem Grunde bringt der Name »Relativismus« ihr Wesen besser zum Ausdruck als »Idealismus«. Aber wir können wie im Falle des Jinismus fragen, ob der Mādhyamika überhaupt von einem Bereich der Relativität sprechen kann, wenn er keine absolute Realität anerkennt. Außerdem ist die Leugnung des Selbst oder des Verstandes insgesamt unmöglich, weil bereits das Denken an die Abwesenheit von Bewußtsein selbst schon wieder ein Zustand von Bewußtsein ist und aus diesem Grunde das Beharren oder die Ununterdrückbarkeit des Geistes betont.

Wir haben die Mādhyamika-Lehre als eine Schule beschrieben, die behauptet, die letzte Realität sei die Leerheit bzw. die Leere-in-sich-selbst. Sowohl Hindus wie Jainas haben dies die ganze Zeit so dargestellt. Aber die Mehrheit der modernen Gelehrten, die diese Schule des Denkens studieren, ist der Meinung, daß »Leere« (*śūnya*) hier nur bedeutet, daß nichts ist, *wie es war,* weil es gänzlich unbegreiflich ist. Diese Anschauung wird durch die Mādhyamika-Definition der letzten Realität gestützt (die nicht das genaue Gegenteil der im Jinismus gegebenen ist), nämlich, daß sie weder »ist« noch »nicht ist« noch »beides, ist und nicht ist« noch »weder sie ist noch sie ist nicht«[22]. Diese Definition schließt alle begreifbaren Aussagen einschließlich der von der Nicht-Existenz aus; demnach wird die endgültige als jenseits aller Vorstellungen angesehen und nicht als absolutes Nichts. Solch eine Interpretation ist in der Tat in der Lehre logisch miteinbegriffen, weil eine Negation von allem ohne Miteinbeziehung einer positiven Grundlage (*avadhi*) unbegreiflich wäre. Nach dieser Interpretation hört diese Lehre letztlich auf relativistisch zu sein, weil sie ein Absolutum akzeptiert, auch wenn dieses als vollkommen unausdrückbar angesehen wird. Man kann an dieser Stelle feststellen, daß es einen Beweis dafür gibt, daß die Yogācāras zusätzlich zu den einzelnen Egos und deren entsprechenden Ideen, von denen oben berichtet wurde, ebenfalls ein absolutes Bewußtsein des universalen Selbst anerkennen[23]. Nach diesen alternativen Interpretationen ist das Ziel des Lebens im Mahāyāna-Buddhismus das Eingehen in das Absolute und nicht Vernichtung, was sonst der

Fall wäre und im Hīnayāna-Buddhismus im allgemeinen auch der Fall ist.

Kommen wir jetzt zur Betrachtung der praktischen Übung, die zum endgültigen Ziel führt. Das Schema ist im Hīnayāna im Grunde genommen dasselbe wie im kanonischen Buddhismus. Aber die Mahāyāna-Form hat es in zwei wichtigen Punkten gründlich modifiziert. Nicht mehr die Erlangung der Erlösung durch ein Individuum war das letzte Ziel; von der Person, die die Erleuchtung erfolgreich erlangt hatte, erwartete man, daß sie für das Heil ihrer Mitmenschen arbeitete statt mit dem eigenen Nirvāṇa zufrieden zu sein. Solch eine Person wird Bodhisattva (wörtlich »Erleuchtungswesen«) genannt. Dieses Ideal mit seiner Betonung auf die Wohlfahrt anderer überragt bei weitem das des *arhan*, der hauptsächlich, wenn nicht ausschließlich, mit seiner eigenen Erlösung beschäftigt ist. Man stellt sich vor, daß Buddha in vielen seiner früheren Existenzen ein Bodhisattva war; und am besten betonen wir die Liebe und das Mitleid, die die charakteristischen Züge dieses Ideals darstellen, indem wir die Aussage zitieren, die die Tradition ihm zuschreibt, nämlich, daß er bereitwillig die Last der Leiden von jedermann auf sich nehmen würde, wenn er dadurch der Welt die Erlösung bringen könne. Während der Hīnayāna-Buddhismus atheistisch war und den Buddha grundsätzlich als ein menschliches Wesen betrachtete – wenn auch göttlich begabt – vergöttlichte das Mahāyāna ihn nach und nach und übernahm die innige Verehrung von ihm als ein Mittel zur Erlösung. Bei diesen Entwicklungen wurde der Mahāyāna-Buddhismus nicht unerheblich vom theistischen Hinduismus beeinflußt.[24]

Anmerkungen zu Kapitel III

[1] *Agnir uṣṇo jalaṃ śītaṃ sama-sparśaḥ tathānilaḥ*
kenedaṃ citritaṃ tasmāt svabhāvāt tad-vyavasthitiḥ.
(Anm. d. Übers.: Diese Anschauung wird im *Sarvadarśanasaṃgraha* (I,107–108) des Sāyaṇa (14. Jh.) zitiert.)

[2] *Nyāyamañjarī,* S. 467.

[3] Die anderen beiden sind *dharma* und *adharma.* Diese stehen hier nicht wie im Hinduismus generell für moralische oder religiöse Verdienste und Fehler, sondern repräsentieren die Prinzipien von Bewegung und Stillstand. Die Gesamtheit des Raumes ist nach jinistischen Lehren in zwei Teile aufgeteilt; nur in einem von ihnen, dort, wo *dharma* vorhanden ist, ist Bewegung möglich. Somit gibt es dort den Zustand der Bewegung. Das andere Prinzip des *adharma,* welches sich im verbleibenden Teil des Raumes befindet, wird in ähnlicher Weise als Zustand des Stillstandes betrachtet.

[4] Diese Seelen, die die Materie beleben, sollten nicht mit den Tierchen verwechselt werden, die z. B. in einem Tropfen Wasser leben.

[5] *Sarva-dravya-paryāyeṣu kevalasya* (Umāsvāti, Tattvārthādhigama-Sūtra I,30).

[6] Einige glauben, die sinnliche Wahrnehmung sei ebenfalls indirekt, weil sie die Unterstützung der Sinnesorgane benötige. Siehe Tattvārthādhigama-Sūtra I, 11.

[7] *Sāmānya-viśeṣātmā tad artho viṣayaḥ.*

[8] *Utpāda-vyaya-dhrauvya-yuktaṃsat* (Tattvārthādhigama-Sūtra V,29).

[9] *Guṇa-paryāyavad dravyam* (Tattvārthādhigama-Sūtra V,37). Siehe Jacobi in Gaina Sûtras II, S. XXXIV und S. 153, Anm. 1. Es gibt aber auch die Anschauung, daß die *guṇas* wesentliche bzw. ständige Attribute der Materie wie Berührung oder Geschmack seien, während die *paryāyas* ihre vorübergehenden Stufen bildeten. Siehe den Kommentar von Pūjyapāda zu Tattvārthādhigama-Sūtra V,41.

[10] Die Alternative von »ist« und »ist nicht« ist nur eine Verbindung der ersten beiden und wird deshalb nicht als eine besondere *koṭi* [Klasse, Anm. d. Übers.] gezählt. Vgl. *Syādvādamañjarī,* S. 195 (Bombay Sanskrit Series): *Amīṣām eva trayāṇāṃ mukhyatvāt śeṣa-bhaṅgānāṃ ca saṃyoga-jatvena amīṣveva antarbhāvaḥ.* Die erste dieser drei Anschauungen wäre die des *Sāṃkhya,* die zweite die des nihilistischen Buddhismus, und die dritte ist ein Aspekt der upaniṣadischen Lehre (vgl. Taittirīya-Upaniṣad II,4: *Yato vāco nivartante aprāpya manasā saha*). (Anm. d. Übers.: Die *Syādvādamañjarī* ist ein Kommentar des Jaina-Philosophen Malliṣeṇa zu Hemacandras Werk *Anyayogavyavacchedikādvātriṃśikā* und wurde im

Jahre 1292 n. Chr. vollendet. Die Seitenangabe (S. 195) des Autors trifft nicht zu, da der Textteil nur 180 Seiten umfaßt; die Textstelle konnte nicht verifiziert werden.)

[11] Insgesamt kann man vier Standpunkte in Beziehung auf jedes Ding feststellen: sein Material (*dravya*), den Platz, den es einnimmt (*kṣetra*), die Zeit, in der es existiert (*kāla*) und der Zustand, in dem es sich befindet (*bhāva*). Wir haben diesen Punkt im Text illustriert, indem wir die beiden ersten von diesen behandelten.

[12] Pūjyapādas Kommentar zum Tattvārthādhigama-Sūtra (X,1) beschreibt dies als *apratarkya-vibhūti-viśeṣam*, d. h. »von unbegreiflichem Glanz«.

[13] Vgl. Śaṅkara zu Vedāntasūtra II,ii,33.

[14] Siehe Jacobi in *G*aina Sûtras I, S. XXII ff.

[15] *Dhyānaṃ mokṣa-hetuḥ* (Kommentar zum Tattvārthādigamasūtra VII,57).

[16] Die Darstellung dieses Abschnittes beruht hauptsächlich auf den späteren Schriften von Frau C. A. F. Rhys Davids wie *Outlines of Buddhism* und *What was the original gospel of Buddhism?* (1938).

[17] Vgl. *Ātmani sati para-saṃjñā sva-para-vibhāgāt parigraha-dveṣau anayoḥ sampratibaddhāḥ sarve bhāvāḥ prajāyante.* (Anm. d. Übers.: Hierbei handelt es sich um Pramāṇavārttika I, 221 des buddhistischen Philosophen Dharmakīrti (7. Jahrhundert n. Chr.), den der Autor statt der Pāli-Quellen bevorzugt.)

[18] Das ist die Lehre von *pratītya-samutpāda* oder »der Entstehung in Abhängigkeiten«.

[19] Diese fünf sind rechter Entschluß, rechte Rede, rechter Unterhalt, rechtes Bemühen und rechte Beachtung.

[20] Gewöhnlich sieht man auch im Hīnayāna-Buddhismus zwei Schulen, nämlich die Vaibhāṣika und die Sautrāntika, aber wir haben es nicht für nötig befunden, auf den Unterschied einzugehen. Sie werden *Sarvāsti-vāda* genannt und z. B. im Vedānta-Sūtra (II,ii,18 ff.) mitbehandelt.

[21] *Mādhyamika-Kārikā* XVI,8.

[22] *Na san nāsan na sad asan na cāpy anubhayātmakam*
catuṣkoṭi-vinirmuktaṃ tattvaṃ Mādhyamikā viduḥ
(Anm. d. Übers.: Śaṅkara, *Sarvasiddhāntasaṃgraha* IV,1,7. Śaṅkara zitiert hier nur Nāgārjuna, *Mādhyamika-Kārikā* I,9.)

[23] Siehe z. B. Jayanta Bhaṭṭa, *Nyāyamañjarī*, S. 536–537.

[24] »Hier sehen wir den Einfluß der Bhaktilehre, die wir in der Bhagavadgītā kennen gelernt haben, und es ist wahrscheinlich, daß gerade die Bhagavadgītā selbst die Ausbildung des Mahāyāna beeinflußt hat«; Winternitz, *Geschichte der indischen Litteratur*, Bd. 2, S. 183, Anm.

Anm. des Übersetzers

[a] Dies muß aber notwendigerweise nicht so sein, wenn man den Geist nur als eine Funktion der Materie betrachtet.

[b] Im Zusammenhang mit der Neudatierung der Lebenszeit des Buddha ist auch die des Vardhamāna in das 5.–4. Jahrhundert v. Chr. zu verlegen. Siehe dazu Heinz Bechert, »A remark on the problem of the date of the Mahāvīra«, *Indologica Taurinensia,* 11 (1983), S. 287–290.

[c] Dies ist eine westliche Interpretation. Die Jainas selbst meinen mit *tīrthaṃkara* (Ardha-Māgadhī: *titthigara*) »Verkünder der Ordnung (der Jainas)«.

[d] Genaue Daten sind spekulativ; er wurde wohl im 5. Jh. v. Chr. geboren.

[e] Siehe aber Anm. a d. Übers. auf S. 11: die Lebenszeit des Buddha ist in das 5.–4. Jahrhundert v. Chr. zu verlegen.

[f] heute Uttar Pradeś.

[g] Wahrscheinlich erst über 100 Jahre später, also im 4. Jh. v. Chr.

[h] Ob diese Darstellung zutreffend und allgemein anerkannt ist, muß doch bezweifelt werden. Die Berührungspunkte des Buddhismus mit Lehren der Upaniṣaden reichen wohl doch nicht hin, aus diesem eine Strömung des Brahmanismus zu machen. Zu weiteren Einzelaussagen des Autors zum primitiven Buddhismus siehe weiter unten.

[i] Hier liegt ganz offensichtlich zumindest eine verkürzte Darstellung auch des frühen Buddhismus vor, die aber schon seit Émile Senart auf eine Tradition zurückblicken kann. Dieser Forscher sah (1889) im alten Buddhismus hauptsächlich eine milde Morallehre und ließ sich dabei im wesentlichen von den Inschriften des Maurya-Kaisers Aśoka (268–236 v. Chr.) leiten. Dabei wird jedoch nicht berücksichtigt, daß solche Lehren sich an die buddhistischen Laienanhänger wandten, nicht aber an die Mönche und Nonnen, für die ganz andere Maßstäbe galten und bei denen die Erlösung im Vordergrund stand. Der Buddha selbst soll gesagt haben (*Majjhima-Nikāya* III,6 = *Ariyapariyesanasuttam,* Ausg. Trenckner I, S. 167–168), daß seine Lehre (*dhamma*) tief (*gambhīra*), schwer zu erfassen (*duddasa*), schwer zu verstehen (*duranubodha*) und nur vom »Weisen erfaßbar« (*paṇḍita-vedanīya*) sei. Die Menschheit bewege sich jedoch in irdischem Treiben und könne das Gesetz der Kausalität (*paccayatā*) und die Verkettung von Ursache und Wirkung (*paṭiccasamuppāda*) schwer verstehen. Es dürfte auch schwierig sein, dies als jüngeren Bestandteils des Kanons auszuweisen, da überhaupt das Unterfangen, die Texte in solche zu scheiden, die den frühen Buddhismus repräsentieren, und solche, die eine spätere Entwicklung darstellen,

nahezu unmöglich ist. Wohl kann man aus der Erwähnung von Griechen (*yona*) in einigen Textstellen schließen, daß diese frühesten aus dem 3. Jahrhundert v. Chr. stammen können, doch besagt dies auch noch nicht viel, weil die Frage nach der Entstehung des Kanons sehr komplex ist.

[j] Im *Majjhima-Nikāya* VII,3 (= Cūḷa-Māluṅkyasuttam; Ausg. Trenckner Vol. I, S. 426ff.) weist der Buddha aber jede Aussage über Ewigkeit oder Endlichkeit der Welt, ob die Lebenskraft (*jīva*) mit dem Körper (*sarīra*) identisch ist oder nicht und über die Existenz nach dem Tode als nicht zur Erleuchtung führend zurück.

[k] Auch darüber gibt es keine Aussagen des Buddha, die Buddhisten leugnen vielmehr mit dem *ātman* (Pāli: *attā*) die Existenz eines festen unvergänglichen »Persönlichkeitskerns«. Jedenfalls wird vom *ātman / attā* einer Person die Forderung erhoben, daß er beständig, leidlos und unveränderlich sein müsse: dies treffe aber auf keine Person zu, da diese zusammengesetzt und ständigem Wandel unterworfen. Siehe zu dieser Diskussion das umfangreiche Werk von Claus Oetke, *»Ich« und das Ich,* Stuttgart 1988.

[l] Dies sind zwar notwendige Schritte auf dem Weg zum Nirvāṇa, jedoch nicht dieses selbst.

[m] Da es kein Selbst nach der Anschauung der frühen Buddhisten gibt, kann es auch nicht vernichtet werden.

[n] Es ist geradezu auffällig, wie der Autor wieder auf die Upaniṣaden zurückgreift, ohne den Buddhismus selbst zu Worte kommen zu lassen.

[o] Das kann so nicht zutreffen, da der Saṅgha (die buddhistische Mönchsgemeinde) schon zur Zeit des Kaisers Aśoka existierte und Einfluß hatte. Es muß nochmals betont werden, daß die Trennung des Autors zwischen »ursprünglichem Buddhismus« und späterer Entwicklung nicht so einfach vorzunehmen ist, wie er es darstellt und letztlich ein kühnes Unterfangen ist.

[p] Der Autor bleibt den Beweis schuldig, ob es nicht schon im ursprünglichen Buddhismus Mönche gab und zu dieser Zeit auch eine pessimistische Weltsicht. Ohne ein abschließendes Urteil fällen zu wollen, scheint es doch schwierig, solche zentralen Anschauungen aus dem ursprünglichen Buddhismus und der Lehre Buddhas ganz und gar ausklammern zu wollen.

[q] Fast bissig möchte der Übersetzer hinzufügen: »weil sie den Buddhismus besser darstellen als buddhistische Quellen«. Dieses ständige Ausweichen des Autors auf nichtbuddhistische Quellen ist seiner Darstellung des Buddhismus nicht immer förderlich.

IV Nyāya-Vaiśeṣika

Wir haben auf zwei verschiedene Denkrichtungen hingewiesen, von denen die eine ihre Quelle im Veda hat, die andere ihren Ursprung in Quellen hat, die im Widerspruch zu diesem stehen (S. 53). Von den verschiedenen Formen, die die zweite Richtung annahm, wurden manche im Laufe der Zeit mit denen der ersten vereint, indem man die Autorität des Veda in bestimmten wichtigen Punkten wie dem *dharma* anerkannte. In ihrer allgemeinen metaphysischen Position blieben sie mehr oder weniger ihrem ursprünglichen Charakter treu, aber dieser Unterschied auf der theoretischen Seite bedeutete nicht viel, weil die Lehre des Veda selbst unter Einschluß der Upaniṣaden, wie wir gesehen haben (S. 23) umfassender war und verschiedene Typen des Denkens wie Dualismus und Monismus oder Realismus und Idealismus einschloß. Der Vaiśeṣika ist eine der heterodoxen Lehren, die orthodox wurde. Außer in wenigen Werken stellt diese Lehre sich nicht selbst dar, sondern ist im allgemeinen mit einer anderen Lehre, die als Nyāya bekannt ist, verbunden. Ob aber diese auch vom Veda unabhängig war, ist nicht ganz klar. Möglicherweise war sie es nicht, weil die Lehre in Verbindung mit der Interpretation und Rechtfertigung der vedischen Lehre auftrat, wie aus der allgemeinen Bedeutung des Namens, den sie trägt, hervorgeht, nämlich »Argument« oder »Schlußfolgerung«. Ihr charakteristisches Merkmal ist ihr Glaube an die Nützlichkeit der Analyse und die Zuverlässigkeit der Ursache. Außerdem strebt sie viel systematischer als die anderen Systeme die Verteidigung ihres Standpunktes gegen rivalisierende Anschauungen an; d. h. sie ist beides, Logik und Dialektik. Diese Wissenschaft von der philosophischen Methode, wie wir sie nennen mögen, wurde bereits in der

Frühzeit ihrer Geschichte mit dem Vaiśeṣika in Verbindung gebracht, dessen Hauptziel metaphysisch war; selbst im frühesten Kommentar, den wir jetzt zum Sūtra des Gautama besitzen, kann man die Verbindung zwischen beiden sehen. Deshalb wurde die Lehre als Nyāya-Vaiśeṣika bekannt, und in dieser kombinierten Form wollen wir sie hier behandeln.

Die Hauptquellen der Information bei der Betrachtung dieses Systems sind (1) das Vaiśeṣika-Sūtra des Kaṇāda, das aus zehn Kapiteln besteht, von denen jedes in zwei Abschnitte unterteilt ist und sein Kommentar von Praśasta Pāda; und (2) das Nyāya-Sūtra des Gautama, das aus fünf Kapiteln besteht, von denen jedes in zwei Abschnitte unterteilt ist und der Kommentar des Vātsyāyana dazu. Das Werk des Praśasta Pāda ist ungleich dem des Vātsyāyana nicht durchgängig ein Kommentar, sondern behandelt die verschiedenen Gegenstände auf eigene Weise, indem es die Aphorismen des Kaṇāda als Basis nimmt. Dies ist zum Verständnis der Lehre in den frühen Stufen ihrer Entwicklung von großer Wichtigkeit und Autorität. Im Laufe seiner Geschichte erfuhr das Wesen dieses kombinierten Systems durch Gaṅgeśa von Mithila (1200 n. Chr.) einen bedeutenden Wandel, dessen Ergebnis die Betonung des logischen Charakters des Systems und die relative Vernachlässigung seines metaphysischen und dialektischen Charakters ist. Seitdem wurde es hauptsächlich in dieser modifizierten Form betrieben und dient in seiner Anwendung vornehmlich als Hilfsmittel beim Studium anderer Systeme, besonders des Vedānta. Spätere Handbücher wie der *Tarkasaṃgraha* des Annam Bhaṭṭa und die *Siddhānta-muktāvalī* des Viśvanātha Pañcānana wurden auf dieser Basis zusammengestellt.

I

Es wird von allen zugegeben, daß die äußere Welt von uns durch den Verstand erkannt und dabei von den Sinnen unterstützt wird. Diese Tatsache führte zu einer sehr wichtigen Auseinandersetzung unter den Philosophen, nämlich ob wir von der Existenz äußerer Gegenstände ohne irgendeinen Bezug auf den Verstand sprechen können. Der Nyāya-Vaiśeṣika glaubt, wie der Jinismus (S. 86), daß das Sein der äußeren Welt keinesfalls vom Verstand abhängt, obwohl es zwangsläufig durch diesen erkannt wird. Selbst wenn jeder Verstand im Universum zu existieren aufhörte, würde nach dieser Anschauung ein Gegenstand weiterbestehen bleiben. In dieser Beziehung stimmt die Lehre mit dem gesunden Menschenverstand überein. Aus diesem Grund, nämlich seinem Glauben an die unabhängige Existenz der Außenwelt, wird das System als realistisch bezeichnet. Es unterscheidet sich von anderen Systemen, die das Gegenteil als wahr annehmen und deshalb als idealistisch bezeichnet werden. Unter den Philosophen gibt es eine andere Auseinandersetzung von gleicher Wichtigkeit, nämlich ob es eine oder mehrere letzte Wahrheiten gibt. Die vorliegende Lehre behauptet, es gäbe mehrere und wird deshalb als pluralistisch bezeichnet, um sie von anderen zu unterscheiden, die monistisch sind. Diese vielen verschiedenen Wesenheiten, so wird hier festgestellt, müssen entweder atomistisch oder allesdurchdringend sein. In beiden Fällen sind sie ungeteilt; eine Folgeerscheinung davon ist, daß ein aus Teilen zusammengesetzter Gegenstand nicht ewig sein kann. Alle endlichen Gegenstände werden deshalb hier als aus Atomen hervorgehend erklärt bzw. genauer als Produkt einer Verbindung von Atomen. Die durchdringenden Wesenheiten können sich nicht auf diese Weise verbinden und werden aus diesem Grunde kein Produkt erzeugen.

Wir stellten fest, daß diese Lehre an den vielfältigen Charakter der letzten Realität glaubt. Diese pluralistische

Anschauung werden wir jetzt unter den beiden Punkten Natur und Geist kurz skizzieren.

1. *Natur*: Materie, Zeit und Raum werden hier alle als unabhängige Wesenheiten anerkannt. Von diesen ist die Materie tatsächlich fünfteilig, ihre Spielarten sind als Elemente (*bhūta*) bekannt. Von diesen fünf Elementen, die wir bereits aufgezählt haben (S. 31), sind alle mit Ausnahme des *ākāśa* in ihrer letzten Form atomistisch. Im letzten Grunde sind solche gewöhnlichen Dinge wie Hügel und Bäume oder Tische und Stühle von diesen atomistischen Elementen abgeleitet. Der *ākāśa* ist unbegrenzt und allesdurchdringend. Aber die Vorstellung von ihm ist hier seltsam, weil er nicht den Raum wie in den Upaniṣaden darstellt; er wird als eine einzigartige Substanz erklärt, die bisweilen im Deutschen mit »Äther« wiedergegeben wird. Hier wurde er lediglich als Substanz vorgestellt, die der Qualität des Tons dient. Zeit und Raum sind unbegrenzt und wie der *ākāśa* allesdurchdringend. So besteht das natürliche Weltall in seinem letztlichen Zustand aus einer unbestimmten Zahl von Atomen von vier Arten und drei unbegrenzten und durchdringenden Wesenheiten – *ākāśa,* Zeit und Raum.

Die Vorstellung von Atomen in dieser Lehre ähnelt teilweise der des Jinismus, teilweise nicht (S. 85–86). Bei letzterem besitzen alle Atome Geschmack, Farbe, Geruch und Berührung; hier aber sind sie ihrem qualitativen Wesen nach eines vom anderen zu unterscheiden, und ihre Unterteilung in vier Klassen beruht auf dieser Unterscheidung. Die Luft hat nur eine Eigenschaft, nämlich die Berührung; das Feuer hat zwei, nämlich Berührung und Farbe; das Wasser hat drei, nämlich Berührung, Farbe und Geschmack; und die Erde besitzt alle vier einschließlich des Geruchs. Von diesen betrachtet man ein Element jeweils als unterscheidendes Merkmal (*viśeṣa-guṇa*) bei jedem der vier Elemente: Geruch bei der Erde, Geschmack beim Wasser, Farbe beim Feuer und Berührung bei der Luft. Der Ton gehört, wie bereits bemerkt, zum *ākāśa* und wird als dessen besondere Eigenschaft erklärt. Infolge dieser Unterschiede können die Atome verschiedener Klassen leicht charakterisiert werden. Aber nicht nur die Klassen der Atome sind voneinander unterschieden; auch die verschiedenen Atome, die zu ein und derselben Klasse gehören, werden als unterschiedlich angesehen, obwohl sie sich alle ihrer Qualität nach ähnlich sind. Ihr Unterschied untereinander wird durch die Annahme eines einzigartigen *viśeṣa* oder einer Individualität in jedem von ihnen erklärt – eine Vorstellung, die einleuchtet, wenn wir weiter fortfahren. Von den beiden atomistischen Theorien scheint die des Nyāya-Vaiśeṣika die spätere zu sein, weil sie eine entwickeltere Form aufweist; aber es ist keinesfalls sicher, daß sie auf der Jaina-Theorie beruht.

Auf folgende Art kann man auf die Existenz von Atomen schließen: durch Erfahrung weiß man, daß endliche Größen wie ein Krug in kleinere Teile zersplittern können. Dieser Prozeß der Teilung kann nicht unbegrenzt fortgesetzt werden, weil es dann unmöglich wird, die beobachteten Unterschiede bezüglich ihrer Größe zu erklären, da dann alle – ob klein oder groß – aus einer unbegrenzten Zahl von Atomen bestehen würden. Wenn wir andererseits eine Begrenzung der Teilung annehmen, können die Größenunterschiede, die man in Objekten wie »ein Berg und ein Senfkorn« findet, durch den Unterschied in der Zahl der Atome erklärt werden, die diese ausmachen. Von zwei Dingen wird das im Umfang kleinere weniger Elementarteile enthalten als das größere. Der letzte Bestandteil materieller Gegenstände in diesem Prozeß von Teilung und Unterteilung wird als Atom (*paramāṇu*) bezeichnet. Weil es nicht weiter teilbar ist, betrachtet man es als unzerstörbar oder dauerhaft. Aus dem oben Gesagten wird klar, daß die Zahl der Atome in jeder der vier Klassen unbestimmt ist und sie alle überempfindlich sind. Ihre Größe ist nicht begrenzt, sondern unendlich bzw. unbegrenzt klein. Die sie unterscheidenden Eigenschaften wie Farbe und Geschmack kann man daher nur aus dem

Wesen der gewöhnlichen Gegenstände, die aus den Atomen gemacht sind, herleiten[1].

Jetzt wollen wir Betrachtungen anstellen, wie konkrete Gegenstände der allgemeinen Erfahrung von diesen atomistischen Elementen abgeleitet werden. Allgemein gesprochen gibt es für all diese Fälle zwei Erklärungen. Wir können die abgeleiteten Dinge als bloße Aggregate der Atome betrachten, wie es z. B. im Buddhismus der Fall ist (S. 105), oder als neue Schöpfungen, die von den sie konstituierenden Atomen verschieden sind, obwohl sie auf Grund ihrer Entstehung von ihnen abhängen. Auf eine dritte Anschauung, die ebenfalls möglich ist, werden wir im nächsten Kapitel eingehen. Es gibt bestimmte ernste Einwände gegen die erste dieser Anschauungen, nämlich daß Gegenstände nur Aggregate der sie konstituierenden Teile seien. Um einen zu nennen: die gleiche Anzahl von Atomen kann möglicherweise zwei Gegenstände bilden, und doch kann jeder dieser Gegenstände seinen eigenen festgelegten Charakter besitzen. Beide als bloße Ansammlung von Atomen zu betrachten, würde ihre Wesensart unerklärt lassen, die jeden zu dem macht, was er ist. Führt man eine Qualifizierung ein, indem man z. B. sagt, daß die Teile in den beiden Gegenständen verschieden geordnet sind, würde damit anerkannt, daß sie mehr als nur Aggregate sind. Daher bevorzugt die vorliegende Lehre die zweite Anschauung, daß die Teile und das Ganze voneinander völlig verschieden sind. Das bedeutet, daß ein erzeugter Gegenstand, der früher nicht existierte, sondern plötzlich ganz neu entsteht, aus diesem Grunde auch neue Züge zeigen kann. Daher wird diese Theorie als »die Theorie der nicht präexistenten Wirkung« (*asatkārya-vāda*) bezeichnet. Das bedeutet, daß sie die Verursachung für schöpferisch hält und deshalb auch als »die Theorie der Veranlassung« (*ārambha-vāda*) bezeichnet wird. So fordert die Lehre uns auf zu glauben, daß wir im Falle eines Globus, der aus zwei Hemisphären besteht, tatsächlich drei Dinge haben – den Globus und die zwei

Hemisphären, die vor dessen Schöpfung existierten und auch weiterhin existieren.

Dies mag wie ein Wortspiel aussehen, stimmt aber völlig mit dem einfachen Glauben überein, daß das Ganze einen eigenen Charakter besitzt und von seinen Teilen zu unterscheiden ist. Ein Topf kann z. B. zum Wasserschöpfen benutzt werden, nicht aber seine Teile. Bis hierhin ist die Anschauung, daß die materielle Ursache und die Wirkung voneinander völlig verschieden sind, nicht sehr überzeugend. Diese extreme Position führt zwangsläufig dazu, eine besondere Beziehung anzunehmen, die eigentlich bei keinem anderen System bekannt ist und durch den gesunden Menschenverstand nicht wahrgenommen wird. Wenn die konstituierenden Teile und das Ganze voneinander völlig verschieden sind und wenn, wie es hier der Fall ist, sie niemals getrennt gefunden werden, wenn beide existieren, ist für ihre Beziehung eine besondere Erklärung notwendig. Das System erkennt Berührung oder Verbindung (*saṃyoga*) an wie z. B. die Beziehung zwischen einem Tisch und dem Papier, das sich auf ihm befindet.

Aber im vorliegenden Fall besteht nicht die gleiche Beziehung: während der Tisch und das Papier durch unseren Willen getrennt werden können, ist keine Trennung des Ganzen von seinen Teilen im gleichen Sinne möglich, weil dies zwangsläufig die Zerstörung von einem nach sich zieht, d. h. des Ganzen. Die Fäden zu trennen, die in ein Kleidungsstück gewebt sind, bedeutet *ipso facto* die Zerstörung der Kleidung. Folglich wird sie eher als eine vertraute Beziehung denn als Verbindung betrachtet und erhielt die besondere Bezeichnung *samavāya* und wird als unabhängige Kategorie (*padārtha*) behandelt. Ihre Formulierung ist geradezu willkürlich und wurde durch den radikalen Pluralismus des Nyāya-Vaiśeṣika veranlaßt; aber ihre Bedeutung zum Verständnis des Systems kann nicht übertrieben werden. Wir werden mehr als eine Gelegenheit haben, darauf im Folgenden einzugehen.

Die Nyāya-Vaiśeṣika-Lehre stimmt im allgemeinen mit dem gesunden Menschenverstand überein. Sie akzeptiert z. B. die selbständige Existenz von Gegenständen wie Tische und Stühle auf Grund gewöhnlicher Überzeugungen. Aber sie folgt diesen Überzeugungen nicht völlig, wie aus der Benutzung künstlicher Hilfsmittel wie *samavāya* und *viśeṣa* ersichtlich wird, die sie in den Rang einer selbständigen Kategorie bei der Erklärung grundlegender Schwierigkeiten erhebt. Sie spaltet Gegenstände in kleinere und immer kleinere Teile; weil es aber schwer ist, diese Teile untereinander im endgültigen Stadium zu unterscheiden, postuliert diese Lehre eigenwillig das Charakteristikum eines *viśeṣa* in jedem von ihnen. Das bedeutet nichts anderes als daß diese elementaren Teile bloße Abstraktionen sind. Die Lehre hat es natürlich auch schwer, konkrete Einheiten aus solchen Abstraktionen zu rekonstruieren ohne eine gleichermaßen willkürliche Beziehung, nämlich *samavāya*, anzunehmen.

Die Art, in der Atome sich verbinden, um Einheiten zu bilden, ist damit beschrieben. Zwei ursprüngliche Atome von derselben Art bilden ein Doppelatom. Die Atome in diesem sind miteinander *gemeinschaftlich verbunden;* aber das Doppelatom selbst, das von diesen nach dem, was gerade festgestellt wurde, verschieden ist, steht zu diesen in einer *samavāya*-Beziehung. D. h., die Teile sind miteinander verbunden, aber das Ganze ist in den Teilen inhärent, könnten wir sagen[2]. Drei solcher Doppelatome bilden eine Triade, die eine endliche Größe hat und ungleich dem Doppelatom empfindsam ist. Die Triade, die mit dem Stäubchen im Sonnenstrahl identifiziert wird, hat als ihre Teile drei Doppelatome und steht mit diesen durch *samavāya* in Verbindung. Aus solchen Triaden ist das gesamte materielle Universum einschließlich der Körper der Lebewesen geschaffen. Am Ende eines Zyklus wird es in umgekehrter Reihenfolge wieder in seine konstituierenden Elemente aufgelöst; wenn dieser Prozeß abgeschlossen ist, bleiben diese bis zum Beginn des nächsten Zyklus voneinander isoliert.

Bei der Entwicklung dieses kosmologischen Schemas postuliert das System die Existenz Gottes als eines allwissenden Wesens, das die Atome in der für das Entstehen der Erde, wie wir sie kennen, erforderlichen Weise anordnet. Er erschafft die Atome nicht, weil sie wie er ewig sind. Mit anderen Worten, er ist nur eine bewirkende Ursache (S. 39), die den Willen und die Intelligenz besitzt, die erforderlich ist, das gewünschte Ergebnis zu erzielen. Die Vielfalt, die die geschaffene Welt charakterisiert, ist durch die vergangenen Taten der sie bewohnenden Wesen bestimmt. Daher verbindet die Lehre einen Zweck mit der Schöpfung, nämlich das Reifen der Frucht ihres Karman durch die Geschöpfe; im Falle des Menschen sollten wir einen weiteren Zweck hinzufügen: ihm Gelegenheit zu geben, sich selbst zu emanzipieren[3]. Daher ist Gott nicht nur der Schöpfer, sondern auch der Architekt des Universums. Hier stoßen wir auf zwei der üblichen Argumente für die Existenz Gottes:

1. ein kosmologisches, das in der Tatsache gründet, daß die Welt das Ergebnis eines Wesens ist, das sie zur Existenz bringen kann; und (2) ein teleologisches, das von der Gewißheit eines Planes oder Zweckes ausgeht, den man in der Welt bei einem gerechten und vorhersehenden Urheber antrifft. Aus der Unermeßlichkeit des Universums und seiner außerordentlichen Vielfalt leitet man ab, daß dessen Urheber sowohl unbegrenzte Macht wie auch unbegrenzte Weisheit besitzen müsse. Eine interessante Besonderheit bei dieser theistischen Konzeption ist die Identifizierung der höchsten Kraft mit Śiva, einem der beiden Götter, der, wie wir gesehen haben (S. 44–45), den Glauben und die Verehrung der frommen Inder in nachvedischer Zeit in Anspruch nahm.

2. *Geist*: Unter diesem Punkt werden wir das Selbst oder ātman und *manas* betrachten, die die beiden verbleibenden

»Substanzen« (*dravya*) sind, die in der Lehre anerkannt werden. Die erste stellt man sich als ewig und alles durchdringend vor; ihre Ewigkeit hängt mit der Karman-Lehre zusammen. Wir haben betont (S. 64), wie die Karman-Lehre die Anfangslosigkeit des Selbst impliziert; in der Nyāya-Vaiśeṣika-Anschauung ist jede positive Wesenheit ohne Anfang zwangsläufig auch ohne Ende. Aber es gibt nichts im eigentlichen Wesen des Selbst, das nach der Anschauung dieses Systems spirituell im normalen Verständnis des Wortes ist. Der Punkt, in dem es sich von anderen Wesenheiten, seien sie atomistisch oder alles durchdringend, unterscheidet, ist der, daß es in den Besitz von Erkenntnis, Gefühl und Willenskraft kommen kann, was bei anderen niemals zutrifft. Mit anderen Worten: das Selbst ist die Grundlage des Seelenlebens, aber dieses Leben ist für es nur nebensächlich. Notwendige Bedingung für das Erscheinen seelischer Eigenschaften im Selbst ist seine Verbindung mit *manas*. Aus diesen Gründen ist es vielleicht besser, die beiden zusammen zu beschreiben, weil sie tatsächlich das Selbst in der üblichen Bedeutung des Begriffes ausmachen. Aber wir sollten uns erinnern, daß die Vorstellung von *manas* für sich genommen in gleichem Maße nichtspirituell ist. Das wahre Selbst ist daher hier in zwei »selbstlose Elemente« zerbrochen.

Es gibt viele Selbste; und obwohl sie alles durchdringend sind, offenbart sich ihre Fähigkeit zu wissen, zu fühlen und zu wollen gewöhnlich durch den natürlichen Organismus, mit dem jedes von ihnen für eine Zeit lang verbunden ist. Die tatsächlich vorhandene Unterschiedlichkeit der Verhältnisse, die das Leben der Wesen ausmacht, betrachtet man als Anzeichen für den grundlegenden Unterschied ihrer Selbste. Dieser Unterschied, der ein innerlicher ist, besteht auch im Zustand der Erlösung fort; und obwohl alle anderen Unterschiede zwischen zwei beliebigen Selbsten verschwinden, wenn beide erlöst wurden, wird es dann doch wie im Fall der Atome *viśeṣas* geben, um eines vom anderen zu unterscheiden[4]. Jedes Selbst hat sein eigenes unterscheidendes *manas*,, das mit ihm verbunden bleibt, bis es frei wird. Es ist atomistisch, aber ungleich den anderen atomistischen Wesenheiten, die im System anerkannt wurden, läßt es keine neuen Produkte entstehen.

Im empirischen Zustand oder *saṃsāra* steht das *manas* im allgemeinen[5] in tätiger Verbindung mit dem Selbst; und je nach der Art bestimmter anderer Bedingungen, die dann vorhanden sein können wie z. B. die Verbindung eines Sinnesorgans mit einem geeigneten Gegenstand, entsteht die Erkenntnis in einer ihrer Formen im Selbst und läßt umgekehrt entweder direkt oder indirekt Liebe, Haß, Vergnügen, Qual und Willen entstehen. Alle diese sechs Qualitäten sind spezifisch für das Selbst wie die Farbe für das Feuer oder der Geruch für die Erde. Sie sind alle wahrnehmbar, aber nur innerlich oder durch das *manas.* Bei dieser Gelegenheit können wir hinzufügen, daß dies bedeutet, daß die Erkenntnis in dieser Lehre zwar andere Gegenstände enthüllen kann, aber nicht sich selbst, sondern dafür wiederum andere benötigt, die dazu in der Lage sind. Das *jñāna,* das ein anderes *jñāna* offenbart, wird »Nacherkenntnis« (*anuvyavasāya*) genannt. Zu diesen sechs sind zwei weitere Qualitäten hinzuzufügen: *dharma* oder moralisches Verdienst und sein Gegenteil *adharma* oder Schuld[6], die beide nicht unmittelbar bemerkt oder gefühlt werden wie die anderen, sondern nur aus Wirkungen geschlossen werden können, wie z. B. aus Vergnügen oder Qual, die sie nach der Karman-Lehre verursachen. Weil die Vorstellung von ihnen ethisch ist, wird es besser sein, deren weitere Betrachtung auf den nächsten Abschnitt zu verschieben, der die praktische Lehre der Schule behandelt. Verglichen mit der upaniṣadischen Anschauung vom Selbst ist diese sehr arm; und wenn wir uns daran erinnern, daß Erkenntnis oder Erfahrung hier weder die Essenz noch eine ständige Eigenschaft des Selbst ist, sondern daß sie nur erscheint, wenn bestimmte äußere Faktoren – von denen keiner spirituell ist

– mitwirken, dann wird man sehen, daß das System nicht weit vom Materialismus (S. 81) entfernt ist. Wie dort wird auch hier das Zusammentreffen oder die Mitwirkung der natürlichen oder besser nichtspirituellen Faktoren als Anlaß angesehen, der irgendwie zur Erfahrung führt.

Die Existenz des Selbst sieht man in der Selbstbetrachtung oder inneren Wahrnehmung als gegeben an, so wie »ich weiß« und »ich bin glücklich«. Diese Wahrnehmungen können sich nicht auf den Körper oder irgendein anderes physisches Beiwerk des Selbst beziehen, weil Erkenntnis und Gefühl diese nicht charakterisieren können. Zweifellos gibt es auch Wahrnehmungen wie »ich bin stark« und »ich bin mager«, wo das »ich« sich eindeutig auf den natürlichen Körper bezieht. Aber solche Feststellungen erklärt die Lehre als symbolisch, indem sie impliziert, daß die Person, die diese getroffen hat, sich zumindest halbbewußt ist, daß das, was stark oder mager ist, etwas anderes als das wahre »ich« ist, obwohl es mit diesem zusammenhängt. Dies zeigt sich bei Ausdrücken, die eine Person zu anderen Zeiten gebraucht wie »mein Körper«, was darauf hindeutet, daß der Körper etwas ist, was sie besitzt und nicht sie selbst ist. Während man das eigene Selbst daher als unmittelbar gegeben ansehen kann, sind die Selbste der anderen zwangsläufig eine Angelegenheit der Schlußfolgerung, weil diese von uns nur durch die Wahrnehmung ihrer Körper und die Art, in der sie auftreten, erkannt werden.

Das göttliche Selbst wird ebenfalls hierunter eingeordnet. Udayana, der im 10. Jahrhundert n. Chr. eine hervorragende Abhandlung über die Existenz Gottes schrieb, bemerkt in seinen einleitenden Anmerkungen, daß die Universalität des Glaubens an Gott ein hinreichender Beweis dafür sei. Er liefert aber auch unmittelbarere Beweise von denen wir auf zwei, den kosmologischen und den teleologischen, bereits Bezug genommen haben. Von den acht besonderen Qualitäten, die das individuelle Selbst charakterisieren, findet man bei Gott vier natürlicherweise nicht, nämlich moralisches Verdienst und Schuld, Haß und Elend. Er hat die richtige Erkenntnis, die die gesamte Existenz, die universelle Liebe und das richtige Wollen umfaßt. Nach einigen Vertretern der Lehre hat er auch unbegrenztes Glück oder Seligkeit[7].

Somit haben wir das Wesen der neun grundlegenden »Substanzen« (*dravya*) behandelt, die im System anerkannt werden. Es sind Erde, Wasser, Feuer, Luft, *ākāśa,* Raum, Zeit, das Selbst und *manas.* Bei dieser Gelegenheit haben wir auch verschiedene Qualitäten angesprochen, die in ihm angenommen werden, nämlich Geruch, Geschmack, Berührung, Geräusch, Erkenntnis, Liebe, Haß, Vergnügen, Qual, Wollen, *dharma* und *adharma.* Diese Qualitäten sind als solche bestimmten Klassen von Wesenheiten (*viśeṣa-guṇa*) eigen. Es gibt andere hier ebenfalls akzeptierte Qualitäten, die allgemein (*sāmānya-guṇa*) in dem Sinne sind, daß sie zu mehr als einer Klasse von Substanzen gehören. So findet man z. B. »Gewicht« (*gurutva*) in Gegenständen, die sich von Erdatomen, Wasseratomen usw. herleiten. Wir erwähnten auch eine andere, nämlich »Verbindung« (*saṃyoga*), die man zwischen zwei Substanzen finden kann[8] und betonten ihren Unterschied zum *samavaya,* der wie diese eine Beziehung ist. Für unseren Zweck genügt es, sich an diese vierzehn oder fünfzehn (einschließlich »Gewicht«) Qualitäten zu erinnern, die wir nur erwähnten, um die allgemeinen Qualitäten zu illustrieren. Aber wir werden den Leser nicht mit der Erklärung des Wesens der Qualitäten belasten, die von der Gesamtzahl noch übrigbleiben und die, wie es scheint, willkürlich auf fünfundzwanzig festgelegt sind.

In Übereinstimmung mit dem realistischen und pluralistischen Geist der Lehre werden diese Qualitäten alle als selbständig real angesehen bzw. als eine eigene Wesenheit besitzend, obwohl sie niemals durch sich selbst erkannt werden. Theoretisch kann eine Substanz, vorausgesetzt, sie ist ein Produkt, für eine kleine Zeit ohne eine Qualität existieren, aber keine Qualität kann erkannt werden, ohne irgendeine grundlegende Substanz oder einen Gegenstand, der von ihr abgeleitet ist, zu charakterisieren. Diese einseitige Abhängigkeit zeigt, daß die Beziehung zwischen den beiden *samavāya* ist. Geradeso wie die Teile eines Ganzen aus sich selbst existieren können, obwohl das Ganze niemals ohne diese angetroffen werden kann, kann eine Substanz innerhalb der oben genannten zeitlichen Grenze aus sich selbst existieren, obwohl keine Qualität dazu in der Lage ist.

Dieselbe Beziehung, die tatsächlich eine metaphysische Erfindung ist, besteht zwischen Gegenständen und Bewegung bzw. Handlung (*karman*), der dritten der geforderten Kategorien. Nicht alle Substanzen können jedoch eine Bewegung vorweisen. Nur atomistische und endliche Gegenstände können ihren Ort wechseln, und dies ist mit »Handlung« hier gemeint. Die alles durchdringenden ursprünglichen Wesenheiten sind zweifellos dazu nicht in der Lage, weil ihnen kein Raum gelassen wurde, in dem sie sich bewegen könnten. Es gibt einen wichtigen Punkt, der im Zusammenhang mit Bewegung, wie sie in diesem System verstanden wird, bemerkenswert ist. Wir wissen, daß wir Bewegung hervorrufen können. Wir können z. B. unseren Arm heben und auch einen statischen Gegenstand wie einen Ball in Bewegung setzen. Auf der Grundlage dieser augenscheinlichen Erfahrung glaubt man hier, daß Bewegung immer von einem denkenden Wesen ausgehe und sich kein natürlicher Gegenstand aus sich selbst heraus bewegen könne. Ein solcher kann zweifellos von anderen natürlichen Gegenständen in Bewegung gesetzt werden, z. B. ein Billardball von einem anderen; gehen wir aber zu seiner ersten Ursache zurück, dann werden wir feststellen, daß unveränderlich ein denkender Handelnder dafür verantwortlich ist. Wo es Bewegung gibt und offensichtlich ein solcherart Handelnder nicht am Werk ist wie z. B. beim Wehen des Windes, da verweist die Lehre bei der Handlung auf ein mythisches Wesen oder eine übernatürliche Wirkung. Diese

Anschauung von Bewegung bildet die Grundlage des kosmologischen Arguments für die Existenz Gottes, die oben erwähnt wurde. Die Atome selbst sind zur Bewegung unfähig und deshalb benötigt die Schöpfung der Welt eine fähige denkende Kraft, um die Bewegung in ihnen zu veranlassen.

Substanz (*dravya*), Qualität (*guṇa*) und Handlung (*karman*) bilden mit *samavāya* und *viśeṣa* fünf der sechs positiven Kategorien des Systems. Von diesen sieht man *samavāya* als einzigartig und ewig an, wie auch immer das Wesen der Dinge sein mag, zu denen er in Beziehung steht. Die *viśeṣas* sind zahlreich; sie sind ewig und charakterisieren ewige Dinge wie Atome derselben Klasse oder die Selbste, die auf andere Weise nicht unterschieden werden können.

Die verbleibende positive Kategorie kann als »Gemeinsamkeit« (*sāmānya*) bezeichnet werden, deren Begriff wir jetzt erklären. Zunächst gibt es die verschiedenen ewigen Substanzen, die die Grundlage des Universums bilden, nämlich die vier Elemente, die Selbste und das *manas*. Zu diesen müssen wir die unzähligen endlichen Gegenstände hinzurechnen, die von den ersten vier abgeleitet sind. Die grundlegenden und die abgeleiteten Gegenstände sind nicht ohne gemeinsame Merkmale, obwohl sie sich ontologisch genau voneinander unterscheiden. Infolge dieser gemeinsamen Merkmale unterteilen wir sie in Gruppen wie Erdatome, Wasseratome, Selbste, Stühle, Tische usw. Die gemeinsamen Merkmale, auf Grund derer sie angeordnet wurden, nennt man Gemeinsamkeiten[9]. Offenbart sind sie nur durch die sich entsprechenden Einzeldinge und werden niemals durch sich selbst erkannt. Doch sieht man sie wie die Einzeldinge, die sie charakterisieren, als in sich selbst real an. In dieser Hinsicht unterscheidet sich diese Lehre vom Jinismus (S. 90), nach dem das Einzelding und die Gemeinsamkeit zusammen die Realität bilden; jedes für sich selbst genommen ist nur eine Abstraktion.

Die Gemeinsamkeiten gleichen Qualitäten und Handlung, indem sie attributiv sind, und stehen zu den diesbezüglichen Einzeldingen durch *samavāya* in Beziehung[10]. Auch in dieser Hinsicht unterscheidet sich diese Lehre vom Jinismus, nach dessen Anschauung die in Frage kommende Beziehung eine von Identität-im-Unterschied ist. Die Gemeinsamkeiten werden auch als ewig und als selbständige Realitäten betrachtet und nicht als vorübergehende Gestaltungen von besonderen Gegenständen wie im Jinismus (S. 92), so daß ihr Platz unter den grundlegenden Aspekten des Universums wie Atome und Selbste ist. Die Gemeinsamkeiten charakterisieren nicht nur Substanzen, sondern auch Qualitäten und Handlungen. Das bedeutet, daß rote Farbe, die man in verschiedenen Gegenständen sieht, nicht ein und dieselbe, sondern vielfältig ist; alle diese haben Anteil an einem unterscheidenden Merkmal, nämlich »Rotheit«, das ewig und unveränderlich ist. Aber in keiner der verbleibenden Kategorien findet man Gemeinsamkeit, nicht in *samavāya*, weil es eins ist und nicht in den Gemeinsamkeiten und *viśeṣas*, obwohl sie viele sind. Das Mittel zur Erkennung von Gemeinsamkeiten ist Wahrnehmung, wo die miteinander in Verbindung stehenden Einzeldinge wahrnehmbar sind; anderswo kann es Schlußfolgerung oder das Zeugnis eines anderen sein.

Das System nimmt zusätzlich zu diesen sechs positiven Kategorien auch eine negative an, die »Nichtexistenz« (*abhāva*) genannt wird; aber sie sollte sorgfältig vom absoluten Nichts unterschieden werden. Die Art und Weise, auf die die Lehre dazu kommt, eine solche Kategorie anzunehmen, kann wie folgt demonstriert werden. Nehmen wir die Feststellung, daß ein bestimmter Gegenstand nicht blau ist. Was bedeutet das genau? Es gibt zwei Arten des Verständnisses. Wir können dies positiv in der Bedeutung sehen, daß er irgendeine andere Farbe – z.B. grün – hat. Oder wir können die Bedeutung der Feststellung als nicht so weit gehend ansehen, indem wir kurz vor der Verneinung der in Frage kommenden Farbe haltmachen. Wenn wir sagen, ein Gegenstand sei nicht blau, implizieren wir natürlich, daß er irgendeine andere Farbe hat; aber die wörtliche Bedeutung dieser Feststellung ist lediglich die Abwesenheit von Blauheit. Wir werden im folgenden auf beide Anschauungen von Nichtexistenz stoßen, aber soweit es sich auf diese Lehre bezieht, ist die Idee der Nichtexistenz von der zweiten Art – die bloße Abwesenheit von etwas. Dieses etwas, im obigen Beispiel die Blauheit, bezeichnet man als Gegenstück oder gegensätzliches Wesen (*pratiyogin*) der Nichtexistenz. Weil Nichtexistenz auf diese Weise definiert bzw. einzeln aufgeführt werden kann, kann es nicht mit dem absoluten Nichts gleichgesetzt werden. Tatsächlich befindet sich solch ein absolutes Nichts, das die Negation von allem bedeutet, außerhalb des menschlichen Denkens und ist nach dem Nyāya-Vaiśeṣika ein falscher Begriff.

Die Nichtexistenz ist vierfach. Sie kann so sein, daß sie einen Bezug zur Zeit miteinschließt – die Verneinung eines Dinges mit der Andeutung, daß es bereits existiert hat (*pradhvaṃsābhāva*) oder erst zukünftig existieren werde (*prāgabhāva*). Oder sie kann einen Bezug zum Raum miteinschließen – die Verneinung eines Dinges irgendwo mit der Andeutung, daß es sich sonstwo befindet (*atyantābhāva*). Zuletzt kann es gegenseitigen Ausschluß (*anyonyābhāva*) bedeuten, so als wenn wir verneinen, daß das Papier die Feder ist. Das letzte ist infolge der Selbstidentität oder Unwandelbarkeit der Dinge, die dieses System ungleich dem Jinismus (S. 90) anerkennt, zweifellos ewig. Wenn wir den Weg betrachten, durch den wir die Nichtexistenz wahrnehmen, so erklärt die Lehre, daß es wie im Falle der Gemeinsamkeiten die Wahrnehmung ist, bei der seine Wechselbeziehung feststellbar ist und daß in anderen Fällen es entweder Schlußfolgerung oder Wortzeugnis sind. Daher ist die Abwesenheit eines Tisches wahrnehmbar, weil der Tisch selbst auch wahrnehmbar ist. Wir müssen zu dieser Zeit nur den blanken Fußboden eines Raumes sehen, in dem wir den Tisch erwarten. Andererseits kann das Nichtvorhandensein von überempfindlichen Krankheitskeimen an einem Platz nur geschlußfolgert oder infolge der Mitteilung dieser Tatsache durch eine andere Person erfahren werden.

Wir haben oben festgestellt, daß Erkenntnis im Selbst entsteht, wenn bestimmte Bedingungen erfüllt sind. Im Falle der Wahrnehmung sind dies zwei Bedingungen, d. h. eine zusätzlich zu der bereits erwähnten, nämlich Kontakt des Selbst mit dem *manas.* Das *manas* sollte in Kontakt mit einem Sinnesorgan kommen und das Sinnesorgan mit einem geeigneten Gegenstand. In diesem Sinne bedeutet die Wahrnehmung von Farbe, daß der Sehsinn und das *manas* beide mit dem Selbst zusammenarbeiten. Es gibt gewisse andere Umstände, wo dies auch erforderlich ist, wie etwa bei der Anwesenheit von Licht; aber wir müssen diese nicht gesondert behandeln, weil deren Anerkennung keine Eigentümlichkeit dieser Lehre ist. Auch bei anderen Formen der Erkenntnis ist der Kontakt des Selbst mit dem *manas* erforderlich; nur die übrigen Bedingungen sind unterschiedlich. Z. B. ist es bei der Schlußfolgerung des Feuers aus dem Rauch erforderlich, sich vergangene Erfahrung induktiv zurückzurufen, indem man sie miteinander in Beziehung setzt.

Es ist die allgemeine Vorstellung von Wahrnehmung, daß diese komplex ist und auf Gegenstände so hinweist wie sie in gewisser Hinsicht für diese charakteristisch sind. D. h., sie schließt einen Bezug zu einem Gegenstand, dessen Charakteristikum wie etwa die Farbe und die Beziehungen zwischen beiden mit ein; und alle drei erscheinen in ihr zusammengefügt. Die vorliegende Lehre akzeptiert diese Anschauung, aber sie glaubt, daß Wahrnehmung in diesem Sinne einen Zustand reiner Empfindung voraussetzt, in dem diese drei Elemente, obwohl sie vorgestellt wurden, nicht in derselben Art miteinander verbunden wahrgenommen wurden wie sonst. Sie werden dann nur als irgendetwas (*idaṃ kiṃcit*) empfunden. Dieser Zustand wird als unbestimmt (*nirvikalpa*) bezeichnet, um ihn mit dem späteren bestimmten (*savikalpa*) in Kontrast zu setzen. Ungleich dem zweiten läßt der erste keine endgültige sprachliche Ausdrucksweise zu. Auch kann seine Existenz nicht unmittelbar erkannt werden. Es kann nur aus dem Prinzip, das diese Lehre vertritt, die Schlußfolgerung getroffen werden, daß das Komplexe das Einfache zur Voraussetzung hat. Weil es nach der realistischen Forderung des Systems am ureigensten Wesen der Erkenntnis liegt, auf einen äußeren Gegenstand zu verweisen, wird die Realität eines Gegenstandes auch in seinem unbestimmten Zustand nicht in Frage gestellt, so ungewiß die Vorstellung von diesem auch sein mag. Die Möglichkeit des Irrtums tritt nur beim Zustand der Bestimmtheit auf, wo zwei oder mehr Dinge als in wechselseitiger Beziehung stehend wahrgenommen werden – ein Punkt, den wir jetzt behandeln werden.

Diese Anschauung von Wahrnehmung nimmt an, daß Gegenstände unmittelbar erkannt werden. Es gibt eine andere Anschauung, auf die wir im nächsten Kapitel eingehen werden, nach der Gegenstände nicht unmittelbar erkannt werden, sondern nur durch psychische Medien, die diesen in gewisser Weise ähneln oder sie symbolisieren. Wenn der Nyāya-Vaiśeṣika Gegenstände als unmittelbar wahrnehmbar ansieht, bedeutet das nicht, daß es keine Illusionen oder Zweifel gäbe. Deshalb ist nicht jede Erkenntnis gültig. Damit eine Erkenntnis gesichert ist, sollte man dem Selbst den Gegenstand mit dem Charakteristikum vorstellen, das dieser tatsächlich besitzt. Die Bedeutung einer solchen Anschauung besteht in dem, was man die Übereinstimmungs-Theorie der Wahrheit nennt. Jene Erkenntnis ist wahr, die ihrem Gegenstand getreu ist. Irrtümliche Erkenntnis andererseits enthält teilweise als Inhalt einen oder mehrere Aspekte, die nicht tatsächlich vorhanden sind. Aber man kann behaupten, daß immer der eine oder andere Gegenstand vorgestellt wurde und daß der Irrtum niemals völlig subjektiv sein kann, weil auch bei späterer Aufdeckung das Gefühl besteht, daß etwas, z. B. ein Seil, mit etwas anderem, z. B. einer Schlange, verwechselt wurde. Was diese Theorie des Irrtums in der Tat auszeichnet: es gibt keine Halluzination, die auf überhaupt nichts, was als objektive Basis dienen kann, beruht, wie es in einer Schule des Buddhismus der Fall ist (S. 111). Mit anderen Worten: der Irrtum besteht nicht in Bezug auf den dargestellten Gegenstand als solchem, sondern ist beschränkt auf seine aussagenden (oder attributiven) Bestandteile. Aber selbst das Wesen eines irrtümlichen Urteils ist real, nur die Aussage ist es nicht[11]. Deshalb stellt man fest, daß beim Irrtum ein Ding auf eine Art erscheint, die sich von dem unterscheidet, was es tatsächlich ist (*anyathā-khyāti*).

Um ein einfaches Beispiel zu geben: Ein Kind könnte der Ansicht sein, wenn es in einem Eisenbahnwagen fährt, daß sich die Bäume, die es draußen sieht, in umgekehrter Richtung bewegen. Dies ist ein Irrtum, aber nur insofern, wie die Bäume mit der Bewegung in Verbindung gebracht werden, weil diese der Eisenbahn und nicht den Bäumen eigen ist. Es handelt sich hier auch tatsächlich um Bewegung, auch wenn nicht empfunden wird, wo sie stattfindet. Dies ist aber nicht zwangsläufig immer der Fall. In dem bereits angeführten Beispiel ist nur das Seil vorhanden und nicht auch noch die Schlange. Aber auch die Schlange ist nach der Lehre für sich selbst genommen real und muß früher irgendwo tatsächlich erfahren worden sein. Diese Schlußfolgerung mag erlaubt sein, obwohl sie keineswegs zwangsläufig ist, wie wir bei der Yogācāra-Anschauung der Erkenntnis (S. 112) betont haben. Aber der Nyāya-Vaiśeṣika hält hier nicht inne; er geht weiter und nimmt an, daß die wahre »Schlange«, die man vorher erfahren hat, durch einen Ablauf von einzelnen Schritten, auf die wir hier nicht eingehen können, sich einem Wahrnehmenden zu der Zeit tatsächlich vorstellte, so daß selbst in diesem Fall der Gegenstand, für den das »Seil« irrtümlich gehalten wurde, *gegeben ist.* Wie auch immer die Rechtfertigung für solch eine Annahme sein mag, wichtig ist es uns daran zu erinnern, daß der Irrtum immer eine objektive Grundlage hat und daß das Wesen des Irrtums in der

Übermittlung dessen liegt, welches ein Merkmal aufweist, das tatsächlich nicht zu ihm gehört, wobei es keine Rolle spielt, ob das Merkmal – mag es jetzt existieren oder in der Vergangenheit existiert haben – erfahren wurde.

Wie kann man die Gültigkeit der Erkenntnis erfahren? Indische Anschauungen von Erkenntnis kann man grob in zwei Klassen unterteilen: die eine betont den Selbstwert (*svataḥ-prāmāṇya*) der Erkenntnis, die andere behauptet, daß man zur Gültigkeit äußere Mittel (*parataḥ-prāmāṇya*) benötige. Bei der ersten Anschauung besteht beim Auftreten der Erkenntnis die Vermutung, diese sei richtig; Bestätigung wird nur dann erforderlich, wenn unter Umständen Zweifel auftreten. Im zweiten Fall garantiert die Erkenntnis selbst in dieser Hinsicht nichts; ihre Richtigkeit und Unrichtigkeit muß durch irgendeine geeignete Prüfung festgestellt werden. Wir werden diesen Punkt in einiger Ausführlichkeit in einem der folgenden Kapitel behandeln. Im Moment mag es genügen zu sagen, daß der Nyāya-Vaiśeṣika die zweite Anschauung vertritt und daß die Wahrheit oder Unrichtigkeit der Erkenntnis demnach durch praktische Überprüfung (*saṃvādi-pravṛtti*) zu bestimmen ist. Wenn wir z. B. denken, wir nehmen »Wasser« wahr, wird die Gültigkeit dieser Wahrnehmung durch das erfolgreiche Löschen unseres Durstes mit ihm erfahren. Schlägt es fehl, diese oder eine andere ähnliche Prüfung zufriedenstellend zu lösen, schließen wir daraus, daß die Wahrnehmung ungültig ist.

Somit ist die Richtigkeit oder Unrichtigkeit der Erkenntnis eine Angelegenheit späterer Schlußfolgerung. Sie ist wahr, wenn sie zutrifft, sonst ist sie falsch. Es sollte auch genau bedacht werden, daß dieses pragmatische Kriterium in diesem Falle nur eine *Überprüfung* der Wahrheit ist und nicht wie im modernen Pragmatismus ihr Wesen ausmacht. Ungleich dem letzteren legt der Nyāya-Vaiśeṣika volles Gewicht auf die kognitive Funktion des *pramāṇa*. Irrtum schließt Nichtwissen des wahren Wesens eines gegebenen

Gegenstandes mit ein, und die Beseitigung dieses Nichtwissens ist der wichtigste Zweck der Erkenntnis. Die praktische Tätigkeit, zu der dies führt und die hier zum Kriterium ihrer Gültigkeit gemacht wird, ist nur eine *weitere* Folge davon. Es wird ein Beweggrund miteingeschlossen, der in der Folge zur Erkenntnis führt, nämlich zu erreichen, was man mag und zu vermeiden, was man nicht mag. Fehlt ein solcher Beweggrund, wird die Erkenntnis zu keiner praktischen Tätigkeit führen; ihre logische Qualität wird aber davon nicht berührt.

Die Vaiśeṣika-Lehre erkennt nur zwei *pramāṇas* an, nämlich Wahrnehmung und Schlußfolgerung; die Nyāya-Lehre aber erkennt noch zwei weitere an, nämlich Wortzeugnis und Vergleich. Wir geben hier eine kurze Übersicht über drei von ihnen und vernachlässigen den Vergleich, der nach dem Verständnis dieser Lehre von keiner großen logischen Bedeutung ist.

1. Wahrnehmung (*pratyakṣa*): Wir wissen, wie Wahrnehmung hier erklärt ist und was ihre Gültigkeit ausmacht. Es ist hier nur über eine bestimmte wichtige Sonderform von ihr zu berichten die man als »außerordentliche« oder »transzendentale« (*alaukika*) Wahrnehmung bezeichnet. Tatsächlich liegt sie außerhalb des Blickwinkels der empirischen Psychologie. Man sagt, ein *yogin* sei in der Lage, Dinge unmittelbar wahrzunehmen, die von einem normalen Menschen auf diese Weise nicht wahrgenommen werden können, z. B. Atome, moralisches Verdienst (*dharma*) usw. Man nimmt an, er habe eine mystische Kraft entwickelt, die ihn unmittelbar mit solch übernatürlichen Wesenheiten in Berührung bringt. Die Bedingungen, diese Kraft zu entwickeln – es ist lehrreich, sich dies zu merken – sind identisch mit denen zur Erlangung der Erlösung, nämlich moralische Reinheit und Fortschritt in der Meditation. Tatsächlich ist nach dieser Theorie nur der vollendete Heilige allein in der Lage, seine wahrnehmende Kraft in dieser ausgedehnten

und außergewöhnlichen Weise auszuüben. Wir dürfen erwarten, daß solche Erkenntnis zwangsläufig gültig ist. Dies ist die Intuition des individuellen Sehers, auf die wir in einem früheren Kapitel eingingen (S. 59).

2. Schlußfolgerung (*anumāna*): Wir haben über den erfolglosen Versuch der Cārvāka berichtet, ohne dieses *pramāṇa* auszukommen (S. 80). Wir haben die Frage der *pramāṇas* in unserem kleinen Abriß über Jinismus und Buddhismus nicht besonders behandelt. Beide Lehren erkennen die Berechtigung der Schlußfolgerung an; weil es aber in Bezug auf die Jaina-Anschauung nichts besonderes gibt, das unsere Aufmerksamkeit erfordert, gehen wir zur Betrachtung der buddhistischen Vorstellung davon über. Der Buddhismus beschränkt die Berechtigung der Schlußfolgerung auf Fälle, bei denen die Existenz einer Ursache aus dem Vorhandensein von etwas geschlossen wird, das als deren Wirkung nachgewiesen werden kann[12]. Z. B. ist die Ableitung gerechtfertigt, daß dort Feuer ist, wo wir Rauch sehen, weil wir wissen, daß es zwischen beiden einen kausalen Zusammenhang gibt und daher das Feuer ein *sine qua non* des Rauches ist. Das erste Erfordernis hier ist die Wahrnehmung des kausalen Zusammenhangs zwischen zwei Dingen, in unserem Beispiel zwischen Feuer und Rauch. Wenn nun eine Person diesen Zusammenhang erkennt, irgendwo – sagen wir auf einem Hügel – Rauch wahrnimmt und sich an die Beziehung erinnert, die die Wahrnehmung auf diese Weise hergestellt hat, entsteht in dieser Person die Idee von Feuer auf dem Hügel. Die hier behandelte Lehre führt an dieser Stelle eine wichtige Neuerung ein, wobei der Blickwinkel der Schlußfolgerung erheblich erweitert wird. Nach buddhistischer Anschauung ist die Tatsache des Rauches mit der Tatsache des Feuers verbunden, weil Feuer die *notwendige* Ursache für Rauch ist. Im Nyāya-Vaiśeṣika besteht man nicht in gleicher Weise auf dem Element der Notwendigkeit. Oder der Nyāya-Vaiśeṣika glaubt eher,

indem er die Einheitlichkeit des Wesens als gegeben annimmt, daß die geforderte Bedingung der Notwendigkeit in den Fällen besteht, in denen ein Ding auf Grund einer entsprechenden Beobachtung erkannt wird, weil es ein anderes ständig begleitet, obgleich die innere Verbindung zwischen diesen im gegenwärtigen Zustand unserer Erkenntnis nicht gezeigt werden kann[13]. Gespaltene Hufe und Hörner liefern ein Beispiel einer solchen unveränderlichen Gemeinsamkeit; und daher ist es nach dieser Lehre gerechtfertigt, die Anwesenheit des einen aus der Anwesenheit des anderen herzuleiten.

Die Schlußfolgerung ist zweifach: eine löst die Zweifel im eigenen Verstand (*svārtha*) auf, die andere in dem eines anderen (*parārtha*). Die letztere ist notwendigerweise sprachlich ausgedrückt, und ihre verschiedenen Stufen sehen so aus:

Der Hügel ist feurig.
Weil er Rauch hat.
Was auch immer Rauch hat, hat Feuer, z. B. die Küche.
Der Hügel hat Rauch, so wie dieser immer von Feuer begleitet ist.
Deshalb ist der Hügel feurig.

Es gibt hier zwei bemerkenswerte Punkte: die allgemeine Behauptung beim dritten Schritt wird durch ein typisches Beispiel unterstützt, um zu zeigen, daß er durch Beobachtung hergeleitet wurde. Daher ist der indische Syllogismus nicht nur deduktiv, sondern auch induktiv. Zum anderen soll der vierte Schritt, der überflüssig erscheinen mag, darauf hinweisen, daß weder das Zeichen noch die Markierung noch die induktive Beziehung aus sich selbst heraus zur Erkenntnis des Gekennzeichneten führen, sondern nur eine geeignete Verbindung von ihnen.

Diese syllogistische Form mit ihren fünf Gliedern dient nur dazu, jemand anderen zu der in Frage kommenden Schlußfolgerung zu führen; die sprachliche Form in sich selbst bildet keinen Teil der Schlußfolgerung. Sie hilft nur, den Verstand des Zuhörers darauf zu lenken, in der geforderten Weise zu denken und bewirkt dadurch in seinem Verstand denselben Denkprozeß wie in dem des Sprechers. Wenn somit die syllogistische *Form* als *anumāna* bezeichnet wird, geschieht dies nur aus Höflichkeit (*upacāra*). D. h., der Nyāya-Vaiśeṣika lehnt wie die übrigen indischen Systeme die wörtliche Anschauung der Logik, die im Westen üblich ist, ab. In Indien wurde niemals vergessen, daß der Hauptgegenstand der Logik das Denken ist und nicht die sprachliche Form, in der man es ausdrückt.

3. Wortzeugnis (*śabda*): Von den beiden Denksystemen, die wir hier betrachten, gestattet nur der Nyāya das Wortzeugnis als unabhängiges *pramāṇa*. Obwohl der Nyāya die Autorität des Veda anerkennt, erklärt er dessen Gültigkeit auf eigene Weise, indem er ihn auf die Allwissenheit Gottes zurückführt, den er als seinen Urheber ansieht. Darin unterscheidet er sich von der Mīmāṃsā, und dieser Unterschied wird einleuchten, wenn wir diese Lehre behandeln. Ferner beschränkt das System das Wortzeugnis nicht auf den Veda, sondern dehnt es auf weltliche Dinge aus, indem es es in allgemeinen Begriffen als das Zeugnis einer vertrauenswürdigen Person (*āpta*) definiert – eine, die die Wahrheit kennt und sie genau vermittelt. Nur kann diese Person nicht immer die absolute Gewißheit mit sich führen, die der Veda durch die Vorzüglichkeit seiner Quelle zwangsläufig besitzt.

Wir haben bereits die allgemeine Natur dieses *pramāṇa* und die Notwendigkeit seiner Anerkennung (S. 59) behandelt. Wir wollen nur kurz auf die Bedeutung besonderer sprachlicher Feststellungen oder Behauptungen eingehen. Ein Wort wie *gauḥ* (»Kuh«) ruft, wenn es ausgesprochen wird, bei einem, der mit seiner Bedeutung vertraut ist, das Bild des Tieres »Kuh« hervor. Sonst versagt es völlig dabei, kennzeichnend zu sein und erschöpft sich darin, einen bloß gehörmäßigen Eindruck zu erwecken. Um bezeichnend zu sein, sollten zwei oder mehr Wörter in geeigneter Weise miteinander verbunden werden, um einen Satz zu bilden. Manchmal können einzelne Wörter eine Information übermitteln, aber dann versteht man immer ein oder mehrere andere Wörter zusätzlich aus dem Kontext. Somit ist die Einheit eines kennzeichnenden *śabda* ein Satz. Aber was ist das Wesen der Information, die solche künstlich miteinander verbundenen Wörter übermitteln? Dies können nicht nur die Bedeutungen der verschiedenen Begriffe sein, weil diese bereits bekannt sind und man sich an sie nur rechtzeitig zu erinnern braucht. Es ist eine besondere Beziehung der Dinge untereinander, die durch die eigentlichen Wörter, die einen Satz bilden, bezeichnet werden. Wenn wir sagen »Das Buch ist auf dem Tisch«, wird dem Zuhörer eine besondere Beziehung zwischen Tisch und Buch vermittelt. Die Beziehung wird in dieser spezifischen Form nicht durch die Bedeutung eines einzelnen Wortes ausgedrückt, das im Satz benutzt wurde; die Präposition »auf« bezeichnet nur die Lage im allgemeinen; sie ist nichtsdestoweniger bekannt. Daher wird die Bedeutung einer Behauptung normalerweise als Beziehung (*saṃsarga*) bezeichnet, und dies bestätigt sich bei der logisch gültigen Behauptung wie auch bei der, die nicht logisch gültig ist.

II

So weit das Wesen des Lebensziels berührt ist, kann man die indischen Systeme in zwei Klassen unterteilen – jene, die in ihm nur die absolute Freiheit von Elend sehen und jene, die in ihm auch Seligkeit sehen. Der Nyāya-Vaiśeṣika gehört zum ersten Typus; seine Vorstellung von Nichtexistenz (*abhāva*) gestattet es, diese Anschauung vom Ziel zu fördern, weil nach dieser Lehre die Abwesenheit von Elend nicht *dasselbe* ist wie die Anwesenheit von Seligkeit. Auch das Wesen des Selbst stimmt nach dem Verständnis dieses

Systems mit einer solchen Anschauung überein, weil weder Trauer noch Freude, obwohl sie ihm bestimmt sind, sein Wesen ausmachen. Daher bezeichnet Gautama dies als »Entkommen« (*apavarga*). Die dem zugrundeliegende Idee ist jene, daß das Böse genauso eine Tatsache ist wie das Gute und daß wir das eine nicht ohne das andere haben können – eine Anschauung, die auch die Materialisten vertreten, wie wir gesehen haben (S. 81), obwohl diese sich sehr stark von dieser Lehre durch die gezogene Schlußfolgerung unterscheiden. Das Selbst muß deshalb sowohl der Qual wie der Freude untertan sein oder keinem von beiden. Im ersten Fall befindet man sich im *saṃsāra*, der durch die Anspannung des Geistes gekennzeichnet ist, die nur ab und zu durch ein vorübergehendes Vergnügen gemildert wird; im zweiten Fall hat man *mokṣa* oder völlige Ruhe, die man als eine Stufe, wo man jeglichen Bewußtseinszustandes beraubt ist, wie wir hier sehen werden, beschreiben kann. Wenn die Vermeidung des Übels wünschenswert ist, dann müssen wir unseren Verstand daruf vorbereiten, auch das Gute aufzugeben. Die Anerkennung der Endgültigkeit des Bösen, sollte man hinzufügen, macht das System zu keinem pessimistischen, weil es Individuen die Möglichkeit offenhält, das Böse zu umgehen. Obwohl das Böse hier als Tatsache angesehen wird, gilt es nicht als unvermeidlich, weil eine Person, die ihm ernsthaft entkommen will, dies auch erreichen kann. Diese individualisierte Konzeption der Freiheit bedeutet nicht, daß wir gegenüber den Leiden anderer unempfindlich sein sollen oder unsere Anstrengungen verringern sollen, diese soweit wie möglich zu mildern. Der starke Zwang, den man fühlt, um es im eigenen Falle zu besiegen, sollte eher zu einer Verdoppelung der Anstrengungen in dieser Richtung führen.

Wir haben betont, daß *mokṣa* ein Zustand jenseits von Qual und Freude ist. Es scheint wünschenswert, ein paar Worte mehr darüber zu sagen. Wenn eine Person, die sich selbst für die endgültige Erlösung qualifiziert hat, dieses

Leben verläßt, glaubt man, daß ihr Selbst nicht nur Qual und Freude hinter sich läßt, sondern alle seine besonderen Qualitäten. Als eine Folge davon wird es dann ohne Denken, Fühlen und Wollen sein; so wird *mokṣa* zu einem Zustand völliger Dunkelheit, aus dem es kein Wiedererwachen gibt. Solch ein Zustand wurde von Gegnern der Lehre zu Recht als ein Heilmittel abgelehnt, das schlimmer als die Krankheit ist, die es heilen soll. Aber dies ist nur der *mokṣa,* wie er nach dem Tod erlangt wird. Wenn wir statt dieses theoretisch endgültigen Zustandes den Zustand nehmen, der bei einer Person im gegenwärtigen Leben jenem vorangeht, und diese Person die völlige Bereitschaft zum *mokṣa* erreicht hat, werden wir sehen, daß dieser Zustand weit davon entfernt ist, unbefriedigend zu sein. In diesem Fall sind nicht alle besonderen Qualitäten ausgelöscht, sondern lediglich die nicht wünschenswerten wie Haß und Selbstliebe. Solch eine Person wird weiterhin richtige Erkenntnis, richtiges Wollen und richtiges Fühlen haben; und sie wird zwangsläufig unaufhörlich damit beschäftigt sein, richtig zu handeln oder über die letzte Wahrheit nachzudenken. D. h., ihr Zustand wird sich dann der Vollkommenheit der bereits beschriebenen göttlichen Natur annähern. Obwohl das System keinen besonderen Zustand kennt, den einige Lehren als *jīvanmukti* bezeichnen, stimmt der beschriebene genau damit überein[14]. Vom positivistischen Standpunkt aus betrachtet hat die Lehre, obwohl in ihrer letzten Bedeutung negativ und streng asketisch, Merkmale, die nicht ohne besondere Herausforderung für eine bestimmte Geisteshaltung sind.

Was sind die Mittel zur Erreichung dieses Ziels? Die Antwort auf diese Frage findet man in der Nyāya-Vaiśeṣika-Anschauung, daß das Böse der Verbindung des Selbst mit dem *manas* und dem Körper zuzuschreiben ist. Der natürliche Körper wird beim Tod zweifellos zerstört, aber nach der Karman-Lehre wird er durch einen anderen ersetzt, wenn das Selbst wiedergeboren wird. Das *manas* wird andererseits in jeder Beziehung gleich bleiben und in Berührung mit dem Selbst bestehen. Weil es ewig ist, wird es weiterexistieren, selbst wenn man die Freiheit erlangt hat; aber sein Vorhandensein ist dann völlig unwirksam und Qual, Freude und andere Eigenschaften dieser Art werden das Selbst nicht länger beeinflussen. Die Befreiung besteht in der Verwirklichung dieser Tatsache, nämlich daß die Beziehung des Selbst zu Körper und *manas* keineswegs zwangsläufig bestehen muß. Wie in anderen Lehren ist die richtige Erkenntnis auch hier das Mittel zur Befreiung und Unwissenheit die Quelle der Knechtschaft. Diese Unwissenheit (*moha*) ist durch Erzeugung von Haß (*dveṣa*) und selbstsüchtiger Liebe (*rāga*) der Urgrund des *saṃsāra* mit seinen Leiden wie auch mit seinen flüchtigen Freuden. Wie andere Formen des Irrtums, z. B. der von Seil und Schlange, ist auch dieser letzte Irrtum ein Mißverständnis, weil er ein unbeteiligtes Selbst schildert, das im Elend verstrickt ist. Wir möchten den Leser nur daran erinnern, daß die irrende Erkenntnis, die den *saṃsāra* verursacht, unmittelbar ist und daher auch die unmittelbare Erkenntnis (S. 34) der wahren Natur des Selbst erforderlich ist, um diese zu besiegen.

Wir haben gesehen, daß das Selbst aus sich selbst keine Freude und keine Qual hat; deshalb sollte es sich nach der Karman-Lehre jenseits von deren Ursachen Tugend und Laster befinden. Diese oder genauer ihre unmittelbaren Auswirkungen Gut und Böse sind als *dharma* und *adharma* bekannt, den verbleibenden zwei der acht Qualitäten, die dem Selbst eigen sind. Sie bleiben im Selbst, bis sie ihre entsprechenden Früchte Glück und Elend hervorbringen. Das Reifen dieser Früchte aber bewirkt die Geburt. Selbst wenn das Mißverständnis, das diesem Leben eigen ist, durch die richtige Erkenntnis beseitigt wird, wird die Tätigkeit weiterbestehen; aber Gautama sagt, solch eine Tätigkeit führe nicht zur Wiedergeburt oder zur Anhäufung von *dharma* (*adharma* ist in solch einem Fall sowieso undenkbar), weil sie nicht das Ergebnis irgendeines selbstsüchtigen

Interesses oder von Kurzsichtigkeit ist[15]. Eine solche Person wird zwangsläufig frei, wenn beim Tode die Trennung vom natürlichen Körper stattfindet. An der oben gegebenen Beschreibung von *dharma* und *adharma* kann man ablesen, daß deren Vorstellung hier völlig ethisch ist (S. 50). Diese ursprüngliche Vorstellung wurde seitdem erweitert und die Begriffe umschlossen auch die Ergebnisse von Handlungen, die im Veda empfohlen oder verurteilt wurden. Diese Bedeutungserweiterung ist eine Eigenschaft der bereits erwähnten späteren Akzeptanz der Autorität des Veda durch das System.

Nun wollen wir Details der Lehre betrachten, die zum endgültigen Ziel des Lebens führen. Allgemein gesprochen setzt sich diese Lehre aus zwei Stufen zusammen: (1) Die erste ist die Förderung eines Geistes der Absonderung. Sie wird von allen Schulen befürwortet, wenn auch deren diesbezügliche metaphysische Anschauungen dafür verschiedene Gründe angeben. In den Upaniṣaden z. B. wird die Notwendigkeit mit der Einheit allen Seins erklärt, in der vorliegenden Lehre mit dem tatsächlich abgesonderten Wesen des Selbst. Die Übung dieser Stufe ist hauptsächlich ethisch und bedeutet ein völliges Überwinden selbstsüchtiger Wünsche und Impulse. Die wesentliche Wahrheit, die dieser Anschauung zugrundeliegt, ist jene, daß vieles Elend der Welt unmittelbar oder mittelbar auf die Selbstsüchtigkeit des Menschen als Individuum oder als Mitglied einer exklusiven Organisation zurückzuführen ist und daß es weder für das Individuum noch für die Gesellschaft als Ganzes Frieden geben wird, bis diese völlig überwunden ist. (2) Die oben genannte ethische Qualifikation trägt dazu bei, die Ernsthaftigkeit zu bewahren, die zur Erlangung der Erkenntnis der letzten Wahrheit erforderlich ist, nämlich durch Bemühen und Nachdenken und durch wirkungsvolles Streben nach dem philosophischen Ideal. Deshalb ist die Lehre in ihrer zweiten Stufe hauptsächlich intellektueller Natur. Der letzte Schritt besteht hier in der Meditation (*yoga*) über die letzte Wahrheit, die im Falle einer erfolgreichen Ausübung zu einer unmittelbaren Erfahrung dieser Wahrheit führt und somit die ursprüngliche Unwissenheit auslöschen wird. Die Ähnlichkeit im Ablauf der Übung zur Erlangung des Lebensziels zu den in früheren Kapiteln beschriebenen ist im allgemeinen einsichtig. Nur der Inhalt der Wahrheit, die verwirklicht werden soll, ist unterschiedlich. Deshalb ist es nicht notwendig, sich damit weiterhin zu beschäftigen.

Anmerkungen zu Kapitel IV

[1] Man glaubt, die Atome können von *yogins* durchdrungen werden.

[2] Zwei oder mehrere verschiedene »Elemente« können sich nicht auf diese Weise verbinden. Wenn sie wie im menschlichen Körper zusammen angetroffen werden, erklärt man sie als nur in mechanischer Verbindung mit einem Produkt stehend, das von irgend *einem* von ihnen abgeleitet ist.

[3] Es ist indischer Glaube, daß nur der Mensch selbstbewußt ist und nach Selbstvervollkommnung oder geistiger Freiheit streben kann. Die anderen Lebewesen sind lediglich dazu geboren, die Früchte ihres vergangenen Karman zu ernten. Es mag scheinen, daß es infolge des Fehlens der Aussicht auf moralische Verbesserung keine Rechtfertigung für die Bestrafung solcher Tiere auf Grund ihres vergangenen Karman gibt. Die Erklärung liegt in der ethischen Anschauung vom Universum, die dieser Lehre zugrunde liegt. Sie vertritt eine vergeltende Gerechtigkeit.

[4] Es liegt kein Widerspruch darin, die Selbste als alles durchdringend und doch als sich gegenseitig ausschließend zu beschreiben, weil sie keine *natürlichen* Wesenheiten sind.

[5] »Allgemein«, weil die Lehre bei Berücksichtigung des Fehlens von Erfahrung im Tiefschlaf annimmt, daß es eine zeitliche Trennung des Selbstes vom *manas* gibt.

[6] Es wird noch eine neunte besondere Qualität anerkannt, nämlich *bhāvanā* oder »bleibender Eindruck«. Sie ist eine der drei Spielarten des *saṃskāra,* die in der Liste der Qualitäten miteinbegriffen sind.

[7] Siehe *Nyāyamañjarī,* S. 201.

[8] Damit zwei Dinge eine Verbindung eingehen können, ist es erforderlich, daß wenigstens eines von diesen endlich sein sollte.

[9] Diese entsprechen den »abstrakten Gemeinsamkeiten« (*tiryak-sāmānya* des Jinismus. Es gibt hier keine Anerkennung von »konkreten Gemeinsamkeiten« (*ūrdhvatā-sāmānya*), weil die Idee der Evolution oder des Wandels dem System fremd ist. Wir kennen jetzt alle *drei* Anschauungen des *sāmānya,* die der indischen Philosophie vertraut sind: einige wie die Buddhisten sehen es als rein begrifflich an, andere wie die Jainas als Gestaltung, die die Einzeldinge charakterisiert und wieder andere wie die Anhänger dieser Lehre als objektive Realität.

[10] *Samavāya* bezieht sich auf fünf Gruppen von Dingen: (1) das Ganze und die Teile, (2) Substanz und Qualität, (3) Substanz und Handlung, (4) Besonderheit und Gemeinsamkeit und (5) letzte Substanz und *viśeṣa.*

[11] Siehe *Saptapadārthī,* S. 25 (Vizianagram Sanskrit Series): *Sarvaṃ jñānaṃ dharmiṇy abhrāntaṃ, prakāre tu viparyayaḥ.* (Anm. d. Übers.: Dieses Werk wurde von Śivāditya (etwa 12. Jh.) verfaßt. Die angegebene Textpassage stammt aber aus dem beigefügten Kommentar *Mitabhāṣiṇī* des Mādhava Sarasvatī.)

[12] Es gibt eine andere Gruppe von Sachverhalten, bei denen der Buddhismus die Berechtigung der Schlußfolgerung anerkennt, nämlich Gattung und Art. Die Tatsache eines Gegenstandes, eine Kuh zu sein, ist unveränderlich mit der Tatsache verbunden, ein Tier zu sein, weil das eine eine Art des anderen (*tādātmya*) ist.

[13] Diese sind im strengen Sinne ausschließlich als *liṅga* oder »das Zeichen« und *liṅgin* oder »das Bezeichnete« zu benennen, aber man bezeichnet sie weiterhin als *hetu* oder »Ursache« und *sādhya* oder »Wirkung«.

[14] Vgl. *Nyāyavārttika,* S. 23. (Anm. d. Übers.: Das Nyāyavārttika ist ein Kommentar zu den Nyāyasūtras des Gautama, sein Verfasser Uddyotakara. Der Autor benutzte hier die Ausgabe der Chowkhamba Sanskrit Series (Benares 1915).)

[15] *Nyāya-Sūtra* IV,i,64.

V Sāṃkhya-Yoga[1]

Dieses Denksystem ist eines der ältesten, aber sein Ursprung war lange Zeit Gegenstand von Auseinandersetzungen. Sowohl einige ältere wie auch jüngere Wissenschaftler sind der Ansicht, es leite sich von den Upaniṣaden her, während andere meinen, es sei eine unabhängige Lehre. Welches auch immer die Ursprünge dieses Systems sein mögen, es hat das indische Denken insgesamt stark beeinflußt. Seine Bedeutung kommt nur noch der des Vedānta gleich. Wie im Fall des Nyāya-Vaiśeṣika (S. 120) ist auch dieses System eine Mischung zweier Lehren, nämlich des Sāṃkhya und des Yoga, deren erste Vertreter Kapila bzw. Patañjali waren. Die historische Beziehung zwischen beiden Lehren ist jedoch nicht genau bekannt. Ihr allgemeiner metaphysischer Standpunkt und ihre Anschauung vom Ideal des Lebens sind die gleichen; aber es gibt auch einige mehr oder weniger wichtige Punkte, in denen sie sich unterscheiden. Auf einen oder zwei gehen wir später ein. Die Beziehungen, unter denen diese beiden Lehren bekannt sind, sind in der indischen philosophischen Literatur außerordentlich häufig. Neben dem Bezug auf Denkschulen meinen sie häufig Methoden der Annäherung an die letzte Realität. Die erste, die von einem Sanskritwort (*sāṃkhya*) abgeleitet ist und »Nachdenken« bedeutet, vertritt die Erkenntnis als Methode zur Realisierung der letzten Tatsachen der Philosophie. Die zweite (*yoga*), die Meditation bedeutet, vertritt als Methode zur Erlangung des gleichen Ziels das Mittel gleichförmiger und beharrlicher Meditation. Diese Unterscheidung reduziert sich aber zu der des genauen Standortes, den man ihnen im Lauf der Übung zur Erlangung des Ideals einräumt, weil alle indischen Systeme einschließlich des hier vorgestellten beides in gleichem

Maße vorschreiben. Während einige größeren Wert auf Erkenntnis legen, indem sie diese zur *unmittelbaren* Hilfe bei der Erlösung einsetzen, machen andere dies in Bezug auf die Meditation.

Es wirkt etwas befremdlich, daß die Literatur über dieses System, besonders seinen Sāṃkhya-Teil, sehr spärlich ist, während die über andere Systeme viel umfassender ist. Das älteste Werk, das jetzt über den Sāṃkhya verfügbar ist, ist die *Kārikā* des Īśvara Kṛṣṇa, der etwa im 5. Jahrhundert n. Chr. lebte. Sie wurde von verschiedenen Gelehrten einschließlich des großen Vedāntin Vācaspati kommentiert. Es gibt ein Sāṃkhya-Sūtra, das gewöhnlich für so alt wie die Primärquellen anderer Systeme gehalten wird; es zeigt aber eine deutliche Abhängigkeit von dem vorher genannten Werk. Die moderne Forschung kam nicht umhin, es nicht früher als ins 14. Jahrhundert zu datieren. Das wichtigste Werk des anderen Systems ist das Sūtra des Patañjali, der aller Wahrscheinlichkeit nach von dem berühmten Grammatiker gleichen Namens zu unterscheiden ist, der im 2. Jahrhundert v. Chr. lebte, während der Autor des Sūtra wahrscheinlich sehr viel später zu datieren ist. Es besitzt einen alten Kommentar von Vyāsa. Dieser Vyāsa trägt nur den Namen des berühmten Weisen des Altertums, ist aber nicht mit diesem identisch. Es gibt noch andere Kommentare zu ihm, z. B. den des Königs Bhoja.

I

Dieses System sieht wie das im vorhergehenden Kapitel behandelte (S. 123) sowohl die Materie als auch den Geist als letztlich real an und läßt wie dieses eine Mehrzahl von Selbsten zu, die es gewöhnlich als Puruṣas bezeichnet. Aber es unterscheidet sich vom Nyāya-Vaiśeṣika darin, daß es die Gesamtheit des natürlichen Universums mit all seinen Spielarten auf eine einzige Quelle namens Prakṛti zurückführt. Puruṣa und Prakṛti oder Geist und Natur sind daher die beiden grundlegenden Konzeptionen der Lehre; wir werden mit der Beschreibung von deren Wesen beginnen. Um mit dem zweiten zuerst zu beginnen:

1. *Prakṛti*: Es gibt zwei Methoden, den Ursprung der natürlichen Welt zu erklären. Sie kann wie im Nyāya-Vaiśeṣika (S. 123) auf eine Vielzahl letzter Realitäten zurückgeführt werden, die man sich als einfach und atomistisch vorstellt; oder sie kann von einer einzelnen Substanz abgeleitet werden, die als komplex und allesdurchdringend angesehen wird. Wenn die erste Anschauung die Theorie vom Ursprung (*ārambha-vāda*) ist, dann ist die zweite die Theorie der Evolution (*pariṇāma-vāda*), weil in ihr die Dinge der Welt nicht als Ergebnis einer neuen Schöpfung angesehen werden, sondern als Umwandlung innerhalb der Primärsubstanz. Der Sāṃkhya-Yoga übernimmt die zweite Art der Erklärung. Prakṛti ist der Name, den er dem Prinzip oder der Wesenheit gibt, aus der sich das natürliche Universum in seiner unbegrenzten Vielfalt entwickelte. Ihre Ähnlichkeit zu der Vorstellung von »Das Eine«, das bei der Suche nach der Entwicklung des Monismus im Veda erwähnt wurde (S. 19), leuchtet ein. Während aber dieses Prinzip seinem Wesen nach spirituell ist, trifft dies hier nicht zu. Diese ursprüngliche Wesenheit wird von uns nicht unmittelbar wahrgenommen; ihre Existenz wurde wie die der Atome in der Nyāya-Vaiśeṣika-Anschauung nur geschlußfolgert. Hier wie auch sonst im allgemeinen begründet das System seine Schlußfolgerungen auf Ursache und ruft nicht wie einige andere die Hilfe der Offenbarung zu deren Stütze an.

Prakṛti, die erste Ursache des Universums, ist daher eins und komplex; ihre Komplexität ist das Ergebnis ihrer Zusammensetzung aus drei Faktoren, von denen jeder als *guṇa* bezeichnet wird. Unter dem Wort *guṇa* dürfen wir nicht das verstehen, was man gemeinhin darunter versteht, nämlich eine »Qualität«. Es bedeutet hier eher einen »zusammengesetzten Faktor« oder einen »Bestandteil« der Prakṛti. Aber man sollte sie nicht als aus diesen aufgebaut ansehen, weil sie genauso von diesen abhängt wie diese von ihr abhängen und sowohl die Prakṛti wie auch ihre »Faktoren« gleichermaßen anfangslos sind. Diese drei Bestandteile werden wiederum als voneinander abhängig angesehen, obwohl sie sich ihrem Wesen nach stark unterscheiden, so daß sie niemals voneinander getrennt werden können. Das bedeutet, daß sie nicht mechanisch zusammengefügt wurden, sondern umgekehrt der eine den anderen miteinschließt und somit eine Einheit in der Dreiheit bildet. Mit anderen Worten: sie existieren nicht nur gleichzeitig, sondern hängen auch miteinander zusammen. Die innere Abhängigkeit der *guṇas* schließt die Möglichkeit des Aufbrechens der Prakṛti durch Absonderung aus.

Die drei *guṇas* werden *sattva*, *rajas* und *tamas* genannt. Jeder von ihnen bedeutet einen besonderen Aspekt der natürlichen Realität: *sattva* bezeichnet ungefähr alles, was rein und fein ist; *rajas* alles das, was aktiv ist; und *tamas* das, was gleichmütig ist und Widerstand leistet. Die obige Beschreibung zeigt, daß die *guṇas* nicht nur unterschiedlich sind, sondern in ihrem Wesen bis zu einem gewissen Grade auch antagonistisch. Der Gegensatz ist jedoch nicht so, daß er ihre Zusammenarbeit ausschließt. Sie sind als eins tätig; ihre harmonische Handlung kann durch das Beispiel der Flamme einer Lampe illustriert werden – ein Ergebnis der Zusammenarbeit zwischen Docht, Öl und Feuer, die auf Grund ihres unterschiedlichen Wesens schwerlich zur Zusammenarbeit geeignet erscheinen. Mit anderen Worten: das natürliche Universum ist ein geordnetes Ganzes; in ihm gibt es keinen elementaren Widerspruch, auch wenn es aus gegensätzlichen Elementen besteht.

Nicht nur die Prakṛti setzt sich aus diesen *guṇas* zusammen. Jedes Ding, das aus ihr hervorgeht, ist ähnlich zusammengesetzt, weil die Lehre behauptet, daß die Ergebnisse im wesentlichen mit ihrem materiellen Ursprung identisch sind. In der Tat entstand die Vorstellung von Prakṛti durch eine Analyse der Dinge des Erfahrungsbereichs und eine genaue Synthese ihrer allgemeinen und bleibenden Merkmale, so wie die Idee des Goldes z. B. durch eine Untersuchung des Wesens von Dingen wie goldene Ringe und Armbänder festgestellt werden kann. Die hier vertretene Anschauung von Verursachung ist das genaue Gegenteil von der, der wir im letzten Kapitel unsere Aufmerksamkeit schenkten. Sie glaubt, daß nichts jemals von neuem ins Sein kommen kann oder endgültig verschwindet. Wenn wir deshalb von einer erzeugten Wirkung sprechen, wird damit nur ausgedrückt, daß das, was verborgen war, nun manifest wird. Die Idee, die dem zu Grunde liegt, ist jene, daß es immer eine Wirkung gibt, wenn auch in einer potentiellen Form, und daß diese nur wirksam wird, wenn bestimmte Bedingungen erfüllt sind, die als die bewirkenden Ursachen bekannt sind wie etwa die Arbeit eines Töpfers im Falle eines Topfes. Die materielle Ursache und die Wirkung werden deshalb hier nicht als völlig voneinander unterschieden angesehen wie im Nyāya-Vaiśeṣika (S. 125); zum anderen bilden beide eine Identität in der Verschiedenheit wie im Jinismus. Diese Anschauung wird als »die Lehre der präexistenten Wirkung« (*sat-kārya-vāda*) im Gegensatz zur »Lehre der nichtpräexistenten Wirkung« (*asat-kārya-vāda*) bezeichnet.

Diese *guṇas* oder »kosmischen Konstituenten«, wie wir sie nennen können, sind in einem Zustand völligen Gleichgewichts in der Prakṛti, bis diese sich selbst zu differenzieren beginnt; die Vielzahl der Dinge, die dann nacheinander aus ihr in das Sein eintreten, entspricht im Verhältnis der Vielzahl, in der die *guṇas* in ihrer Zusammensetzung in den Prozeß der Evolution eintreten. Obwohl sie nur drei an der Zahl sind, können sie dennoch für eine Vielzahl von Unterschieden verantwortlich sein. Die Prakṛti ist nicht nur komplex und allesdurchdringend, sie bringt auch ständig Wandel und ist diesem selbst permanent unterworfen. Selbstverständlich nimmt man an, daß auch die Dinge, die sich aus ihr entwickeln, an ihrem veränderlichen Wesen Anteil haben. Deshalb kann das Papier, auf dem diese Zeilen gedruckt sind, statisch erscheinen; tatsächlich ändert es sich aber jeden Augenblick, obwohl es zur gleichen Zeit solange seine Identität behält wie es besteht. Man muß hinzufügen, daß Evolution eine Änderung der Form (*pariṇāma*) bedeutet, eine Vorstellung, die dem Nyāya-Vaiśeṣika unbekannt ist, und nicht eine Änderung des Ortes (*parispanda*) (S. 133), die in diesem System »Handlung« (*karman*) bedeutet. Eine Pflanze kann z. B. von einem Platz zu einem anderen bewegt werden; sie kann aber auch wachsen oder welken, wo sie sich befindet. Die Veränderung wird hier nicht nur in einer Hinsicht gesehen. Der evolutionäre Prozeß ist periodisch; jeder Periode der Evolution (*sṛṣṭi*) folgt eine Periode der Auflösung (*pralaya*), in der die ganze Vielfalt des Universums sich verbirgt bzw. so wie sie war in der Prakṛti »schlafen« geht. So folgt Zyklus auf Zyklus, und wie in vielen anderen indischen Lehren glaubt man hier, daß diese Zyklen keinen Anfang und kein Ende haben. Aber wir müssen uns daran erinnern, daß die Prakṛti sogar im Zustand der Auflösung ihre Dynamik nicht verliert; Bewegung wird als ihr ursprünglich zugehörig angesehen. Nur ihre Komponenten, die *guṇas*, bilden sich ständig selbst neu anstatt aufeinander einzuwirken und bewirken so eine mannigfaltige Verwandlung. In dieser spontanen Aktivität der Natur finden wir einen anderen wichtigen Unterschied zum Nyāya-Vaiśeṣika, nach dessen Anschauung die Materie keine Aktivität über das hinaus besitzt, was nicht von außen mit ihr in Verbindung gestanden hatte (S. 133).

Jetzt wollen wir die Dinge berücksichtigen, die aus der Prakṛti hervorgehen. Das erste von diesen ist der »Intellekt« (*mahat*), und dieser läßt umgekehrt das Prinzip der Individualität oder den »Egoismus« (*ahaṃkāra*) entstehen. Was wir unter diesen Begriffen genau zu verstehen haben, wird bald klar werden. In der Zwischenzeit können wir feststellen, daß das Wesen dieser Dinge – wie bereits durch deren Namen angedeutet – zeigt, daß die Prakṛti sich selbst zuerst auf die Wünsche des Puruṣa einstellt, indem sie die wichtigsten Hilfen zur Lebenserfahrung entwickelt, nämlich das Denkorgan und das Prinzip der bewußten oder unbewußten Aneignung des Denkens bzw. dieses als sein eigen zu betrachten. Vom *ahaṃkāra* gehen zwei Gruppen von Prinzipien aus: eine von ihnen besteht aus weiteren Hilfen zum bewußten Leben, nämlich *manas*, den wohlbekannten fünf Sinnesorganen und den Tatorganen, nämlich Rede (*vāc*), Greifen (*pāṇi*), Gehen (*pāda*), Entleeren (*pāyu*) und Zeugen (*upastha*). Die anderen bilden die Grundlage der objektiven Welt, nämlich die fünf Elemente. Die erste Gruppe geht hauptsächlich aus dem *sattva*-Aspekt des »Egoismus« hervor, die zweite aus seinem *tamas*-Aspekt. Der dritte Faktor *rajas* wird nicht als Ausgangspunkt einer besonderen Gruppe von Prinzipien[2] angesehen, sondern lediglich als mit *sattva* und *tamas* zusammenarbeitend.

Man stellt sich vor, daß die Elemente aus zwei Abschnitten bestehen: im ersten bleiben sie einfach strukturiert (*tanmātra*), im zweiten verbinden sie sich, um die uns bekannten fünf groben Elemente zu bilden. Die einfachen Elemente werden »Ton-Element (*śabdatanmātra*), »Farbelement« (*rūpa-tanmātra*) usw. genannt und das zeigt, daß die Lehre keinen Unterschied zwischen Substanz und Qualität macht[3]. In der Tat gibt es keinen Konflikt, wenn man aus Gründen der Bequemlichkeit entweder nur von der Substanz oder nur von der Eigenschaft getrennt spricht; aber zu denken, beide seien tatsächlich getrennt oder befänden sich außerhalb des anderen wie im Nyāya-Vaiśeṣika (S. 133), bedeutet nach der hier vorgestellten Lehre, einer illegitimen Abstraktion anzuhängen. Die sogenannte Eigenschaft und die Substanz bilden zusammen eine Einheit; und diese konkrete Einheit und nicht jedes aus sich selbst macht alle materiellen Dinge aus. Die Ähnlichkeit mit dem Jinismus (S. 90) ist hier klar. Die Art, in der sich die einfachen oder feinstofflichen Elemente verbinden, um die grobstofflichen zu erzeugen, ist die folgende: aus den Tonelementen entsteht der Raum (*ākāśa*), aus diesem und dem Berührungselement die Luft, aus diesen zwei und dem Farbelement das Feuer, aus diesen und dem Geschmackselement das Wasser und aus diesen und dem Geruchselement die Erde. Diese grobstofflichen Elemente, um im allgemeinen Sprachgebrauch zu bleiben, sind durch Eigenschaften gekennzeichnet, die mit dem Wesen der sie bildenden Faktoren übereinstimmen – *ākāśa* durch den Ton, die Luft durch Ton und Berührung usw. Hier ist wiederum ein Unterschied zum Nyāya-Vaiśeṣika festzustellen, der die Unterteilung der Elemente in zwei Klassen wie einfach und grob nicht anerkennt.

Zusammen mit Prakṛti und Puruṣa sind dies die 25 Prinzipien des Sāṃkhya-Yoga, die wir hier in tabellarischer Form zeigen.

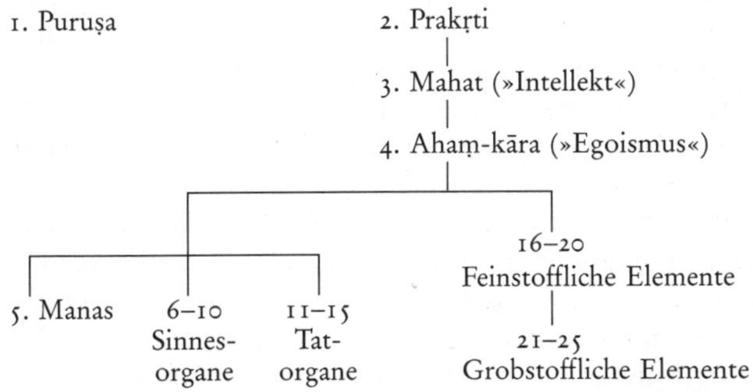

Das obige Schaubild zeigt das, was wir als *primäre* Evolution bezeichnen können. Die gewöhnlichen Dinge der Welt wie Bäume und Berge sowie die natürlichen Körper der Lebewesen sind das Ergebnis einer weiteren oder *sekundären* Umwandlung der grobstofflichen Elemente. Wir bezeichnen diese Umwandlungen als »sekundär«, obwohl diese Dinge auch das Ergebnis eines Wandels sind, weil dieser Wandel kein neues Prinzip oder Kategorie (*tattvāntara*) entstehen läßt wie z. B. dann, wenn der »Intellekt« (*mahat*) zu »Egoismus« (*ahaṃ-kāra*) oder das »Tonelement« zum Raum (*ākāśa*) wird. Sie sind das Ergebnis einer bloßen Verteilung ihrer konstituierenden Faktoren auf verschiedene Art und Weise, d. h. der grobstofflichen Elemente, die als solche in diesen Dingen fortdauern. »Es ist wie bei einem Würfelspiel: es sind immer dieselben Würfel, aber so wie sie auf verschiedene Arten fallen, bedeuten sie für uns auch verschiedene Dinge«. Diese sekundären Umwandlungen finden statt und können auch wieder innerhalb der Grenzen eines einzelnen Zyklus zurückgenommen werden; die primäre Gruppe der Evolute besteht andererseits während des gesamten Zyklus und zerfällt erst an dessen Ende. Ein Baum kann z. B. vernichtet werden und in seine konstituierenden Elemente wie Erde, Wasser usw. zerfallen; diese aber werden nicht weiter während des gleichen Zyklus in ihre Ursprünge, die *tanmātras,* zerlegt.

Es ist erforderlich, einem Punkt in der schematischen Darstellung (S. 159) besondere Aufmerksamkeit zu schenken, dessen Kenntnis wesentlich zum Verständnis der Sāṃkhya-Yoga-Erklärung der Erfahrung beiträgt, wie später ausgeführt werden wird. Es ist der Unterschied zwischen den Dingen, in denen *sattva* vorherrscht und jenen, wo *tamas* dominierend ist. Die meisten Dinge der materiellen Welt sowie ein großer Teil unserer körperlichen Hülle gehören zur zweiten Klasse. Sie sind natürlich. Auch die anderen, in denen *sattva* überwiegt, sind tatsächlich natürlich, abgeleitet von der Prakṛti; aber unter Berücksichtigung ihres feineren Wesens werden diese Dinge dafür verwandt, dem Geist bei der Offenbarung der Objekte Unterstützung zu leisten, weil dieser, wie wir bald sehen werden, passiv ist und unfähig, durch sich selbst etwas zu erfassen. Um dies anders auszudrücken: die Aktivität dieser *sāttvischen* Wesenheiten ist eine notwendige Voraussetzung des geistigen Lebens, obwohl sie es nicht durch sich selbst erklären.

Von dieser Gruppe sind die wichtigsten *manas,* »Egoismus« (*ahaṃkāra*) und »der Intellekt« (*buddhi*), die zusammen als das »innere Organ« (*antaḥ-karaṇa*) bezeichnet werden. Ohne in Einzelheiten zu gehen, können wir sagen, daß seine Hauptfunktion darin besteht, Eindrücke von außen zu empfangen und diesen entsprechend zu antworten. Es wird bei der richtigen Erfüllung dieser Funktion von den verschiedenen Organen unterstützt – den Sinnes- und den Tatorganen, die zur selben Gruppe gehören. Dieser ganze Apparat, der aus dem inneren Organ und dessen vielfältigem Beiwerk besteht, entspricht ungefähr dem Gehirn und dem Nervensystem, die nach der modernen Psychologie mit seiner Funktion verbunden sind. Beide sind ihrem Wesen nach natürlich und beide sind zur Sammlung von Erfahrung für das Selbst gleichermaßen wichtig. Diese Gruppe ist für jedes Individuum spezifisch, und zusammen mit bestimmten anderen Faktoren wird unterstellt, daß sie dieses die ganze weltliche Existenz (*saṃsāra*) hindurch begleitet. Diese vergleichsweise ständige Begleitung des Puruṣa ist als der »subtile Körper« (*liṅgaśarīra*) bekannt. Ungleich der natürlichen Hülle, die im Kontrast dazu der »grobe Körper« (*sthūla-śarīra*) genannt wird, verläßt er einen selbst beim Tod nicht und wird wie *manas* im Nyāya-Vaiśeṣika (S. 130) erst dann aufgegeben, wenn die Freiheit gänzlich errungen ist.

Aus der obigen Darstellung folgt, daß die unter den Nummern 3 bis 15 aufgeführten Prinzipien des Schemas im doppelten Sinne zu verstehen sind. Ihrer Bedeutung nach sind sie nicht nur kosmisch, so etwa, wenn sie die Stufen in der Entwicklung der Prakṛti darstellen; sie haben auch eine Beziehung zum bewußten und unterbewußten Leben eines Individuums. Vom Standpunkt des empfindenden Individuums können die drei *guṇas* auch als Wesenheiten der Natur bezeichnet werden, besonders des Glücks (*sukha*), des Leids (*duḥkha*) und der Verwirrung (*moha*), weil sie die erforderlichen Mittel besitzen, diese Gefühle im Individuum hervorzurufen. Bei einer Person, die sich glücklich fühlt, wäre deren innere oder geistige Verfassung vorwiegend *sāttvisch;* fühlt man sich elend, wäre sie *rājasisch.* Es wäre schon merkwürdig, wenn man die kosmischen Aspekte als »Intellekt«, »Egoismus« usw. bezeichnete, ohne daß diese eine psychologische Bedeutung haben sollten. Auf eine mögliche Erklärung dieser Diskrepanz werden wir am Ende des Kapitels eingehen.

Um die Vorstellung von der Prakṛti zusammenzufassen: Das natürliche Universum in seiner Gesamtheit geht von ihr aus; und weil man sie sich als endgültig und unabhängig vorstellt, kann ihre Erklärung *bis jetzt* als naturalistisch bezeichnet werden.

2. *Puruṣa*: Was die Lehre daran hindert, eine reine und einfache Naturphilosophie zu sein, ist ihre Anerkennung des Puruṣa an der Seite der Prakṛti. Die Prakṛti macht nicht völlig den Inhalt des Universums aus; sie besitzt gerade das Element nicht, durch das wir die Existenz der natürlichen Welt wahrnehmen. Dieses Element der Wahrnehmung bzw. das Prinzip der Empfindung repräsentiert der Puruṣa. Während die Lehre sich auf diese Weise vom Naturalismus unterscheidet, identifiziert sie sich aber auch nicht mit absolutistischen und idealistischen Systemen, weil sie bis zum Ende den Dualismus von Prakṛti und Puruṣa aufrechterhält. Nach dem Sāṃkhya-Yoga ist keine befriedigende Erklärung von Erfahrung möglich, wenn wir die gleichwertige und unabhängige Wirklichkeit von Materie und spirituellen Elementen nicht gelten lassen.

Die Existenz des Puruṣa wird wie die der Prakṛti hier geschlußfolgert. Wenn die Prakṛti auf dem Prinzip basiert, daß Wirkungen auf eine in ihnen immanente Ursache zurückgehen, so basiert der Puruṣa auf dem Prinzip, daß Pläne, die Entwürfe darstellen, immer einen transzendenten Bezug haben bzw. zu einem fremden Ziel beisteuern. Der körperliche Organismus z. B. mit seinen vielen passenden

Einzelteilen weist darauf hin, daß er einem bestimmten Zweck dienen soll; es gibt noch viele andere Beispiele in der Natur, bei denen eine ähnliche Zielgerichtetheit vorhanden ist. Um in diesem Zusammenhang gegebene Beispiele wie »ein vorbereitetes Bett« zu beurteilen: der beabsichtigte Zweck ist hier nur derart, daß er einem denkenden Wesen nutzt. Das heißt, der implizierte Zweck in der Natur wird als eine Art »Wert« verstanden, wenn auch nicht zwangsläufig als *menschlicher* Wert. Die Sache, deren Zwecken solche Anwendungen und Pläne dienen, ist der Puruṣa. Mit anderen Worten: Geist ist das Prinzip, für das sich die Natur entwickelt; und dies zeigt sich, wie bereits zum Ausdruck kam, durch das Wesen der ersten entfalteten Dinge. Ein anderes Argument zur Unterstützung der Existenz des Puruṣa ist (um es in ganz allgemeinen Begriffen auszudrükken) die Anwesenheit der geistigen Begabung im Menschen bzw. die Begabung, die ihn dazu treibt, sich um Selbstvervollkommnung zu bemühen. Jedoch ist die Unvollkommenheit solange unvermeidlich, wie der Mensch mit der Prakṛti, wie sie in dieser Lehre vorgestellt wird, in Verbindung steht. Dieser »Antrieb zu *entkommen*«[4], wie man ihn bezeichnet, wäre bedeutungslos, wenn es niemanden gäbe, der sich selbst von der Prakṛti befreien könnte. Daraus schließt man, daß es eine Wesenheit gibt, die anders als die Prakṛti und völlig unabhängig von ihr ist. Daher sind sowohl Prakṛti wie Puruṣa gleichermaßen von der Ergründung des Wesens der allgemeinen Dinge hergeleitet. Der einzige Unterschied besteht darin, daß im einen Falle das Ergebnis der Folgerung aus jenen Dingen zu deren Quelle oder *ersten* Ursache führt, während im anderen Fall das Ergebnis der Folgerung aus ihnen zu ihrer Bestimmung oder *letzten* Ursache führt. Die Welt wird aus einem Prinzip hergeleitet, das seinem Wesen nach dieser gleicht, aber den Zielen eines anderen Prinzips dient, das ganz anders ist.

Der Puruṣa ist im Gegensatz zur Prakṛti, die einzig ist, vielfältig; aus diesem Grunde kann die Lehre als Pluralismus bezeichnet werden. Die Pluralität der Puruṣas sucht man von den beobachteten Unterschieden in den Temperamenten der Menschen herzuleiten. Die geistige oder moralische Verfassung keiner zwei Menschen stimmt überein noch ist deren Reaktion auf ihre soziale und natürliche Umgebung dieselbe. Aber damit soll nur zum Ausdruck gebracht werden, daß die Puruṣas in ihrem empirischen Zustand verschieden sind und nicht in sich selbst. In ihrem befreiten Zustand gibt es überhaupt keinen Unterschied zwischen ihnen, wie wir sehen werden. Daher scheint es auch unberechtigt zu sein, einen zahlenmäßigen Unterschied zwischen Wesenheiten zu fordern, wenn es keinen irgendwie gearteten Unterschied in ihrem innersten Wesen gibt. Es wird hier noch nicht einmal der Versuch gemacht, diese pluralistische Anschauung zu rechtfertigen wie es im Nyāya-Vaiśeṣika der Fall ist, wo man *viśeṣas* postuliert – jeder einzigartig für ein Selbst (S. 129). Wenn man annimmt, daß die Existenz der Prakṛti die Existenz des Puruṣa impliziert, ist daraus die logische Schlußfolgerung zu ziehen, daß dieser Puruṣa einer und einzig ist – die kosmische Natur schließt ein kosmisches Selbst ein.

Diese Konzeption ist auch in anderer Hinsicht das genaue Gegenteil der Prakṛti. Puruṣa ist nicht komplex, sondern einfach; er ist nicht dynamisch, sondern statisch und kennt weder Veränderung des Ortes noch Veränderung der Form. Er ist passiv, während die Prakṛti immer aktiv ist, was bedeutet, daß man sie mehr mit dem Gefühl oder der gefühlsmäßigen Seite des Geistes identifiziert als mit irgendetwas anderem. Deshalb kann der Puruṣa im üblichen Sinne weder etwas *wissen* oder *wollen*, es sei denn, er wird vom inneren Organ und dessen verschiedenen Hilfsorganen unterstützt. In sich selbst ist er nur ein »Genießer« (*bhoktṛ*) und nicht ein »Handelnder« (*kartṛ*) – ein bloßer Zuschauer oder »Zeuge« (*sākṣin*), wie man ihn bezeichnet; und obwohl er in seinem innersten Kern aus Empfindung besteht, ist sein ganzes Seelenleben nur auf seine Verbindung mit den Evoluten der Prakṛti wie dem inneren Organ zurückzuführen, in dem, wie oben betont wurde, das *sattva*-Element vorherrscht. Das, was die Tätigkeit eines Subjekts ausmacht, wie es uns gemeinhin bekannt ist, ist auf das natürliche Element zurückzuführen, das in seine Hülle eintritt. Wie der Prakṛti wird ihm Allgegenwärtigkeit unterstellt; aber die Enthüllung seiner Anwesenheit während des Zustandes der Wanderung (*saṃsāra*) findet aus dem gerade festgestellten Grund niemals außerhalb natürlicher Grenzen wie etwa dem Körper statt, mit dem es zur Zeit verbunden ist.

Die genaue Art und Weise, auf der diese beiden ungleichartigen Wesenheiten zusammengebracht oder *scheinbar* zusammengebracht wurden, ist eine schwierige Frage und bleibt einer der verwirrenden Punkte im System. Aber wir schlagen nicht vor, hier eine Diskussion darüber zu beginnen. Wie auch immer die endgültige Erklärung aussehen mag, Prakṛti und Puruṣa handeln eigentlich als Einheit; und deshalb müssen wir es als gegeben ansehen, daß sie auf eine gewisse Art zusammenwirken. Es ist in der Tat Sache normaler Erfahrung, daß es keinen Geist ohne Körper gibt oder einen Körper ohne Geist, wenn er als lebender Organismus arbeitet. Dieser Komplex von Natur und Geist – oder vielleicht sollten wir sagen die Verbindung beider – ist nach dieser Lehre nicht endgültig. Es ist nur das empirische Selbst, und dieses ist zu unterscheiden vom wahren und transzendentalen Selbst, dem Puruṣa; vom praktischen oder alltäglichen Standpunkt hat diese Unterscheidung aber wenig Folgen. Das Prakṛti-Element, das eine sehr enge Verbindung eingeht, ist das innere Organ. Es gibt auch andere Elemente wie die Sinnesorgane, aber diese sind alle im einen oder anderen Sinne seine Hilfsorgane. Ihre Zusammenwirkung ist die notwendige Voraussetzung jeder Erfahrung, weil der Geist ohne die Natur unwirksam und die Natur ohne Geist blind ist. In der sich ergebenden Zusammenarbeit findet jedes seine Ergänzung; und die Mängel beider sind aufgehoben, wie wenn ein Blinder und ein Lahmer durch Zusammenarbeit eine beachtliche Entfernung zurücklegen, obwohl keiner aus sich selbst heraus allein dazu in der Lage ist[5]. Wir sollten bei dieser Gelegenheit betonen, daß das Bewußtsein hier nicht als ein Produkt der Materie wie im Materialismus (S. 80) erklärt wird. Die Materie ist nur das Medium für den Geist, um sich zu manifestieren, nicht seine Quelle.

Diese Verbindung beider trifft man nicht nur gewöhnlich, sondern auch in der *jīvanmukti* oder »Erlösung zu Lebzeiten« an, wenn eine Person völlig erleuchtet wurde und alle Schwächen des menschlichen Fleisches überwunden hat. Solch eine Person wird zweifellos weiterexistieren, wenn sie dieses Leben verläßt, denn der Puruṣa wird als unsterblich angesehen; aber sie bleibt dann als reiner Geist übrig, völlig von der Natur befreit. Dieser Zustand der Isolation wird als »endgültiges Sichfernhalten« (*kaivalya*) bezeichnet, um es von der *jīvanmukti* zu unterscheiden, in der der Puruṣa mit dem Körper, den Sinnen usw. verbunden bleibt, obwohl er nicht länger ihrem Zwang unterliegt. Wie im Jinismus (S. 84) bedeutet Vollkommenheit hier also nicht ein *Werden*, sondern lediglich Befreiung von natürlichen Fesseln. Das spirituelle Ziel wird durch das bloße Abwerfen des Natürlichen erreicht.

Das Selbst im empirischen Sinne ist keine unbeeinflußte Wesenheit wie der Puruṣa, sondern stellt das Ergebnis unzähliger Kräfte dar, die im Verlauf seiner anfangslosen Geschichte auf es einwirkten. Es ist demzufolge nicht passiv und bleibt kein bloßer Betrachter all dessen, was ihm begegnet, sondern ist aktiv und vermischt sich mit dem äußeren Objekt, sobald es dieses begreift. Durch eine solche Vermischung führt es nicht wie in der buddhistischen Anschauung (S. 109) irgendwelche neuen Grundzüge in seiner Vorstellung vom vorliegenden Objekt ein; es *wählt* nur bestimmte Aspekte von ihm *aus* und übergeht den Rest. Nach dieser Theorie der selektiven Wahrnehmung gehören alle Charakteristika, die von einem Objekt jemals erkannt werden können, tatsächlich zu diesem; und wenn durch eine bestimmte Person zu einer bestimmten Zeit nur einige von ihnen wahrgenommen werden können, liegt das vollkommen an den subjektiven Beschränktheiten. Daher sind die Dinge ihrem Wesen nach tatsächlich vielfältiger als man gewöhnlich wahrnimmt. Weil die Art der Auswahl, die man im Falle irgendeines Gegenstandes getroffen hat, vom vergangenen Leben oder dem Charakter der fraglichen Person abhängt, kann ein Ding, das den einen anzieht, den anderen völlig abstoßen. Ein und dasselbe junge Mädchen, um ein Musterbeispiel zu nennen, erfreut ihren Liebhaber, ist aber eine Quelle ständiger Qual für ihre Rivalinnen in der Liebe. Der Aspekt, unter dem ein Individuum die Welt wahrnimmt, ist für dieses ein eng persönlicher; doch behauptet die Lehre nicht wie die Yogācāra-Schule des Buddhismus (S. 111), daß es überhaupt keine äußere Realität gebe. Die unterschiedlichen Weltanschauungen sind ohne Zweifel vom Individuum abhängig, aber sie verweisen zugleich auf ein objektives Universum, das allen gemeinsam und aus sich selbst heraus real ist[6]. Das Hauptargument zur Unterstützung dieser Position des Realismus besteht darin, daß es in der Betrachtungsweise von Dingen bei den Menschen zwar Unterschiede gibt, in bestimmten Punkten aber auch Übereinstimmung. So wie es Fälle gibt, bei denen jeder nur für sich selbst sprechen kann, so gibt es auch andere Fälle, in denen einer für alle sprechen kann.

Hier findet sich ein wichtiger Grundzug des Systems, weil es weder zu der Anschauung neigt, die Dinge seien so, wie man sie wahrnimmt, noch zu der anderen, daß der Geist seine eigenen Dinge hervorbringe. Es vermeidet jedes Extrem und legt bei der Erklärung von Erfahrungstatsachen gleiches Gewicht auf die subjektiven wie die objektiven Faktoren. Wir erkennen eine äußere Welt als genauso wahr an wie die Anschauung, die jedereiner von uns von ihr hat, seine eigene ist. Menschen bringen ihre Persönlichkeit mit in ihre Urteile ein, und subjektive Vorurteile beeinflussen zweifellos deren Erkenntnis der Dinge; doch erschaffen sie niemals die Dinge, die sie wahrnehmen. Aber unsere Erkenntnis ist einseitig, obwohl sie auf ein äußeres Universum verweist. Dies ist ein grundsätzlicher Mangel der menschlichen Erfahrung. Dies muß nicht tatsächlich auf einen Fehler in der Untersuchung hinauslaufen (S. 138–139) wie es nach dem Nyāya-Vaiśeṣika (*anyathā-khyāti*) der Fall ist; aber die Erkenntnis ist bruchstückhaft und sofern dies nicht anerkannt wird, wird es zu einem Irrtum kommen, wenngleich auch nur zu einem Irrtum der Unterlassung (*akhyāti*). Diese unvollständige Erkenntnis mit ihrer natürlichen Überbetonung eines Teils dessen, was wahrgenommen wurde, ist verantwortlich für die Konflikte und Unstimmigkeiten des Lebens, treten sie nun zu verschiedenen Zeiten in derselben Person oder zur gleichen Zeit bei verschiedenen Personen auf.

Wenn jede Erkenntnis somit ihrem wahren Wesen nach unvollkommen ist, was ist dann Wahrheit? Die Lehre meint, vollständige und umfassende Erkenntnis liege dann vor, wenn ein Teil den anderen ergänzt und korrigiert. Es ist Erkenntnis, die keine Vorlieben oder Vorurteile kennt und entsprechendes Gewicht auf alle Aspekte der erkannten Gegenstände legt. Hier kann man fragen, ob solch eine Erkenntnis völlig realisierbar ist, solange ihr Mittel weiterhin das innere Organ ist, das ein Produkt der Prakṛti ist und deshalb nicht nur aus *sattva,* sondern auch aus *rajas* und *tamas* besteht. Bei der Beantwortung dieser Frage sollte man sich daran erinnern, daß nicht das innere Organ als solches unsere Anschauung von der Welt in der oben beschriebenen Art begrenzt, weil es seinem inneren Wesen nach hauptsächlich *sāttvisch* ist und deshalb als Mittel besonders dafür geeignet ist, alles was ist, genau zu enthüllen. Tatsächlich herrschen *rajas* oder *tamas* in ihm als ein Ergebnis der Vorgeschichte der Person, zu der es gehört; und es ist das relative Vorherrschen eines der beiden, was ihm als Organ der Erkenntnis eine gewisse Begrenztheit verleiht.

Durch Unterdrückung dieser Hindernisse zur Reinigung der Wahrnehmung durch Selbstdisziplin und Wiederherstellung des inneren Organs in seiner natürlichen Reinheit kann der Mensch seine Auffassung von Leben und Welt ändern. *Rajas* und *tamas* können natürlich nicht völlig beseitigt werden; wenn aber das innere Organ gereinigt ist oder »das Herz gesäubert ist«, wird deren Anwesenheit völlig harmlos sein.

Man sollte aber nicht annehmen, daß diese vollständige Erkenntnis nur ein Aggregat aller möglichen Anschauungen über die natürliche Welt ist. Sie ist eher eine Erfahrung, in die sie alle miteinbezogen wurden. Nach der Erklärung, die Patañjali von ihr gab[7], bezeichnet man sie am besten als intuitiv. Sie wird »wahrheitstragend« genannt und ist noch nicht einmal durch den kleinsten Irrtum verdorben. Sie übermittelt die Wahrheit, die volle Wahrheit und nichts als die Wahrheit. Sie überwindet die Idiosynkrasien der individuellen Haltung, aber durch eine Synthese und nicht durch eine bloße Summierung von diesen. In dieser synthetischen Anschauung, die den Höhepunkt philosophischen Denkens repräsentiert, werden alle Dinge gesehen wie sie tatsächlich sind; und derjenige, dem es gelingt, sich diese anzueignen, wird ein Betrachter aller Zeiten und Existenzen. So bald wie diese volle und selbstlose Wahrheit über die Welt jemanden zum Bewußtsein kommt, sieht man durch die Prakṛti hindurch und nimmt ihre absolute Verschiedenheit vom Puruṣa wahr. Und hier sieht man als Mittel zur Erlösung eher die Erkenntnis dieser Verschiedenheit (*viveka-jñāna*) als die Erkenntnis von der Welt wie sie ist an[8]. Mit anderen Worten: Prakṛti zu erkennen bedeutet durch das empirische Selbst zu blicken; und wenn dessen wahrer Charakter klar erkannt ist, findet der Puruṣa zu sich selbst. Solche Erkenntnis ist im gegenwärtigen Leben erreichbar; nach dem Sāṃkhya-Yoga ist die Erlangung dieser Erkenntnis das Hauptziel des Lebens. Der ganze Bereich der Natur wird in diesem System als Überleitung zu dieser Vollendung betrachtet. Er ist dafür bestimmt und existiert nur dafür. Der bemerkenswerte Punkt hierbei ist, daß die natürlichen Begleiterscheinungen des Menschen, ebenso wie seine Umgebung, der Erlangung seines Ideals der Freiheit weder feindlich noch indifferent gegenüberstehen. Vielmehr bildet die Prakṛti ihn durch diese zu einer immer volleren Erkenntnis von sich selbst im Hinblick darauf aus, das Ergebnis zu sichern. Man kann von der Natur letztendlich nicht sagen, sie versklave den Geist. Tatsächlich verhält sie sich zum Menschen wie eine »wahrlich feenhafte Großmutter«.

Wir sind jetzt in der Lage, den genauen Standort der Prakṛti in der Lehre zu verstehen. Ihr gesamter Entwicklungsablauf ist von einem Zweck bestimmt, und diese zweckgerichtete Deutung der Natur macht die Prakṛti bei der Trennung vom Puruṣa bedeutungslos. Vācaspati geht bis zu der Feststellung, daß während der Periode der Auflösung die Prakṛti so gut wie nicht existiere, weil sie dann keinem Puruṣa von Nutzen sei[9]. Die Veränderungen in ihr sind nicht für ein bloßes blindes oder mechanisches Zwischenspiel der *guṇas* gedacht. In den Worten des Īśvarakṛṣṇa: »Der einzige Grund für die Entwicklung der Prakṛti ist es, den Puruṣa zu seinem Ziel zu führen«[10]. Form und Struktur nimmt sie in Übereinstimmung mit den Erfordernissen des Selbst an. Das Sehorgan z. B. erlangt seine Existenz, weil es benötigt wird, wenn der Puruṣa sehen soll und nicht einfach deshalb, weil seine konstituierenden Elemente sich in einer bestimmten Art miteinander zu verbinden pflegen. Das als das Ende der Evolution betrachtete Ziel des Puruṣa ist, wie wir bereits feststellten, im Falle des Menschen in Wertbegriffen ausgedrückt, die man grob in zeitliche und ewige unterteilen kann. Zu den ersten gehören allgemeine weltliche oder säkulare Werte (*bhoga*) wie der Erwerb von Reichtum und die Freude an Vergnügungen; die zweite ist die Selbstverwirklichung bzw. Erlösung von der Prakṛti (*apavarga*). Aber sie bilden keinen Dualismus der Zweckgerichtetheit, weil die Annäherung an das Ideal zwangsläufig durch das weltliche Leben geschieht, dessen Dauer von der moralischen und intellektuellen Verfassung der verschiedenen Individuen abhängt. Ob für eine längere oder eine kürzere Zeit – alle müssen gleichermaßen durch die Prüfungen und Beschwerden des normalen Lebens hindurch, bevor sich ihr Geist dem endgültigen Ziel zuwendet. Die hier implizierte Wahrheit besteht darin, daß der Mensch solange nicht ernsthaft an spirituelle Freiheit denkt, bis er durch *eigene* Erfahrung die Nichtigkeit weltlicher Werte kennengelernt hat oder von ihnen übersättigt ist. Erst dann wird er in der Lage sein, die Bedeutung des Lebens neu zu bewerten.

Vor der Betrachtung der Art und Weise der praktischen Ausübung, die hier zur Erreichung des Lebensziels vorgeschrieben ist, ist es erforderlich, einige Worte über (1) *jñāna* oder Erkenntnis, wie sie allgemein in der Lehre konzipiert ist, und (2) die von der Lehre anerkannten *pramāṇas* zu sagen:

1. Wie wir bereits festgestellt haben (S. 138), sind zwei Wege der Wahrnehmung möglich. Man kann annehmen, daß Gegenstände unmittelbar erfahren werden oder daß wir diese nur mittelbar durch psychische Medien erfahren können, die auf gewisse Weise den in Frage kommenden Gegenständen ähneln oder diese symbolisieren. Die vorliegende Lehre übernimmt die zweite Anschauung, die man als »Theorie der repräsentativen Wahrnehmung« bezeichnen kann. Unsere Erklärung des empirischen Selbst als Komplex aus Puruṣa und dem inneren Organ wird uns verstehen helfen, was genau mit dieser Theorie hier gemeint ist. Nach dieser Lehre ist Erkenntnis ein Zustand oder eine Modifikation des empirischen Selbst. Aber wie der Puruṣa in sich selbst keine wie auch immer geartete Veränderung kennt, betrifft diese Modifikation allein das innere Organ. Und weil der Sāṃkhya-Yoga realistisch ist, schließt bei ihm die Erkenntnislage nicht nur den Puruṣa und eine gewisse

Modifikation des inneren Organs mit ein, sondern auch den dazugehörigen Gegenstand. Von diesen drei Faktoren vermittelt oder dient das innere Organ als Verbindungsstück zwischen Puruṣa und dem Gegenstand; und man unterstellt ihm so zu handeln, indem es eine »Form« annimmt, die zu dem Gegenstand paßt, der begriffen werden soll. Diese Form, durch die allein man einen Gegenstand erkennen kann, nennt man seine Funktion (*vṛtti*); und Erkenntnis bedeutet diese Funktion, die durch das Licht des Puruṣa unterrichtet oder erleuchtet ist. Daher ist es weder die Funktion (*vṛtti*) noch das erleuchtende Prinzip selbst, die etwas wahrnehmen, sondern eine Mischung aus beiden. Die Erleuchtung ist ein ständiger Grundzug jeder Erkenntnis, aber die Funktionen verändern sich gemäß den präsentierten Gegenständen. Die Hauptschwäche dieser Theorie liegt in der Annahme, daß Gegenstände nur mittelbar erkannt werden können, die Erkenntnis aber beschrieben wird, als ob sie das charakteristische Merkmal dieser Gegenstände in sich trage. Wenn Gegenstände uns nicht ganz und gar unmittelbar zugänglich sind, leuchtet es ein, daß wir niemals sagen können, die Formen, die das innere Organ trägt, *entsprächen* diesen Gegenständen.

2. Der Sāṃkhya-Yoga läßt nur drei *pramāṇas* zu, nämlich Wahrnehmung, Schlußfolgerung und Wortzeugnis, die wir alle bereits erklärt haben. Es bleibt jetzt nur noch über eine Besonderheit der Schlußfolgerung zu berichten, auf die wir bisher nicht eingegangen sind. Es gibt zwei Typen von Beurteilung, die in der indischen Philosophie allgemein anerkannt sind. Der erste Typus ist gewöhnlich als syllogistische Schlußfolgerung (S. 142) bekannt und wird durch das Beispiel der Ableitung der Existenz von Feuer aus der Wahrnehmung des Rauchs illustriert. Wir haben ein Beispiel für den zweiten Typus in der Beobachtung der Tatsache, daß ein Ergebnis wie ein Topf für seine Herstellung einen fähigen Ausführenden wie einen Töpfer benötigt, was

den Schluß nach sich zieht, daß die Welt unter der Annahme, sie sei ein Ergebnis, ebenfalls durch ein fähiges Wesen, nämlich Gott, zur Existenz gebracht wurde. Dies wird in Sanskrit als Schlußfolgerung bezeichnet, die nicht auf Wahrnehmung wie die vorhergehende beruht, sondern auf dem, was »durch Ähnlichkeit gesehen wird« (*sāmānyatodṛṣṭa*) und analoger Beurteilung entspricht, wie sie in modernen Werken über Logik behandelt wird. Das heißt, daß der erste Typus nur auf Fälle anwendbar ist, die in den Bereich der allgemeinen Erfahrung fallen, während der zweite auf jene zutrifft, die darüber hinausgehen. Der Sāṃkhya-Yoga gebraucht demzufolge diese Verschiedenheit der Schlußfolgerung in transzendentalen Angelegenheiten und schränkt auf diese Weise den Bereich des vedischen Zeugnisses beträchtlich ein (S. 59). Durch solch eine Schlußfolgerung wird z. B. die Existenz der übersinnlichen Prakṛti behauptet. Die Lehre beruft sich nur dann auf die Autorität der Schrift, wenn selbst dieser Typus der Schlußfolgerung nicht möglich ist wie z. B. im Falle der *Reihenfolge*, in der die verschiedenen Prinzipen bis hin zu den grobstofflichen Elementen aus der Prakṛti hervorgehen[11]. Nach der Anschauung von beispielsweise den Vedāntins ist eine solche Erweiterung des Bereichs der Schlußfolgerung nicht gerechtfertigt, weil sie im besten Falle keine Gewißheit, sondern nur die Wahrscheinlichkeit eines gezogenen Schlusses anzeigen kann. Wir werden auf diesen Punkt nochmals in einem späteren Kapitel eingehen.

II

Das Wissen, das wir jetzt über das Wesen des Puruṣa besitzen, versetzt uns in die Lage zu erkennen, warum das Lebensideal in diesem System als Entrinnen oder Abgeschlossenheit (*kaivalya*) von der Prakṛti betrachtet wird. Es ist sein eigentlicher Charakter. In dieser Beziehung ähnelt der Sāṃkhya-Yoga dem Nyāya-Vaiśeṣika. Beide sind in gleichem Maße Lehren hochgradiger Selbstisolation (S. 146); der einzige Unterschied liegt darin, daß hier das Selbst in diesem Zustand als weiterhin empfindend oder eher als Empfindung angesehen wird, während dies im anderen System nicht der Fall ist. Aber diese Unterscheidung ist nur theoretisch, weil infolge des Fehlens geeigneter Mittel wie dem inneren Organ und den Sinnen es dann auch nach der vorliegenden Lehre ohne irgendeine Erkenntnis seiner Umgebung bleibt bzw. in dem Falle ohne Erkenntnis von sich selbst wie im anderen System.

Bezüglich der Erlangung dieses Zieles ist die Lehre in ihren allgemeinen Grundzügen dieselbe wie in den anderen Systemen. Sie besteht aus der Pflege der Absonderung und der Ausübung der Meditation, die zusätzlich zum Erreichen der endgültigen Wahrheit unter geeigneter Führung sowie der Reflexion über diese betrieben werden. Diese Lehre wird in den Werken über Sāṃkhya nur kurz berührt, aber ausführlich in denen über Yoga fortgesetzt. Hat das eine System sich sehr stark mit der Theorie beschäftigt, dann hat das andere dasselbe hinsichtlich der praktischen Seite der Lehre getan. Man sollte aber hinzufügen, daß der Zweck der Meditation oder des *yoga* nach der vorliegenden Lehre sich sehr von dem des upaniṣadischen *yoga* unterscheidet. Hier ist es nicht Vereinigung, sondern Trennung. Dort glaubt man, das individuelle Selbst vereinige sich mit dem absoluten Selbst durch das Mittel des *yoga* oder tauche in es ein (S. 34); aber hier, wo kein solches Selbst anerkannt wird, kommt es durch Befreiung von der Prakṛti durch sich selbst zum Sein. Daher kommt *yoga,* das dort »Vereinigung« bedeutet, hier zu der Bedeutung »Trennung« (*viyoga*).

Die Lehre umfaßt das, was man als die acht »Glieder« (*aṅgas*) oder Begleiterscheinungen des *yoga* bezeichnet. Diese sind »Selbstbezwingung« (*yama*), »Observanz« (*niyama*), »Körperhaltung« (*āsana*), »Atemregulierung« (*prāṇāyāma*), »Abwendung der Sinne« (*pratyāhāra*), »Sammlung des Geistes« (*dhāraṇā*), »Meditation« (*dhyāna*) und »meditative Trance« (*samādhi*). Deren Zweck besteht insgesamt darin, den Menschen beim Aufstieg von einer ihm angeborenen beschränkten persönlichen Anschauung zu einer größeren Einsicht, die Freiheit mit sich bringt, zu unterstützen. Diese achtfältige Lehre sollte man in zwei Abschnitten betrachten:

1. Der erste betrifft die richtige Lenkung des Willens und stellt die Erlangung des Guten dar, das vom Wahren zu unterscheiden ist. Genauer gesagt bezieht es sich auf die Ausübung von Tugenden, die die ersten beiden Stufen der Lehre betreffen, nämlich »Selbstbezwingung« (*yama*) und »Observanz« (*niyama*). Das erste ist hauptsächlich negativ und besteht aus Nichtverletzung (*ahiṃsā*), Sagen der Wahrheit (*satya*), Aufgabe des Stehlens oder der widerrechtlichen Aneignung des Eigentums eines anderen (*asteya*), dem Zölibat (*brahma-carya*) und Ablehnung von Besitztümern (*aparigraha*). Das zweite ist positiv und umfaßt Reinheit (*śauca*), Zufriedenheit (*saṃtoṣa*), richtiges Atmen (*tapas*), das Studium philosophischer Texte (*svādhyāya*) und Verehrung für Gott (*Īśvara-praṇidhāna*). Diese können zusammen als die zehn Gebote des Sāṃkhya-Yoga bezeichnet werden. Auf diesem hervorragenden moralischen Fundament sollte jede *yogische* Übung beruhen, wenn sie Früchte tragen soll; die bloße Ausübung von Atemkontrolle oder *yogischer* Körperhaltung ist spirituell von geringem Nutzen. Ohne ein solches Fundament gibt es keine Möglichkeit, die ganze Wahrheit zu sehen oder die endgültige Freiheit zu erlangen. Andererseits wird derjenige, der dieses Fundament sicher gelegt hat, viel erreicht haben, auch wenn er eine Unterbrechung einlegt. Das Schlüsselwort für diese Stufe der Lehre ist Unpersönlichkeit. Der Mensch muß die egoistischen Triebe in sich überwinden, die die Quelle von so viel Übel in der Welt sind (S. 150). Die unpersönliche Haltung, die dabei erreicht wird, bezeichnet man als »Leidenschaftslosigkeit« (*vairāgya*), und ihre Ausübung wird empfohlen, um den

spirituellen Willen zu wecken. Man bezeichnet sie als »niedere« (*apara*) Trennung, um sie von der »höheren« (*para*) zu unterscheiden, die bis zur völligen Erleuchtung und der freiwilligen Selbstlosigkeit nicht eintritt. Nach der Meinung von Vyāsa ist diese höhere Trennung tatsächlich schwer von der völligen Erleuchtung zu unterscheiden[12].

2. Die nächste Stufe der Lehre, die aus den verbleibenden sechs Punkten besteht, dient der besonderen Pflege der Kraft geistiger Konzentration. Ihre Details sind sehr technisch, weshalb wir hier nur ihre Grundzüge darstellen wollen. Von diesen sechs Punkten sind die ersten drei zur sicheren Kontrolle der natürlichen Hülle im Hinblick auf die leichtere Beherrschung des Geistes gedacht. Sie beziehen sich, wie bereits erwähnt, auf richtige Körperhaltung, Atemregulierung und das Abwenden der Sinne von ihren diesbezüglichen Gegenständen. Die folgenden drei dienen dazu, eine direkte, aber stufenweise Gewalt über den immer unbeständigen Geist zu bekommen. Man kann irgendeinen Gegenstand wählen, über den man in diesem Zustand meditiert, nur wird dabei eine Abstufung empfohlen: die feineren soll man sich erst vornehmen, wenn man bei der Kontemplation über die geringeren einen Erfolg erzielt hat. Wenn eine derartige Beherrschung über den Geist erreicht wurde, wendet sich der Schüler der unmittelbaren Meditation über die Wahrheit des Sāṃkhya-Yoga zu. Dies ist der Gipfelpunkt des *yoga*, der zu der oben erwähnten »wahrheitstragenden« Erkenntnis führt. Er sollte in zwei Stufen ausgeübt werden: Die erste ist dazu bestimmt, diese Wahrheit von einer bloß mittelbar erkannten in eine unmittelbare Intuition umzuwandeln. Der Schüler bleibt in dieser Form von *samādhi* im Besitz des Bewußtseins (was in seiner Bezeichnung als *saṃprajñāta* zum Ausdruck kommt), die unterscheidende Erkenntnis erlangt zu haben, die das Mittel zur Erlösung ist; aber in der nächsten Stufe (*asaṃprajñāta*) übersteigt er diese und diesen Zustand bezeichnet man als

»schlaflosen Schlaf«. Wie im Schlaf vergißt man hier die Welt und auch seine eigene Existenz als Individuum; und doch ist man kein inhaltsloses Ding, weil der Puruṣa dann mit seinem völlig unverhüllten Glanz existiert. In diesem letzten Stadium sind alle Tätigkeiten der inneren Organe unterbrochen und der Geist kehrt sozusagen zu sich selbst zurück. Der Schüler wird dann zu einem *jīvanmukta*. Zwischen zwei solcher Stufen *yogischer* Ekstase wird er das Leben leben, an das er sich während seiner langen Selbstdisziplin gewöhnt hat; weil er aber praktisch von der Prakṛti getrennt ist, wird er dann »fern von Leidenschaft, Qual und Schuld« bleiben.

Es gibt einen Punkt in der obigen Darstellung, der ein Wort der Erklärung bedarf. Wir haben die Verehrung Gottes als einen Punkt in der frühen Stufe der Lehre erwähnt, haben aber nicht auf seinen Platz in der Lehre insgesamt hingewiesen. Von den beiden Systemen, die wir hier untersuchen, ist der Sāṃkhya in seiner klassischen Form definitiv atheistisch. Er glaubt an die Beständigkeit und Überlegenheit des Geistes, weiß aber nichts von Gott. Hier zeigt er seine rationalistische Neigung, weil es keinen überzeugenden Beweis für Gottes Existenz geben kann, eine Tatsache, die wohlbekannt ist. Der Sāṃkhya ist wie andere indische Systeme ohne Zweifel seinem Gehalt nach eine Philosophie der Werte (S. 68). Aber nach den Sāṃkhya-Lehrern ist die Unsterblichkeit des individuellen Geistes alles, was durch die wahre Natur der höheren oder ewigen Werte vorausgesetzt wird. Dies ist durch die Art und Weise gut erklärt, in der das bereits erwähnte teleologische Argument hier gebraucht wird. Dieses bezieht sich nicht auf einen Schöpfer, sondern weist auf jemanden hin, der aus der Schöpfung Nutzen zieht. Der Sāṃkhya schließt aus dem Vorhandensein von geeigneten Mitteln zur Vollendung von Zielen in der Natur nicht auf Gott als ihren Urheber, sondern auf das Selbst, für das der Sāṃkhya die Existenz der Mittel annimmt. Er akzeptiert deshalb die Schöpfung, leugnet aber einen denkenden Schöpfer. Das Yoga-System wiederum setzt die Existenz Gottes (*Īśvara*) über der des Puruṣa voraus. Der Hinweis auf Gott erscheint in unserer Darstellung des Ablaufs der Lehre, weil er, wie wir früher bemerkten, vollkommen von diesem System übernommen wurde. Die Verehrung Gottes würde demzufolge in der Lehre, die streng mit der Sāṃkhya-Lehre übereinstimmt, keinen Platz haben. Hier liegt aber einer der wichtigen Unterschiede zwischen den beiden Lehren, auf den am Anfang des Kapitels hingewiesen wurde.

Aber die Konzeption von Gott (*Īśvara*) unterscheidet sich hier sehr stark von der der Upaniṣaden (S. 39). Hier ist er, um damit zu beginnen, *einer* der Puruṣas, so daß er, obwohl ewig und allgegenwärtig, nicht allesumfassend ist. Sein Wesen wird sowohl durch andere Puruṣas wie auch durch die Prakṛti begrenzt. Auch gibt es keine Vorstellung von Gott, die an die des Nyāya-Vaiśeṣika erinnert (S. 128), weil er im gewöhnlichen Sinne des Begriffes nicht verantwortlich für die Schöpfung der Welt ist, welche, wie wir wissen, das spontane Werk der Prakṛti ist. Alles, was man von ihm sagt, ist, daß er auf eine Art und Weise die Evolution der Prakṛti veranlaßt bzw. die Verbindung der Prakṛti mit dem Puruṣa zustande bringt, die für die Evolution notwendig ist. Das Argument für seine Existenz ist, daß die Abstufung von Erkenntnis, Kraft und anderen derartigen Vorzügen, die wir beim Menschen feststellen, zwangsläufig auf ein Wesen hinweist, daß diese Vorzüge in höchster Form besitzt. Indem er aus der bloßen Vorstellung eines vollkommenen Wesens dessen tatsächliche Existenz impliziert, verläßt sich Patañjali auf das, was in der westlichen Philosophie als das ontologische Argument bekannt ist. Es ist dieses notwendige Wesen, das man Gott nennt. Er ist demzufolge ein vollkommener Puruṣa und war dies schon immer. Er vereinigt in sich selbst alles, was gut und erhaben ist, und man stellt ihn sich als persönlich vor. Deshalb ist er einzigartig und selbst die befreiten Puruṣas haben nicht die gleiche Stellung wie er, weil er im Gegensatz zu diesen niemals die Fesseln des *saṃsāra* kannte. Wegen seiner Vollkommenheit dient er dem Menschen hinsichtlich dessen, was dieser erreichen möchte, als Vorbild. In dieser Beziehung erinnert er an einen *guru,* der in ähnlicher Weise eine Verkörperung des Ideals sein möchte. Diese Verehrung Gottes stellt man sich so vor, wie es durch das letzte der zehn Gebote ausgedrückt ist; sie bedeutet eine völlige Hingabe von sich selbst an ihn. Die Verwirklichung eines solchen Geistes der Selbsthingabe findet ihre Krönung in der Disziplin zur Pflege der Selbstlosigkeit.

Nach der bis jetzt beschriebenen Übung zur Erlangung spiritueller Absonderung nimmt die Verehrung Gottes einen untergeordneten Platz ein. Sie sollte der Ausübung der verbleibenden sechs »Glieder« (*aṅgas*) folgen, beginnend mit den Körperhaltungen (*āsana*) und endend mit der geistigen Konzentration (*samādhi*). Patañjali erkennt nicht nur diese Übung zur Sicherung der Freiheit an, sondern auch eine alternative der Verehrung Gottes (Īśvara) und der Vereinigung mit ihm, die ohne jegliche sorgfältige Vorbereitung des *yoga* zur Erlösung befähigt[13]. Abgesehen davon, daß Gott als Ideal dient, hat er neben seiner unendlichen Güte, die eine seiner Vollkommenheiten ist, Mitgefühl mit den leidenden Menschen und hilft ihnen dabei, spirituelle Freiheit zu erlangen, wenn sie nur auf ihn vertrauen und über ihn meditieren. Dieser Weg wird als der leichtere der beiden beschrieben, zweifellos für jene, die sich auf den Glauben stützen können; er entspricht dem »Weg der Hingabe« (*bhakti-yoga*), den wir in Verbindung mit der Gītā behandelten (S. 76). Dieser zweifache Weg sowie die geringe Bedeutung, die der Weg der Hingabe für den Kern der Sāṃkhya-Lehre, d. h. die Erkenntnis der endgültigen Wahrheit, hat, legt nahe, daß der Glaube an einen höchsten Gott mit dieser Lehre innerlich nichts zu tun hat.

Aus dem bisher festgestellten geht hervor, daß die Konzeption der Prakṛti völlig teleologisch ist. Wenn sie nur einem einzigen Zweck dient, nämlich dem Puruṣa entweder greifbaren Nutzen (*bhoga*) oder ewige Freiheit (*apavarga*) zu sichern, möchten wir diese Tätigkeit als ihr ureigenstes Wesen betrachten, obgleich selbst dann ihr beständiges und folgerichtiges Verfolgen dieses Zieles nicht völlig frei von einer Beziehung zu einem Geist hinter ihr wäre. Aber tatsächlich dient sie diesen beiden Zwecken. Demzufolge wird die Prakṛti nicht durch eine statische Teleologie charakterisiert. Dies schließt seitens der Prakṛti eine Fähigkeit mit ein, gemäß den Erfordernissen der einzelnen Individuen zwischen beiden zu wählen[14]. Ohne Zweifel bilden diese keinen doppelten Zweck, weil einer von ihnen, wie wir feststellten, beständig dem anderen dient. Aber auch so implizieren sie, daß die Prakṛti in der Lage ist, ihre Tätigkeiten unterschiedlich auszurichten, um den Erfordernissen der verschiedenen Puruṣas gerecht zu werden; im Falle eines einzelnen Puruṣa kann sie in einem psychologisch geeigneten Moment ein Ziel durch ein anderes ersetzen. Nun sind diese Anpassungen ohne einen geistigen oder einen spirituellen Faktor, der imstande ist, eine Wahl zu treffen, unerklärlich. Tatsächlich gibt es ja einen von der Lehre anerkannten Faktor dieser Art, den Puruṣa; aber er wird als außerhalb der Prakṛti seiend und völlig passiv angesehen. Hier sehen wir einen Widerspruch in der Lehre – die empfindungslose Prakṛti ist in der Lage, eine Wahl zu treffen. Die Analogie vom Blinden und vom Lahmen, durch die diese Anschauung gestützt wird, ist hoffnungslos verfehlt, weil beide intelligent sind und deshalb gut miteinander zusammenarbeiten können; aber hier ist eine solche Zusammenarbeit nicht möglich, weil dies auf einen der beiden nicht zutrifft. Ein bequemer Weg dieser Schwierigkeit zu entgehen, ist die Annahme eines transzendenten Gottes, der die Handlungen der Prakṛti *von außerhalb* in Übereinstimmung mit den Verdiensten der einzelnen Puruṣas lenkt. Solch eine Annahme richtet sich gegen die ureigensten Grundüberzeugungen der Lehre, auf alle Fälle gegen die ihrer Sāṃkhya-Phase.

Gibt es eine Erklärung für diese auffällige Diskrepanz? Es scheint möglich, diese auf zwei Arten zu erklären: Die erste besteht darin, ein spirituelles Element anzunehmen, das in der Prakṛti insgesamt immanent ist und den Lauf der Evolution veranlaßt und völlig von innen lenkt. Es wäre dann nicht die Natur, die die Erlösung des Puruṣa »will«, sondern der Geist oder, wenn wir es so ausdrücken möchten, der Geist, der zusammen mit der Natur arbeitet. Diese Annahme würde die rationale Ordnung, die in der Natur feststellbar ist, befriedigend erklären. Das Leben ist ein Kampf zur endgültigen Erlangung der wahren Freiheit; wenn der Mensch zunächst niedrigere Ziele verfolgt, liegt das an seiner Unkenntnis der endgültigen Wahrheit. Aber dies wäre die Lehre der Upaniṣaden (S. 30) in einer ihrer beiden Formen (*Brahma-pariṇāma-vāda*), und der Sāṃkhya-Yoga in seiner gegenwärtigen Form würde als davon abgeleitet erklärt. Die Śvetāśvatara-Upaniṣad beschreibt Gott tatsächlich als »in seinen eigenen *guṇas* verborgen«[15]. Wir müssen annehmen, daß diese ganzheitliche Anschauung der endgültigen Realität, die man in den Upaniṣaden findet, mit der hier vorliegenden als Ergebnis einer dualistischen Neigung vermischt wurde; der Geist wurde von der Natur getrennt und dies macht die ganze Lehre unverständlich. Die natürliche Folge dieser erzwungenen Abtrennung der beiden ist der Fehlschlag, die Zusammenarbeit zwischen Puruṣa und Prakṛti befriedigend zu erklären. Eine derartige Erklärung wirft auch ein Licht auf die Namen, die einigen der Evolute der Prakṛti wie »Intellekt« (*mahat*), »Egoismus« (*ahaṃkāra*) usw. gegeben wurde. Als kosmische Wesenheiten würden sie dann die psychischen Organe des *universalen* Selbst repräsentieren, die der Prakṛti insgesamt immanent sind. Aber ebenso wie die Vorstellung eines solchen Selbstes aufgegeben wurde, als die Lehre aus der upaniṣadischen Anschauung entstand, so wurden auch ihre Bezeichnungen natürlich völlig willkürlich und verwirrend. Die andere Erklärung besteht in der Annahme, daß das

System ursprünglich rein naturalistisch war (S. 79); die Vorstellung von Puruṣa oder Geist, für den es hier seitens der sich selbst entfaltenden und selbstregulierenden Prakṛti tatsächlich keine Notwendigkeit gibt, wurde in dieses System in Analogie zu anderen Lehren eingeführt.

Anmerkungen zu Teil V

1 Große Teile dieses Kapitels sind aus dem Aufsatz des Verfassers über Sāṃkhya in *The cultural Heritage of India,* veröffentlicht von der Ramakrishna Mission, mit Erlaubnis wiederabgedruckt. (Anm. d. Übers.: Es handelt sich hierbei um Vol. 3, S. 41–52, des 1937 erschienenen Werkes.)

2 Es gibt eine alternative Anschauung, die die fünf Tatorgane (*karmendriya*) dieser Quelle zuschreibt. Nach dieser Anschauung wäre jeder *guṇa* für die Erzeugung einer Gruppe verantwortlich. Siehe *Sāṃkhya-pravacana-bhāṣya* (ii), 18.

3 Vgl. *Dharmi-svarūpo hi dharmaḥ* (Kommentar zum Yogasūtra des Patañjali III,13).

4 Siehe *Sāṃkhya-Kārikā* 17. Genaugenommen bezieht sich die Aussage dieser Textstelle auf die Versuche, die von den besten Geistern in dieser Richtung gemacht wurden.

5 *Sāṃkhya-Kārikā* 21.

6 *Sāṃkhya-Kārikā* 11.

7 *Yogasūtra* I,47–49. Siehe auch I,51.

8 *Sāṃkhya-Kārikā* 64.

9 Siehe *Yogasūtra* II, 19 (S. 85). (Anm. d. Übers.: Dies bezieht sich auf den Kommentar *Tattvavaiśāradī* des Vācaspati Miśra.)

10 *Puruṣārtha eva hetuḥ* (Sāṃkhya-Kārikā 31).

11 *Sāṃkhya-Kārikā* 6.

12 *Jñānasyaiva parā kāṣṭhā vairāgyam* (Yoga-Sūtra I,16, Kommentar). (Anm. d. Übers.: Kommentar des Vācaspati Miśra (S. 20).)

13 Die hier weitergeführte Anschauung ist der des Bhoja ähnlich. Siehe seinen Kommentar zu Yoga-Sūtra I,23. Andere scheinen den alternativen Charakter dieser Übung nicht zu akzeptieren: vgl. Vācaspati zu Yoga-Sūtra II,45.

14 Es kann zweifellos gesagt werden, daß es ein vergangenes Karman gibt bzw. *puṇya* und *pāpa,* um den Prozeß zu steuern; aber auch das ist hier eine Phase der Prakṛti.

15 I,3; siehe auch IV,10.

VI Pūrva-Mīmāṃsā

Wir beginnen nun mit der Untersuchung der Systeme, die hauptsächlich auf der Autorität der Veden basieren; von diesen gibt es zwei: das eine stützt sich auf die Lehre, die in den frühen Teilen des Veda, besonders den Brāhmaṇas, enthalten ist; und das andere auf die, die die späteren Teile, d. h. die Upaniṣaden, enthält. Aus diesem Grund werden sie Pūrva-Mīmāṃsā bzw. Uttara-Mīmāṃsā genannt. Der diesen Systemen verliehene Name »mīmāṃsā« bedeutet systematisches Nachforschen und verweist auf die wichtige Rolle, die der Reflexion (*vicāra*) in Indien eingeräumt wird, selbst bei den Lehren, die auf Offenbarung beruhen. Nicht das logische Denken kann bei ihnen die hauptsächliche Anziehungskraft ausmachen; aber gleichzeitig zeigen sie kein blindes Vertrauen in eine ungeprüfte und nicht bestätigte Autorität[1]. Sie können demzufolge als in der Praxis, aber nicht in der Theorie, rationalistisch gelten. Dr. Randle schreibt dieses Merkmal bei den orthodoxen Denkschulen dem Umstand zu, daß sie im Buddhismus »einer energischen Opposition, die die freie Untersuchung bis zu den äußersten Grenzen des Skeptizismus trieb« begegneten und daß sie ihm mit seinen eigenen Waffen, Wahrnehmung und Schlußfolgerung, entgegentraten. »Das glückliche Ergebnis davon«, fügte er hinzu, »war, daß die Zwänge der Autorität den orthodoxen Denker nicht daran hinderten, dahin zu gehen, wohin ihn die Argumente führten«[2]. Wir werden uns in diesem Kapitel mit der Pūrva-Mīmāṃsā oder wie sie üblicherweise kurz genannt wird, der Mīmāṃsā beschäftigen.

In ihren Ursprüngen geht die Lehre auf die Brāhmaṇa-Periode zurück. Die Werke dieser Periode erörtern verschiedene Fragen bezüglich des Rituals – wenn auch hauptsächlich nur einzelne Zeremonien betreffend –, auf Mittel, durch die man ein bestimmtes Gut gewinnt oder ein bestimmtes Übel vermeidet. Das eigentliche Wort »brāhmaṇa« steht, wenn man sich zurückerinnert, für die anerkannte Aussage eines Priesters von anerkannter Autorität (S. 17). Die Ergebnisse dieser Erörterungen wurden systematisiert und in späteren Zeiten beachtlich erweitert, was man an der bedeutenden Literaturklasse sehen kann, die als Kalpa-Sūtras bekannt sind (S. 49), die in den Worten von Max Müller als »eine Art Grammatik des vedischen Zeremoniells« dienen. Im wesentlichen blieb die Mīmāṃsā ein System ritueller Erklärungen. In noch späteren Zeiten wurde sie zweifellos dank der bemerkenswerten Entwicklung der anderen philosophischen Systeme zu einer vollausgereiften philosophischen Lehre mit ihrer eigenen Ontologie und Epistemologie zusätzlich zu der Systematisierung des Rituals.

Die Literatur des Systems ist umfangreich. Seine Hauptquelle stellt das Sūtra des Jaimini (ca. 300–200 v. Chr.) dar, das aus 12 Kapiteln besteht, die in 60 »(Vers-)Viertel« (*pādas*) oder Abschnitte unterteilt ist. Es behandelt etwa tausend Themen, so daß es das bei weitem umfangreichste philosophische Sūtra ist. Vielleicht gehört es auch zu den ältesten. Der früheste Kommentar, der uns überliefert ist, ist der des Śabara Svāmin (ca. 400 n. Chr.); und dieser wurde auf zwei unterschiedliche Arten von Kumārila Bhaṭṭa und Prabhākara, auch als Guru bekannt, erklärt. Das Ergebnis war ein Schisma unter den Anhängern der Lehre, die sich in zwei Schulen aufspaltete. Die Periode, in der diese Erklärungen verfaßt wurden, ist nicht genau bekannt; aber man glaubt mit einiger Wahrscheinlichkeit, daß beide Denker im siebten Jahrhundert n. Chr. schrieben. Kumārilas Werk ist bereits vollständig gedruckt worden, während das des anderen nur teilweise zugänglich ist, und auch von diesem Teil hat bis jetzt nur ein Fragment das Licht des Tages erblickt[a].

I

Diese Lehre kann man mit dem Nyāya-Vaiśeṣika insofern vergleichen, als beide pluralistisch und realistisch sind. Wie dieser glaubt sie an die Existenz einer Vielzahl von Seelen und an eine Vielfalt materieller Grundelemente, die dem natürlichen Universum zugrundeliegen. Aber es gibt auch wichtige Unterschiede zwischen den Lehren, wie wir bald sehen werden. Die beiden Schulen der Mīmāṃsā wiederum, auf die wir uns gerade bezogen haben, stimmen miteinander in vielerlei Hinsicht überein, zeigen aber im grundsätzlichen auch bestimmte Unterschiede. Aber wir wollen unsere Aufmerksamkeit hier auf die Lehre beschränken, die von dem einflußreicheren der beiden Denker, d. h. Kumārila, vorgelegt wird, und uns lediglich auf einige wenige Punkte der anderen Lehre beziehen, die in der gesamten Geschichte indischen Denkens einzigartig ist.

Von den sieben Kategorien, die der Nyāya-Vaiśeṣika formuliert (S. 134), akzeptiert die Mīmāṃsa fünf, nämlich Substanz, Qualität, Handlung, Gemeinsamkeiten und Nicht-Existenz und lehnt die beiden übrigen – *samavāya* und *viśeṣa* ab, die, wie vorher zum Ausdruck kam, nichts weiter als willkürliche Annahmen sind, die zwangsläufig wegen bestimmter Postulate dieser Lehre angeführt wurden. An ihrer Stelle wird hier eine Beziehung postuliert, die von völlig unterschiedlicher Art ist und auf eine grundsätzliche Verschiedenheit zur metaphysischen Position des Nyāya-Vaiśeṣika hinweist. Die vorliegende Lehre vertritt die Meinung, daß Existenzformen wie Substanz und Attribut oder das Besondere und das Allgemeine nicht völlig voneinander verschieden sind (S. 127), sondern unterschiedlich, während sie dasselbe sind. Wären sie völlig verschieden, argumentiert man, müßten sie zu trennen sein; aber das ist nicht der Fall, was sogar der Nyāya-Vaiśeṣika zugesteht. In dieser Anschauung bilden dann solche Existenzformen eine Identität in der Unterscheidung (*bhedābheda*), eine

Vorstellung, mit der wir bereits im Zusammenhang mit dem Jinismus (S. 90) und dem Sāṃkhya-Yoga (S. 154) in Berührung kamen. Diese Beziehung nennt man *tādātmya*. Das Wort bedeutet wörtlich »Identität«, aber jede Identität ist nach Kumārila Identität in der Unterscheidung. Aufgrund ihrer Identität sind wir in der Lage, die Qualitäten der Substanzen zu benennen. Wir sagen z. B. »Die Rose *ist* rot«. Aber beide sind nicht völlig gleich, weil eine Qualität keine Substanz ist. Kumārila sagt, es sei nicht richtig, eine absolute Verschiedenheit immer dann anzunehmen, wenn die Idee von *zwei* auftaucht, oder immer dann absolute Einheit anzunehmen, wenn die Idee von *eins* erscheint. Dinge können insofern unterschiedlich sein, wenn sie folgendermaßen erfahren werden: »Dies ist eins und das ein anderes«, aber sie können zur gleichen Zeit auch eins sein, wenn sie so erfahren werden: »Dies ist *nichts anderes* (*ananya*) als das«. Diese Art der Betrachtung der Dinge kommt in großem Maße dem Pluralismus der Lehre entgegen und zeigt dennoch, daß sie nicht radikal pluralistisch wie der Nyāya-Vaiśeṣika ist.

Wenn wir die erste dieser Kategorien, d. h. Substanz, betrachten, erlaubt die Mīmāṃsā alle neun Substanzen, die der Nyāya-Vaiśeṣika auch zuläßt (S. 132) und fügt noch zwei weitere hinzu. Dies sind »Dunkelheit« (*tamas*) und »Ton« (*śabda*). Von diesen wird die erste im Nyāya-Vaiśeṣika als bloße Abwesenheit des Lichts und die zweite als eine Qualität de *ākāśa* erklärt. Es werden hier ausgefeilte Argumente herangezogen, um ihre Einbeziehung unter die Bezeichnung Substanz zu rechtfertigen; aber sie scheinen nichts weiter als Absonderlichkeiten indischer Spekulation zu sein und müssen daher nicht nochmals hier aufgezählt werden. Wenn man die Substanzen, die in beiden Lehren akzeptiert werden, betrachtet, genügt es auf zwei Punkte hinzuweisen:

1. Der erste betrifft die Atom-Theorie. Wir wissen, daß der Nyāya-Vaiśeṣika (S. 126) unteilbare und übersinnliche Teil-

chen als letztliche Ursache aller materiellen Produkte voraussetzt, die man im Universum findet. Kumārila erkennt zwar diese pluralistische Basis des natürlichen Universums an, behauptet aber, es gebe keine Notwendigkeit dafür, unsere Analyse allgemeiner Gegenstände so weit zu treiben, und macht Halt bei den wahrnehmbaren Teilchen wie etwa den Stäubchen, die man in den Sonnenstrahlen sieht und mit den Triaden in anderen Systemen übereinstimmen. Der Nyāya-Vaiśeṣika hält seinen Glauben an die Beweiskraft der Schlußfolgerung aufrecht, die, so versichert er, durch den Scharfblick der Seher bezeugt ist (S. 141). Aber Kumārila als Mīmāṃsaka erkennt das letztere nicht an, wie wir gesehen haben (S. 60); und er macht Einwände gegen den Gebrauch der Schlußfolgerung, weil sie das Ergebnis von gesicherten Tatsachen der Wahrnehmung umstößt[3]. Wir können nicht die Logik anwenden, sagt er, um den gesunden Menschenverstand zu besiegen. Wenn ein Gegenstand tatsächlich übersinnlich ist, ist unsere Erkenntnisquelle nach ihm weder Schlußfolgerung noch der Scharfblick der sogenannten Seher, sondern Offenbarung; und Offenbarung, fügt er hinzu, sagt nichts über die Existenz von Atomen wie sie im Nyāya-Vaiśeṣika akzeptiert werden. Die letztendlichen Teilchen, die er für die vier Elemente Erde, Wasser, Feuer und Luft postuliert, sind demzufolge nicht unteilbar und besitzen eine endliche Größe, so daß sie streng genommen nicht ganz atomistisch sind. Kumārila unterscheidet sich von der Anschauung des Nyāya-Vaiśeṣika nicht nur in der Betrachtung der genauen Größe des letztendlichen Materials der Welt der allgemeinen Erfahrung, sondern auch bezüglich des Wesens der Beziehung zwischen diesen Teilchen und den aus ihnen abgeleiteten Einheiten. Diese Beziehung wird in Analogie zu der zwischen Substanz und Attribut als Identität in der Unterscheidung erklärt (S. 126). Das Ganze und Teile sind demzufolge nicht völlig voneinander unterschieden, aber verschieden, während sie das gleiche sind.

2. Der zweite Punkt ist die Vorstellung vom Selbst. Obwohl die Mīmāṃsā hier im allgemeinen mit der Anschauung des Nyāya-Vaiśeṣika übereinstimmt, unterscheidet sie sich doch in einigen wesentlichen Punkten auch von ihm. Das Selbst ist in beiden Fällen allesdurchdringend und ewig. In beiden Lehren wird es unmittelbar durch das *manas* erkannt. Aber die Art, in der es erkannt wird, stellt man sich verschieden vor. Im Nyāya-Vaiśeṣika wird es nicht zusammen mit den wahrgenommenen Gegenständen wahrgenommen, sondern danach und als Ergebnis einer besonderen Anstrengung. Wenn ein Beobachter in einem Augenblick einen Gegenstand erkennt, kann er, wenn er will, in einem späteren Augenblick sich selbst erkennen. Der Charakter der früheren Erkenntnis drückt sich in Bezug auf einen Tisch als »Dies ist ein *Tisch*« aus, der der späteren als »*Ich* sehe einen Tisch«. Wenn der Beobachter auf solche »Nacherkenntnis« (*anuvyavasāya*) (S. 130), wie sie genannt wird, nicht achtet, entfaltet sich die Erkenntnis nicht vollständig, so daß eine Person, die einen Gegenstand ergreift, nicht tatsächlich realisieren muß, daß *sie* es ist, die diese Handlung ausführt. Das heißt, daß das Wissen um Gegenstände nach dem Nyāya-Vaiśeṣika keine Selbstbewußtheit mit einschließt. Hier aber ist dies der Fall: das Selbst gilt als offenbart, wenn immer irgendein Gegenstand erkannt wird. Wenn z. B. die Erkenntnis von einem Tisch entsteht, kann man dies deshalb als »Ich sehe einen Tisch« ausdrücken – eine Form, von der man feststellte, sie enthalte zwei Ideen – die »Ich-Idee« und die »Tisch-Idee«. Gerade so wie der Tisch der Inhalt der zweiten Idee ist, ist das Selbst Inhalt der ersten.

Obwohl das Selbst demzufolge unverrückbar zur gleichen Zeit wie irgendein Gegenstand erkannt wird, wird es nicht als *Subjekt* bzw. Agens bei der Tätigkeit des Erkennens erkannt, sondern lediglich als das *Objekt* seiner eigenen Vorstellung. Man stellt es sich hier sowohl als Subjekt wie als Objekt vor – Subjekt insofern wie es *erkennt,* und

Objekt insofern wie es *erkannt wird.* Dies ist augenscheinlich durch die vertraute Erfahrung »Ich kenne mich selbst«. Es mag widersprüchlich erscheinen, wenn man sagt, daß ein und dasselbe Selbst sowohl Subjekt wie Objekt ein und desselben Erkenntnisvorganges sein kann, aber solche Widersprüche berühren nach Kumārila nicht die wahre Natur der Dinge. Die letztendliche Quelle unserer Erkenntnis der Realität ist Erfahrung, sagt er; und wenn diese Existenz widersprüchlicher Merkmale in einem Ding bezeugt sind, sind wir völlig berechtigt, ihm diese auch zuzuschreiben (S. 90). Auf welche Weise das Selbst auch als Subjekt erkannt wird, werden wir jetzt erklären.

Die besonderen Qualitäten, die das Selbst charakterisieren, sind dieselben wie in der anderen Lehre (S. 128) mit der Ausnahme, daß *dharma* und *adharma* sich nicht unter ihnen befinden. Zu ihrer Mīmāṃsā-Erklärung kommen wir später. Von den übrigen sechs Qualitäten, d. h. Erkenntnis, Hoffnung, Haß, Vergnügen, Qual und Willen, sind die letzten fünf wie im Nyāya-Vaiśeṣika (S. 128) innerlich wahrnehmbar. Die erste, d. h. Erkenntnis, wird nach der Lehre durch Innenschau enthüllt und daher unmittelbar erkannt. Andererseits kann sie hier nur wahrgenommen werden. Das ist das Ergebnis des Unterschiedes in der Vorstellung von ihrem Wesen, die wir jetzt erklären.

Der Leser wird sich daran erinnern, daß die Erkenntnis nach dem Nyāya-Vaiśeṣika eine Qualität ist, die zum Selbst gehört. Hier besteht die Anschauung, daß sie eine Tätigkeit des Selbst ist. Sie stellt eine Entwicklung im Selbst dar und unterstellt, daß dieses beim Erkennen von Gegenständen einem Wandel unterliegt. Diese Entwicklung führt unmittelbar zur Offenbarung bzw. Manifestation des fraglichen Gegenstandes, so daß das, was der Nyāya-Vaiśeṣika sich als einen Vorgang vorstellt bzw. als etwas, das sofort erscheint, man sich hier in zwei Stufen vorstellt – als Entwicklung und Ergebnis. Der Grund für dieses Aufsplittern in zwei Vorgänge, wo man gewöhnlich nur einen sieht, liegt darin, daß

Erkenntnis, die eine Beziehung zwischen zwei Dingen wie hier Subjekt und Objekt herstellt, bei ihrem Erscheinen beide beeinflußt. Sie nur vom Standpunkt eines der beiden zu sehen und als Erscheinung im Selbst zu beschreiben, wäre daher ihrem Wesen nicht angemessen. Der Erkenntnisprozeß ist natürlich übersinnlich und findet in einer so feinen Wesenheit wie dem Selbst statt; seine Existenz aber kann aus der Tatsache der Offenbarung des Gegenstandes geschlossen werden, zu dem dieser Prozeß führt. Das ist der Grund, warum *jñāna* als ein Prozeß und hier als ableitbar betrachtet wird. Das Ergebnis, zu dem er führt, nämlich das Offenbarsein (*prākaṭya*), wird unmittelbar erkannt, charakterisiert damit aber das geoffenbarte Objekt. So wie der Begriff »Subjekt« bedeutet, daß jemand erkennt oder Erkenntnis besitzt, so kann es oder das »Ich« als Handelnder zweifellos erst erkannt werden, nachdem die Erkenntnis erkannt wurde. Daher wird das Subjekt *als solches* auch durch Schlußfolgerung erkannt und nicht wie im Nyāya-Vaiśeṣika durch Innenschau. Deshalb werden nur die Objekte *unmittelbar* begriffen und nicht etwa das Subjekt oder die Erkenntnis. Wir können hinzufügen, daß die Beziehung zwischen *jñāna* und dem Selbst eine von Identität in der Unterscheidung ist. In dieser Hinsicht erinnert die vorliegende Lehre an den Jinismus (S. 86), obwohl seine Konzeption von Erkenntnis insgesamt ganz anders ist.

Bevor wir das Thema »Selbst« verlassen, müssen wir auf einen anderen Unterschied zur Nyāya-Vaiśeṣika-Anschauung in Bezug auf es hinweisen. Der Nyāya-Vaiśeṣika erkennt neben den individuellen Selbsten ein höchstes Selbst oder Gott an. Das wird von der Mīmāṃsā nicht anerkannt. In der Tat werden von Kumārila sorgfältig ausgearbeitete Argumente herangezogen um zu zeigen, daß es kein Selbst dieser Art geben kann, das Allwissenheit und andere derartige übernatürliche Eigenschaften besitzt. Wir können z. B. die Anwesenheit von Elend in einer Welt, die von einem allmächtigen und gütigen Gott geschaffen wurde, nicht zufriedenstellend erklären, sagt man[4]. Diese Schwierigkeit sucht man in indischen Lehren gemeinhin durch den Verweis auf das vergangene Karman der Lebewesen auszuräumen; aber der Mīmāṃsaka behauptet, daß man wohlberaten ist, wenn schon Karman demnach zu einer befriedigenden Erklärung des Problems des Bösen angeführt werde, auch bei der Akzeptierung Gottes eine erschöpfende Erklärung zu geben (S. 85). Als eine Folge des Niedergangs der Anerkennung eines Schöpfers betrachtet die Lehre die Welt, als habe sie keinen Anfang gehabt und werde auch kein Ende haben. Damit weist sie die Zyklentheorie zurück, die in so vielen anderen Systemen zur Geltung gebracht wird. D. h. man sagt, die Welt existiere selbständig. Entstehen, Wachstum und Verfall charakterisieren individuelle Dinge in ihr; aber das natürliche Universum als Ganzes »war niemals anders als das, was es jetzt ist«[5]. Hier zeigt sich ganz deutlich ein Hauch von Naturalismus. »Wozu Gott?« sagt der Mīmāṃsaka, »die Welt genügt sich selbst«[6]. Man sollte aber hinzufügen, daß, wie wir im Zusammenhang mit dem Sāṃkhya-System sahen (S. 177), die Leugnung der Existenz Gottes nicht die Aufgabe höherer Werte bedeutet, weil die Lehre ungleich dem Materialismus an überlebende Seelen und an die Karman-Theorie glaubt. Ihr Glaube an die Karman-Theorie zeigt in der Tat eine viel größere Betonung der ethischen Ordnung des Univerums als das, was wir in den meisten theistischen Lehren mit ihrem Vertrauen auf die göttliche Gnade als Mittel zur Erlösung finden.

Wie der Nyāya-Vaiśeṣika setzt auch dieses System 24 Qualitäten voraus, jedoch mit einigen Modifikationen. So läßt es von der Liste den »Ton« aus, den es unter Substanz klassifiziert, ebenfalls entfallen, wie bereits erwähnt, *dharma* und *adharma*. Von den neuen Qualitäten, die an ihrer Stelle eingeführt wurden, genügt es für unsere Zwecke, ein paar Worte über eine einzige zu verlieren, nämlich die »Kraft« (*śakti*). Mit Kraft ist die ursächliche Macht gemeint, die die Dinge charakterisiert wie die brennende Eigenschaft des Feuers. Sie kann nicht wahrgenommen werden, aber ihre Existenz kann aus der Wirkung geschlossen werden, die sie erzielt. In Lehren wie dem Nyāya-Vaiśeṣika wird diese Kraft mit dem Ding selbst identifiziert, dem sie als Ursache dient. Aber der Mīmāṃsaka erhebt dagegen bestimmte Einwände. Eine solche Gleichsetzung würde z. B. die zwangsläufige Manifestation bzw. das Erscheinen der Wirkung bedeuten, wo immer und wann immer das in Frage kommende Ding vorhanden ist. Dies bewahrheitet sich aber erfahrungsgemäß nicht immer. Es konnte z. B. festgestellt werden, daß die Einnahme einer bestimmten Substanz durch einen lebenden Organismus dessen Leben zerstört. Wenn rechtzeitig ein wirksames Gegenmittel eingeflößt wird, kann der Tod aber vermieden werden, obwohl das Gift weiterhin vorhanden ist, wie man sagt – ein Umstand, der zeigt, daß die fragliche Substanz und ihre tötende Kraft nicht identisch sind. Gegner dieser Anschauung wehren solche Einwände ab, indem sie die *Abwesenheit* einer entgegenwirkenden Kraft wie dem Gegenmittel im obigen Beispiel zu einer notwendigen Voraussetzung erklären, damit der verursachende Faktor überhaupt wirken kann. Deshalb ist es nach ihnen nicht richtig, sich die Ursache als durch sich selbst wirkend vorzustellen, bevor nicht alle erforderlichen Bedingungen, seien sie nun positiv oder negativ, erfüllt sind.

Hinsichtlich der verbleibenden drei Kategorien ist dem nicht viel hinzuzufügen, was über sie im Kapitel über den Nyāya-Vaiśéṣika gesagt wurde. Wir können nur feststellen, daß die von Kumārila konzipierten Gemeinsamkeiten von zweierlei Art sind. Eine Gemeinsamkeit kann das sein, was zwei oder mehreren Gegenständen gemeinsam ist; oder sie kann das sein, was zwei oder mehr Phasen eines sich wandelnden Gegenstandes überdauert. Wie bereits ausgeführt wurde (S. 91), besteht der Unterschied zwischen diesen beiden Arten darin, daß im einen Fall das attributive Element, sagen wir die »Kuhheit«, dasselbe ist, während die Substanz, d. h. die individuellen Kühe, unterschiedlich sind;

im anderen ist das substantielle Element dasselbe, während sich die Attribute unterscheiden wie etwa im Falle des Baumes, der während seines Wachstumsprozesses viele Stationen durchläuft. Hier begegnet uns die zweifache Anschauung von Gemeinsamkeiten – abstrakt und konkret – denen wir bei der Behandlung des Jinismus Beachtung schenkten. Der Nyāya-Vaśeṣika, der es ungleich der vorliegenden Lehre ablehnt, die Dinge unter einem dynamischen Gesichtspunkt zu sehen, erkennt nur den ersten Typus von Gemeinsamkeiten und nicht den zweiten an (S. 134).

Um es zusammenzufassen: Die Vorstellung von einem Ding ist in dieser Lehre die von eins-viele. Es bleibt weiterhin dasselbe, obwohl es viele Aspekte hat, die sich unterscheiden können. Wenn man von den Qualitäten oder Aspekten der Dinge und von den Dingen selbst voneinander völlig getrennt spricht, wie dies beim Nyāya-Vaiśeṣika der Fall ist (S. 132), bedeutet das, einer reinen Abstraktion nachzugeben. Diese Qualitäten oder Aspekte können gemeinsam existieren oder zeitlich aufeinanderfallen. Ein Baum hat seine Farbe, seine Gestalt usw. alle zur gleichen Zeit; aber in seinem Wachstumsprozeß hat er auch verschiedene Stadien erlebt und war eine Ranke und ein Sämling gewesen. Ob diese Attribute von der einen oder der anderen Art sind, ihre Beziehung zu der Substanz ist die von Identität in der Unterscheidung. Weiterhin sind im Falle von zwei oder mehr Attributen, die ein Ding charakterisieren, sagen wir die Weißheit und die Kuhheit einer Kuh, diese insofern identisch, wie sie mit der Kuh dasselbe sind, aber unterschiedlich als eine Qualität und als eine Gemeinsamkeit. D. h., es gibt zwischen ihnen eine substantielle Einheit, aber auch eine Vielheit als Attribute. Sie sind beides, eins und verschieden, aber von verschiedenen Standpunkten aus gesehen. Von einem Ding daher als einem eins-viele zu sprechen, bedeutet nur, es von der positiven Seite zu charakterisieren. Jedes Ding hat auch eine negative Seite, weil es von anderen zu unterscheiden ist. Eine Rose kann ihre eigene

Farbe, Duft usw. als ihre positiven Charakteristika haben, aber sie ist gleichzeitig von einer Lilie zu unterscheiden. Wenn wir ein Ding nicht auf diese beiden Arten begreifen, behauptet die Lehre, können wir nicht sagen, daß wir es völlig erkannt haben. Um ein Ding zu sein, muß es fest begrenzt sein; eine lediglich positive Beschreibung reicht nicht aus, um es zu bestimmen, weil ein Ding nur wahrhaft als das, was es ist, erkannt werden kann, wenn man es von dem unterscheidet, was es nicht ist. Das ist die Bedeutung von Kumārilas Ausspruch »Alle Dinge sind von ihrem eigenen Standpunkt aus positiv, von dem der anderen aus aber negativ (*sadasadātmaka*)«[7].

Die Mīmāṃsā weist wie der Nyāya-Vaiśeṣika (S. 137) die Theorie der repräsentativen Wahrnehmung zurück. Sie akzeptiert insgesamt sechs *pramāṇas* einschließlich Wahrnehmung, Schlußfolgerung und Wortzeugnis. Bevor wir das Wesen der in ihr neuhinzugekommenen *pramāṇas* erläutern, werden wir die Aufmerksamkeit auf bestimmte wichtige Merkmale des Zeugnisses im allgemeinen und der geschriebenen Überlieferung im besonderen lenken, so wie sie in der vorliegenden Lehre verstanden werden. Wir haben bereits erwähnt, daß der Mīmāṃsaka nicht das anerkennt, was im Nyāya-Vaiśeṣika-System als »transzendentale Wahrnehmung« bezeichnet wird (S. 60).

In einem früheren Kapitel (S. 140) haben wir auf eine Diskussion hinsichtlich des Wesens der Erkenntnis Bezug genommen, die in allen strittigen Werken über indische Philosophie einen breiten Raum einnimmt. Die Diskussion bezieht sich, um es sehr kurz zu machen, auf die Frage, ob Erkenntnis *voraussichtlich* gültig oder ungültig ist[8]. Unter den indischen Denkern gibt es Anhänger beider Anschauungen. So behaupten die Anhänger des Nyāya-Vaiśeṣika, daß die Gültigkeit oder Ungültigkeit der Erkenntnis nur *von außerhalb* festgestellt werden könne und daß sie durch sich selbst für nichts bürge. Es sei hier das bereits gegebene Beispiel wiederholt: Wenn wir denken, wir hätten vor uns

Wasser wahrgenommen, ist das einzige Mittel um herauszufinden, ob es Wasser gibt oder nicht, die Hinwendung zu einer anderen Erfahrung. Wenn diese z. B. unseren Durst stillt, können wir schließen, daß unsere Erkenntnis gültig ist. In allgemeinen Begriffen ausgedrückt ist es der Erfolg des praktischen Handelns, zu dem die Erkenntnis führt, die ihre Gültigkeit beweist. Hier kann man natürlich den wichtigen Einwand erheben, daß ihre Gültigkeit niemals endgültig festgestellt werden kann, wenn dies die Art der Bestätigung von Erkenntnis ist, weil die bestätigende Erkenntnis selbst der Bestätigung bedarf. Die Antwort des Nyāya-Vaiśeṣika auf diesen Einwand lautet wie folgt: obgleich genau genommen diese Methode der Bestätigung von Erkenntnis durch eine erfolgreiche Anstrengung (*saṃvādi-pravṛtti*) zu einem unendlichen Prozeß wird, reichen in der Praxis ein oder zwei Überprüfungen dieser Art aus und häufig ist bei Angelegenheiten der alltäglichen Erfahrung überhaupt keine Überprüfung erforderlich. Diese Antwort, die auf einer rein praktischen Betrachtungsweise basiert, ist vom logischen Standpunkt aus schwerlich befriedigend. Durch die leichte Art, in der die Anhänger dieser Lehre mit der Überprüfung zufrieden sind, scheinen sie stillschweigend die Anschauung zu unterstützen, daß Erkenntnis voraussichtlich gültig ist.

Die Buddhisten meinen, daß hinsichtlich der Erkenntnis die Vermutung falsch ist und wir sie nicht als gültig annehmen können, bis es nicht einen befriedigenden Beweis von ihr gibt. Diese extrem skeptische Anschauung erklärt, warum selbst die Realisten unter ihnen das Sein so stark ableugnen, das in der allgemeinen Erfahrung begründet ist (S. 108) und von so vielen Philosophen als real akzeptiert wird. Der Mīmāṃsaka vertritt genau die entgegengesetzte Ansicht, nämlich daß Erkenntnis bereits durch ihr Wesen gültig ist. Sie tritt nur mit der Absicht ins Dasein, uns mit Gegenständen vertraut zu machen; ihre Gültigkeit zu hinterfragen würde deshalb bedeuten, nach dem wahren Zweck ihrer Existenz zu fragen. Zweifellos irrt sie häufig von der Wahrheit ab. Der Grund dafür liegt aber jedesmal nicht in ihr selbst, sondern an irgendeiner äußeren Beeinflussung. Die Beeinflussung kann auf irgendeinen Mangel bei den Erkenntnismitteln oder an den Erkenntnisvoraussetzungen wie etwa den Sinnen, die Anwesenheit von ausreichendem Licht usw. zurückzuführen sein. Wenn wir aber irgendeine derartige Beeinflussung vermuten, dann bezweifeln wir die Gültigkeit eines Teiles der Erkenntnis und suchen nach ihrer Bestätigung. Ein anderer Umstand, der Zweifel aufkommen läßt, tritt ein, wenn ein bisher als gültig anerkannter Punkt der Erkenntnis sich als in Konflikt mit einem anderen stehend enthüllt. Erst dann und nicht bis zu diesem Zeitpunkt versuchen wir herauszufinden, welcher von beiden wirklich gültig ist. Diese beiden Gründe, d. h. (1) die Vermutung von Mängeln bei den Erkenntnismitteln und den Voraussetzungen zur Erkenntnis bzw., um es allgemeiner auszudrücken, an ihrer Quelle, und (2) der Widerspruch zu ihr durch eine andere Erkenntnis, erzeugen Zweifel und legen die Notwendigkeit der Nachforschung nahe. Beim Fehlen von einem dieser Gründe wird die Erkenntnis als wahr angenommen. Hier zeigen die Mīmāṃsakas eine größere Wertschätzung der realistischen Position als die Anhänger des Nyāya-Vaiśeṣika, die durch die Annahme, daß *jede* Erkenntnis gleichermaßen eine Bestätigung benötige, ihren Realismus in beachtlichem Ausmaß einschränken[9].

Hauptsächlich bezieht sich diese Diskussion auf die Gültigkeit des Veda, und es gibt einen radikalen Unterschied zwischen den Nyāya- und den Mīmāṃsā-Vorstellungen davon. Für den Naiyāyika ist die aus dem Veda abgeleitete Erkenntnis aus sich selbst weder gültig noch ungültig; wenn er sie doch als absolut gültig betrachtet, dann nur auf Grund der Tatsache, daß Gott, der allwissende und allgütige, sein Urheber ist (S. 144). Dies stimmt mit seiner Theorie der äußeren Gültigkeit der Erkenntnis überein. Mit anderen

Worten, es gibt im Veda *als solchem* nichts, was unsere anfänglichen Zweifel über die Richtigkeit seiner Lehre zerstreut. Jedes Wortzeugnis und tatsächlich jede Überlieferung muß vor der Akzeptierung eine genaue Bestätigung erfahren (S. 140), obwohl wir in der Praxis nicht immer auf eine solche Überprüfung zurückgreifen können. Der Veda ist notwendigerweise gültig, weil er von Gott kommt, der sowohl weise wie gut im vollen Sinne des Wortes ist. Auch nach Kumārila, der keinen Gott anerkennt, ist der Veda gültig, aber nur weil die Gültigkeit als Erkenntnis in ihm inhärent ist. Sicherlich gibt es so etwas wie den Irrtum; aber keiner der beiden Gründe diesen anzunehmen liegt hier vor. Zunächst scheidet die Möglichkeit einer Verderbnis an der Quelle aus, weil der Veda nach der Mīmāṃsā nicht das Werk einer Person – sei sie göttlich oder menschlich – ist und deshalb überhaupt keine Quelle hat. Auch kommt aller Wahrscheinlichkeit nach unsere Erfahrung nicht in Konflikt mit der Lehre des Veda, weil er nach der Hypothese ausschließlich über übersinnliche Angelegenheiten berichtet (S. 59). D. h., daß man annimmt, der Veda lehre nur die Wahrheit, weil er aus sich selbst existiert und weil der Bereich seiner Lehre streng auf Dinge beschränkt ist, die jenseits der Reichweite normaler menschlicher Erfahrung liegen. In dieser Hinsicht erfüllt er seine Definition von gültiger Erkenntnis (*pramā*), die, wie wir bald sehen werden, den Zustand der Neuheit miteinschließt.

Ergebnis dieser Anschauung ist die Unterteilung des Veda in zwei Gruppen: die eine (*vidhi*) berichtet über überirdische Dinge und muß *wörtlich* verstanden werden, die andere (*artha-vāda*) bezieht sich grob gesprochen auf Dinge der normalen Erfahrung. Die zweite bringt keinen logischen Sinn in der strengen Bedeutung des Ausdrucks mit sich, weil sie bloß Tatsachen wiederholt, die uns schon anderweitig bekannt sind, wie z. B. die Aussage »Hitze zerstört Kälte«. Wo in diesem Teil des Veda Aussagen der allgemeinen menschlichen Erfahrung widersprechen, nimmt man mit Recht an, daß der letzteren der Vorzug gegeben werden sollte. Weil der Veda aber nichts zum Ausdruck bringen kann, was falsch oder irrelevant ist, gibt man solche Aussagen nicht auf, sondern interpretiert sie *großzügig*, wie man im Kontrast dazu sagen könnte; sie werden zu einigen übersinnlichen Gegenständen in Bezug gesetzt, die im in Frage kommenden Zusammenhang gelehrt wurden. Ihr allgemeiner Zweck besteht darin, den Menschen zur Ausführung guter Taten zu bewegen bzw. ihn von schlechten abzuhalten. »Der Opferpfosten ist die Sonne« ist z. B. eine Aussage, die im Veda auftaucht. Obwohl hier ein offener Widerspruch vorliegt, wird die an dieser Stelle versicherte Identität von Pfosten und Sonne als eine bloße Glorifizierung des Pfostens erklärt in der Absicht, das Opfer zu loben, bei dessen Ausführung er benutzt wird[10]. Mit anderen Worten: die Widersprüche, die man im Veda finden kann, sind nur scheinbare, die sich auflösen, wenn wir den Veda richtig interpretieren.

Hauptsächlich im Zusammenhang mit der Festlegung, welche Teile unter diese beiden Abschnitte fallen, legt die Mīmāṃsā die Vorschriften zur Interpretation fest; diese sind nicht nur für jene von großem Wert, die den Veda richtig verstehen wollen, sondern auch für alle, die mit der Bestimmung der genauen Bedeutung von feststehenden Texten wie Gesetzeskodizes beschäftigt sind. Dieser deutende Aspekt des Mīmāṃsā-Systems bzw. seine Behandlung der Logik der Sprache, wie wir dies nennen könnten, ist genauso wichtig wie die bereits erwähnten Aspekte, d. h. der ritualistische und der philosophische. Den Zweck der Offenbarung festzusetzen wie er nach diesen kanonischen Texten interpretiert wird, bedeutet uns eine Erkenntnis von *dharma* und *mokṣa* zu übermitteln, die die beiden höchsten Werte des Lebens sind (S. 59), was von indischen Denkern schon seit langer Zeit anerkannt wurde. Die Lehre, die wir nun betrachten, ist hauptsächlich mit dem ersten dieser beiden Werte beschäftigt.

Demzufolge sind die Hauptmerkmale der Mīmāṃsā-Anschauung vom Veda, daß er 1. aus sich selbst heraus existiert, 2. im wesentlichen mit übersinnlichen Dingen beschäftigt ist und 3. Teile enthält, die nicht wörtlich, sondern großzügig zu interpretieren sind. Diese kluge Ansicht wird von einer Reihe von Argumenten verteidigt, auf die man hier nicht notwendigerweise eingehen muß. Es mag die Bemerkung genügen, daß sie eine gehörige Portion scholastischer Spitzfindigkeiten enthalten und daß die Schlußfolgerung, zu der sie führen, insgesamt weit davon entfernt ist, den modernen Geist zu überzeugen.

Wir wollen jetzt in Kürze das Wesen der drei neuen *pramāṇas* erklären, die von Kumārila akzeptiert werden:

1. Vergleich (*upamāna*): Man wird sich daran erinnern, daß dieses *pramāṇa* auch im Nyāya anerkannt wird; aber wir haben es bei der Behandlung dieses Systems nicht erklärt, weil es nach der dortigen Konzeption von keiner großen logischen Bedeutung ist (S. 141). Hier ist seine Konzeption anders. Sie besteht darin, in einem den Sinnen bisher noch nicht vertrauten Gegenstand eine Ähnlichkeit zu einem Gegenstand zu erkennen, der schon wahrgenommen wurde. So etwa, wenn eine Person einen Gayal[b] sieht und über seine Ähnlichkeit mit einer Kuh verblüfft ist, die ihr vertraut ist, so ist diese Person auch in der Lage den Schluß zu ziehen, daß die Kuh auch an den Gayal erinnert. Diese Anschauung setzt voraus, daß die Ähnlichkeit in den beiden Fällen zahlenmäßig unterschiedlich ist. D. h., man sieht es als gegeben an, daß, wenn A Ähnlichkeit zu B hat, die Ähnlichkeit von A zu B nicht genau mit der Ähnlichkeit von B zu A übereinstimmt. Dieses *pramāṇa* ist nicht Wahrnehmung, weil die Kuh, bei der man die Ähnlichkeit zum Gayal feststellte, zu der Zeit, als sich dieses Urteil bildete, nicht wahrgenommen wurde. Es liegt auch keine Schlußfolgerung vor, weil das in diesem Fall bedeuten würde, daß eine der beiden Ähnlichkeiten das Zeichen oder das Mal der

anderen war. Aber keine kann diesem Zweck dienen, weil die Ähnlichkeit des Gayal zu der Kuh nicht auf der Kuh ist, wie dies bei einem Mal der Fall sein sollte, da die Kuh der »kleinere Begriff« oder das Subjekt der Schlußfolgerung ist; die Ähnlichkeit der Kuh mit dem Gayal bleibt zu dieser Zeit doch noch zu erkennen. Es ist auch nicht bloße Erinnerung aus dem einfachen Grund, weil die in Frage kommende Ähnlichkeit nicht vorher durch eine Hypothese wahrgenommen wurde. Wir können darauf hinweisen, daß dieses *pramāṇa*, obwohl es keine syllogistische Schlußfolgerung ist, sich selbst auf das zurückführt, was in der modernen Logik als »unmittelbare Schlußfolgerung durch gegenseitige Relationen« bezeichnet wird.

2. Vermutung (*arthāpatti*): Diese bezeichnet die Entdekkung eines neuen Tatbestandes oder die Postulierung einer neuen Wahrheit als Ergebnis eines Widerspruchs zwischen zwei anderen Wahrheiten, die als gut gesichert bekannt waren. Um ein Beispiel zu geben, das in sich selbst trivial, aber typisch ist: Wenn wir sicher wissen, daß A lebt, aber nicht in seinem Haus ist, schließen wir daraus, daß er anderswo ist. Dies bedeutet in der Tat die Konstruktion einer geeigneten Hypothese, die die offensichtliche Diskrepanz zwischen zwei wohlbezeugten Tatsachen erklärt. Der Mīmāṃsaka stützt seinen Glauben an das Überleben des Selbst nach dem Tode auf dieses *pramāṇa*. Der Veda verspricht Belohnungen für die Ausführung bestimmter Riten; aber diese Belohnungen werden häufig erst in einem zukünftigen Leben verteilt und nicht unmittelbar nach dem Ende der Opferhandlungen. Weil die Person, die die Frucht einer guten oder einer schlechten Tat erntet, nach der Karman-Lehre keine andere sein kann als die, die diese Tat ausführte, schließt der Mīmāṃsaka daraus, daß das Selbst den Körper überlebt[11]. Einige indische Logiker wie die Naiyāyikas ordnen dieses *pramāṇa* dem unter, was man in der modernen Terminologie als »einander ausschließenden

Urteilsschluß« bezeichnet. Dieser ist nach ihnen aus der einander ausschließenden Behauptung »Eine Person, die lebt, muß *entweder* in ihrem Haus *oder* außerhalb von ihm sein« ableitbar, weil keine dritte Alternative möglich ist.

3. Nichtbemerken (*anupalabdhi*): Bis jetzt haben wir die fünf *pramāṇas* behandelt, die die Mittel zur Erkenntnis positiver Fakten bildeten. Die Abwesenheit irgendeines von ihnen hinsichtlich eines Gegenstandes oder eines Aspektes von ihm rechtfertigt, so wird behauptet, die Schlußfolgerung, daß der Gegenstand oder sein Aspekt nicht existiert, vorausgesetzt, er kann nur von dem fraglichen *pramāṇa* wahrgenommen werden und daß alle Voraussetzungen für die Wahrnehmung wie etwa das Vorhandensein von ausreichendem Licht im Falle der augenscheinlichen Wahrnehmung zufriedenstellend erfüllt sind. Nehmen wir an, daß die geforderten Bedingungen hinsichtlich eines sichtbaren Gegenstandes erfüllt sind, etwa ein Schirm in einem Raum, in dem man ihn zu finden erwartet und der doch nicht gesehen wird. Wir können dann schließen, wie wir dies ja auch tatsächlich tun, daß der Schirm nicht da ist. Wenn deshalb alle fünf *pramāṇas* versagen, einen Gegenstand darzustellen (obwohl dieser Fall weit davon entfernt ist, leicht erkennbar zu sein, wenn er eintritt), meint Kumārila, daß seine absolute Nichtexistenz abgeleitet werden kann. Das ist die Bedeutung von »Nichtbemerken« als ein besonderes *pramāṇa* zur Erkenntnis dessen, was man »negative Tatsachen« nennt.

Man sollte sich daran erinnern, daß der Nyāya-Vaiśeṣika die Erkenntnis der Nichtexistenz eines wahrnehmbaren Gegenstandes der Wahrnehmung zuschreibt und die aller anderen der Schlußfolgerung (S. 137). Das Auge, das einem einen Schirm zeigt, wenn dieser ihm vorgesetzt wird, zeigt auch dessen Abwesenheit, wenn er nicht auf diese Weise vorgesetzt wird, indem man annimmt, daß jede gewünschte Voraussetzung mit Ausnahme des Vorhandenseins eines Gegenstandes erfüllt ist. Nach Kumārila ist diese Anschauung falsch, weil es unmöglich ist, sich die *Abwesenheit* eines Dinges vorzustellen, das in Berührung mit einem Sinnesorgan steht – eine Voraussetzung, die zur Wahrnehmung als wesentlich erlaubt ist. Die Unbegreiflichkeit der Nichtexistenz, die wahrnehmbar ist, schließt die Möglichkeit aus, daß sie geschlußfolgert werden kann, weil Schlußfolgerung schließlich auf Wahrnehmung beruht. Daher besteht die Notwendigkeit zur Anerkennung eines sechsten *pramāṇa,* argumentiert man.

Hier können wir auf einen wichtigen Unterschied zwischen den beiden Schulen der Mīmāṃsā hinweisen. Die Anerkennung dieses *pramāṇa* schließt die Anerkennung der »Nichtexistenz« (*abhāva*) als eine besondere Kategorie mit ein. Aber die Prābhākaras erklären jede Form von Nichtexistenz auf eine positive Art und Weise (S. 135). Deshalb stellen sie einen Tisch als »wechselseitige Nichtexistenz« des Stuhles dar und das Stück Holz, aus dem er gemacht ist, als seine »frühere Nichtexistenz«[12]. Deshalb weisen sie »Nichtbemerken« zurück und akzeptieren nur die übrigen fünf *pramāṇas*[13]. Als Konsequenz daraus erkennen sie nur vier der fünf von Kumārila gestatteten Kategorien an. Sie fügen vier weitere Kategorien hinzu und kommen damit insgesamt auf acht, aber es ist nicht nötig, auf eine von ihnen einzugehen, außer wenn man sagt, daß die einseitige Beziehung des *samavāya,* die sehr ähnlich wie im Nyāya-Vaiśeṣika verstanden wird (S. 127), eine von ihnen ist. Seine Akzeptierung bedeutet, daß die Prābhākaras Substanz und Attribut, die Teile und das Ganze als völlig unterschiedlich betrachten und sie keine Identität in der Unterscheidung (*tādātmya*) bilden wie sie Kumārila annimmt. Ihre Anschauung ist demzufolge radikaler Pluralismus wie der des Nyāya-Vaiśeṣika.

Bis jetzt behandelten wir die gültige Erkenntnis. Aber weil nicht jede Erkenntnis gültig ist, sollten wir zeigen, wie der Mīmāṃsaka Irrtum erklärt. Aber bevor wir darangehen, scheint es wünschenswert, kurz festzustellen, wie Kumārila Wahrheit definiert. Nach ihm sollte Erkenntnis, um gültig zu sein, nicht nur mit dem vorgegebenen Gegenstand in Verbindung stehen wie im Nyāya-Vaiśeṣika (S. 138), sondern auch ein Element der Neuheit enthalten. D. h., es muß im Wesen einer Nachforschung liegen und einen Zusatz zu unserer Erkenntnis bedeuten – ein Punkt, auf dessen Bezug zur Lehre des Veda wir bereits mehr als einmal hingewiesen haben. Das Ergebnis dieser Definition von Wahrheit bedeutet, von der Kategorie *pramā* jede Erkenntnis auszuschließen, die auf etwas verweist, was früher erkannt wurde, einschließlich der Erinnerung, die frühere Erfahrung voraussetzt. Dies bedeutet nicht, daß solche Erkenntnis nicht nützlich ist oder daß ihr Objekt falsch ist, sondern lediglich, daß die Lehre ihr keine besondere epistemologische Bedeutung beimißt.

Kumārilas Erklärung von Irrtum ist nahezu die gleiche, wie die, die im Kapitel über den Nyāya-Vaiśeṣika gegeben wird. Er gesteht zu, daß beim Irrtum die Erkenntnis teilweise von der Realität abirrt und diese insofern falsch darstellt (*anyathā-khyāti*). Dieses Zugeständnis, daß Erkenntnis ohne einen verbindenden Gegenstand entstehen kann, auch wenn dieser Gegenstand nichts mehr als eine Phase – eine Qualität oder Beziehung – ist, ist vom realistischen Standpunkt nicht sehr befriedigend, weil es Mißtrauen gegen die Vertrauenswürdigkeit der Erkenntnis als Ganzes erweckt. Man weiß in diesem Fall nie, wann auf einen existierenden Gegenstand hingewiesen wird und wann nicht. Um diese unerfreuliche Lage zu vermeiden, erfindet Prabhākara eine einzigartige Erklärung des Irrtums, die, was auch immer man über ihren endgültigen Wert sagen kann, die Erkenntnis vor diesem Zweifel bewahrt. Er ersetzt Kumārilas positive Anschauung durch eine negative (S. 168). D. h., er erklärt Irrtum als Unterlassung (*akhyāti*) und nicht als einen Irrtum der Untersuchung (*anyathā-khyāti*).

Die Haltung der Prābhākara-Schule ist kurz gesagt die folgende: Sie behauptet, daß Erkenntnis niemals einen Bezug zu irgendetwas mit einschließt, was nicht tatsächlich existiert. Eine Erläuterung, die zur Erklärung dieser Einstellung gegeben wird, ist die von der Muschel, die von einer gelbsüchtigen Person gelb gesehen wird. Zur Vereinfachung nehmen wir eine leichte Veränderung vor, indem wir annehmen, daß die Muschel durch eine Scheibe aus gelbem Glas statt von einem gelbsüchtigen Auge gesehen wird und daß die Tatsache der Existenz des Glases aus dem einen oder anderen Grunde außer Acht gelassen wurde. Hier liegt nach dieser Anschauung die Wahrnehmung der Muschel *minus* ihrer wahren Farbe, d.h. weiß, vor sowie der alleinige Sinneseindruck der Gelblichkeit des Glases. Das sind zwei Erkenntnisvorgänge, aber sie folgen rasch aufeinander und deshalb entgeht uns die Tatsache, daß es sich um zwei handelt. Jeder von ihnen ist nach Lage der Dinge gültig, weil weder die Gelblichkeit noch die Muschel als solche später geleugnet werden, wenn wir den Irrtum entdecken. Zunächst übersehen wir aber, daß beide getrennt erscheinen; es ist nur diese Unzulänglichkeit in unserer Erkenntnis, die erst später ausgeglichen wird, wenn wir unseren Irrtum herausfinden. Deshalb bedeutet die Entdeckung des sogenannten Irtums nur einen weiteren Schritt bei der Vervollkommnung der Erkenntnis. Sie bestätigt die frühere Erkenntnis und tilgt keinen Teil von ihr als falsch, so daß es hier schlecht ist, von einer »Verbesserung des Irrtums« zu sprechen. Tatsächlich gibt es in dieser Anschauung in ihrem üblichen Sinn einer einzelnen *Einheit* von Erkenntnis überhaupt keinen Irrtum. Mit anderen Worten: es wird behauptet, daß der Verstand beim Begreifen von einem oder mehreren Aspekten von dem, was vorhanden ist, fehl gehen kann, aber daß er dies niemals *miß*versteht und alle Irrtümer daher Irrtümer des Unterlassens sind.

Eine ähnliche Erklärung wird im Falle des Seils gegeben, das man irrtümlich für eine Schlange hält, oder das Stück

Perlmutt, das man fälschlicherweise für Silber hält; nur die darin verwickelten beiden *jñānas* sind nicht beide wahrnehmungsfähig. Einer von ihnen ist die Wahrnehmung des vorhandenen Gegenstandes, sagen wir das Perlmutt, das aber nur durch die Merkmale charakterisert ist, das es mit dem Silber gemeinsam hat; der andere ist die Erinnerung an Silber als Ergebnis der Wahrnehmung solcher Merkmale, aber die Tatsache, daß es sich um Erinnerung handelt, wird mit der Zeit vergessen. Deshalb ist die Feststellung, es gebe zwei *jñānas* – Wahrnehmung und Erinnerung – falsch; diese Unzulänglichkeit in unserer Erkenntnis wird wie im vorherigen Fall später behoben.

Bei dieser Anschauung besteht nicht die Notwendigkeit, irgendeine Erkenntnis zu bestätigen. Jede Erkenntnis ist in dem Sinne wahr, daß kein Abschnitt von dem, was sie offenbart, später widerrufen wird. Wenn daher in Frage gestellt wird, ob sie mit der Realität in irgendeinem besonderen Fall übereinstimme, bedeutet dies, ihr ureigenstes Wesen in Frage zu stellen. Weil aber die Wahrheit gewöhnlich vom Irrtum unterschieden wird, ist es notwendig, eine Erklärung dieses Unterschiedes zu geben. Der sogenannte Irrtum kann eine Teilerkenntnis sein, aber wir können ihn nicht als solche charakterisieren, weil die menschliche Erkenntnis im einen oder anderen Sinn immer bruchstückhaft ist. So gibt man eine andere Erklärung, und diese ist indirekt. Obwohl jede Erkenntnis gleichermaßen unvollständig ist, weil sie dabei versagt, die Merkmale eines vorgegebenen Gegenstandes vollständig zu erfassen, verhält es sich beim Irrtum von einem bestimmten pragmatischen Standpunkt aus genauso. Der Irrtum ist *verhältnismäßig* unvollständig und seine relative Unvollständigkeit wird durch einen Hinweis auf einen wesentlichen Maßstab festgelegt, nämlich die Fruchtbarkeit der Tätigkeit, die durch ihn ausgelöst wird. Mit anderen Worten: die Erkenntnis, die arbeitet, ist wahr; und die, die nicht arbeitet, ist falsch. Ihr Erfolg oder Scheitern wird hier nicht als ihre bloße Überprüfung wie im

Nyāya-Vaiśeṣika betrachtet (S. 140), sondern als Festsetzung ihrer Wahrheit oder ihres Irrtums. Doch sollte festgehalten werden, daß diese Erklärung die Lehre nicht mit der Lehre des modernen Pragmatismus auf eine Stufe stellt, weil sie ungleich diesem epistemologisch gesprochen die absolute Gültigkeit der Erkenntnis anerkennt, so weit dies möglich ist. In der Tat stellt Prabhākaras Anschauung eine Position dar, die das genaue Gegenteil des modernen Pragmatismus ist, weil sie den Irrtum im logischen Sinne völlig leugnet. Die hier vorgenommene Annahme des pragmatischen Kriteriums dient nur dem Zweck, die gewöhnlich akzeptierte Unterscheidung zwischen Wahrheit und Irrtum zu erklären.

Diese Theorie verdient wegen ihrer Einfachheit sowie auf Grund ihrer völligen Folgerichtigkeit bei der Erklärung des logischen Charakters der Erkenntnis eine Empfehlung. Aber sie ist weit davon entfernt zu überzeugen. So kann z. B. die indirekte Art, in der sie die vertrauten Begriffe »wahr« und »falsch« erklärt, schwerlich befriedigen. Weiterhin kann eine rein negative Erklärung des Irrtums nicht befriedigen, die als eine Feststellung die beiden Elemente in ihr als künstlich miteinander verbunden vorstellt, obwohl sie tatsächlich unverbunden sein können. Es gibt nur einen einzigen psychischen Prozeß, und die daraus resultierende Erkenntnis schließt einen Bezug zu einem positiven Element mit ein, d. h. die Beziehung zwischen diesen Elementen, die nicht besteht. Irrtum ist daher Mißverständnis und nicht ein bloßes Fehlen von Verständnis.

II

Der wichtigste Punkt, den wir bei der praktischen Seite der Lehre zu beachten haben, ist in beiden Schulen die Auffassung von *dharma.* Seine Bedeutung wird um so größer, weil durch das Nichtvorhandensein der Anerkennung Gottes die zahlreichen Veränderungen, die ständig in der Welt stattfinden, allein durch das Wirken von *dharma* und seines Gegenteils *adharma* erklärt werden, wenn man sie nicht als bloß naturalistisch oder als völlig zufällig erklärt. So wie der Begriff *dharma* hier verstanden wird, bedeutet er allgemein gesprochen vedische Riten und Pflichten religiöser Art[14]. Man sollte sich aber daran erinnern, daß ethisches Verhalten nicht ausgeschlossen ist, weil moralische Integrität als notwendige Voraussetzung zur erfolgreichen Ausführung des Rituals gilt. Die Veden werden, wie wir bereits feststellten (S. 50), den moralisch Unreinen nicht reinigen. So kann also der *dharma* mehr als Ethik sein, aber nicht weniger. Auch sollten wir nicht meinen, daß diese Handlungen nichtsozial oder rein individualistisch sind. Obwohl viele von ihnen hauptsächlich dazu dienen, dem Ausführenden hier oder im Jenseits einige Güter zu sichern, gibt es doch andere Handlungen, die, wie in einem früheren Kapitel betont wurde, in welchem das Beispiel der fünf täglichen Opfer (*mahāyajñas*) zitiert wurde (S. 52), in der Ausübung von solch wichtigen Tugenden wie Gastfreundschaft bestehen. Aber der *dharma* ist so konzipiert, daß er sein Resultat mittelbar und nicht direkt erzielt. Der Grund dafür ist darin zu suchen, daß zeremonielle Handlungen, die mit diesem Begriff (*dharma*) bezeichnet werden und offensichtlich vorübergehender Natur sind, keine direkte kausale Verbindung mit ihrer Wirkung, die nicht unmittelbar entsteht, haben können. Daher nimmt man an, daß die Handlungen eine unsichtbare Wirkung oder eine unsichtbare Kraft (*apūrva*) hervorbringen, die besteht, bis die entsprechende Frucht reif ist.

Ähnliche Auswirkungen, aber von einer unerwünschten Art, werden auch im Falle von *adharma* oder verbotenen Handlungen wie Töten (*pratiṣiddha-karman*) erwartet. Diese unsichtbaren Auswirkungen, die sich zwischen guten und schlechten Handlungen bewegen, und ihre diesbezüglichen Resultate von Freude und Qual bleiben im Selbst bis sie Früchte tragen, nimmt man an.

Die beiden Denker stimmen darin überein, daß der Veda und ausschließlich der Veda festsetzt, was *dharma* ist. Sie unterscheiden sich voneinander in der Anschauung, die sie von seiner genauen Beschaffenheit haben; und dieser Unterschied ist vom ethischen Standpunkt aus von großer Konsequenz. Bevor dieser erklärt wird, ist es erforderlich, den Unterschied in der Wichtigkeit der im Veda vorgeschriebenen Handlungen hervorzuheben. Allgemein gesprochen gibt es zwei Arten von Handlungen, die unter *dharma* wie es in den Schriften gelehrt wird fallen. Wir haben bereits in einiger Ausführlichkeit eine von ihnen behandelt (S. 51), nämlich das »Allgemeine« und das »Besondere«, wie sie genannt werden, die beide verbindlich (*nitya-karman*) sind. Der andere Handlungstypus, auf den wir nebenbei hinwiesen, ist der freiwillige (*kāmya-karman*), wo man die Handlung ausführen kann oder auch nicht (S. 51). Obwohl der Veda formuliert, was *dharma* ist, wendet er sich nach Kumārila durch Empfehlung von diesem an die angeborenen Wünsche des Menschen zu dessen eigenem Besten, indem er auf eine erfreuliche Auswirkung wie z. B. die Erlangung des Himmels hinweist. Das bedeutet, daß der Veda keinen Wunsch hervorbringen kann und dies auch nicht tut. Sein Anliegen ist lediglich mit bestimmten Mitteln zu bestimmten Zielen dem Menschen eine Erkenntnis zu vermitteln, die sonst unerreichbar ist; aber er überläßt die Frage der Auswahl dieser Ziele völlig dem Menschen. Eine Lampe, die wir in unserer Hand halten, wenn wir in der Dunkelheit gehen, zeigt uns die Beschaffenheit des Bodens, den wir zu überqueren haben; die Wahl des Weges, dem wir folgen, bleibt uns aber selbst überlassen. Die Verheißung von Belohnungen ist auf freiwillige Handlungen beschränkt, und es wird im Veda keine Frucht genannt, die aus den verbindlichen Handlungen erwächst. Aber auch im zweiten Fall nimmt Kumārila an, daß eine willkommene, wenngleich negative Wirkung impliziert ist, die den Handelnden beeinflußt, nämlich die Verhinderung von zukünftigen bzw. die Zerstörung von vergangenem Übel. Mit anderen Worten: er vertritt die Meinung, daß ohne einen passenden Beweggrund eine willentlich ausgeführte Handlung überhaupt nicht möglich ist[15].

Auf der anderen Seite behaupten die Prābhākaras, es bedeute den *dharma* von allem zu trennen, für das er steht, wenn man ihn sich zur Erreichung eines gewünschten Ziels akzeptabel macht; daher legen sie großen Wert darauf, daß das Ideal des *dharma* um seiner selbst willen angestrebt werden sollte. Der Veda gibt uns kein Ziel an, sondern schreibt uns nur vor, was zu tun ist. Er ist berechtigt, Tätigkeit zu befehlen ohne sie zu empfehlen. Hier begegnet uns der wahre Auftrag zur Verpflichtung (*niyoga*); es ist dies »soll« und nicht die zeremonielle Handlung, die mit *dharma* gemeint ist. Das heißt, *dharma* ist in dieser Schule ein innerer Wert und kein bloßes Instrument – ein Gut in sich selbst und nicht etwas, das zu einem Gut führt wie in der anderen Schule. Die Anwendung dieses Prinzips bezüglich der verbindlichen Pflichten ist leicht zu verstehen; für diese verspricht der Veda, wie gerade festgestellt wurde, keine besondere Belohnung. Aber auch im Fall der freiwilligen Handlungen vertritt die Schule den gleichen Standpunkt. Der Hinweis auf die Frucht wie etwa die Erlangung des Himmels, den man im Veda findet, wenn dieser die Handlungen vorschreibt, wird lediglich als Absicht erklärt, die Klasse oder den Typus von Personen zu bestimmen, für die der Befehl gedacht ist, und nicht um damit eine Betonung auf das Resultat als solches zu implizieren. Was auch immer an Nutzen aus solchen Handlungen hervorgeht, wird lediglich als Folge von diesen betrachtet und nicht als Motiv zu ihrer Ausführung. Um dasselbe in Begriffen der modernen Ethik auszudrücken: es ist überhaupt nicht erforderlich, bei der Vorstellung vom Richtigen dieses völlig vom Nutzen zu trennen. Die beiden können gut miteinander verbunden oder in Bezug zueinander gesetzt werden, und doch kann das Richtige in sich selbst richtig sein[16].

Obwohl es mehr oder weniger wichtige Punkte gibt, die unterschiedlich sind, ist es klar, daß die Vorstellung von *dharma* hier der des »Kategorischen Imperativs« ähnelt, den Kant im Westen zur Geltung brachte. Beidesmal werden die Handlungen gleichermaßen im Sinne der Pflicht und nicht der Neigung ausgeführt. Es ist notwendig hinzuzufügen, daß Prabhākaras Lehre nicht dieselbe ist wie die der Gītā, weil diese die Erfüllung der Pflicht als ein Mittel zum Zweck empfiehlt (S. 75), obwohl der Zweck, d. h. die Reinigung der natürlichen Triebe, sich sehr davon unterscheidet, selbstsüchtigen Neigungen zu erliegen.

Das endgültige Ideal des Lebens nach der Mīmāṃsā, wenn man vom Charakter ihrer Lehre, wie sie oben gezeigt wurde, urteilt, sollte die Erlangung des Himmels sein bzw. die Erreichung eines gleichermaßen wünschenswerten Zieles im künftigen Leben, das anders als *mokṣa* ist, wie man ihn sich in den Upaniṣaden vorstellt. Solch ein Ideal scheint in ihr für eine lange Zeit befürwortet gewesen zu sein. Ein verhältnismäßig später, aber sehr maßgeblicher Autor sagt in sehr vielen Worten, daß die Mīmāṃsā nichts mit *mokṣa* zu tun habe[17]. Dasselbe kommt auch in der untergeordneten Stellung zum Ausdruck, die die Upaniṣaden in einigen älteren Werken über die Mīmāṃsā einnehmen. Diese Unterordnung wird unterschiedlich erklärt. Nach einigen Mīmāṃsakas sprechen z. B. die Upaniṣaden soviel über das Selbst, nicht weil es an und für sich von Bedeutung ist, sondern weil es als Handelnder bei der Ausführung von Opferhandlungen in so enger Beziehung zum *dharma* steht. Daher protestieren sie dagegen, daß die Selbsterkenntnis höher eingestuft wird als Handlung, wie dies die Vedāntins im allgemeinen tun. Aber der Einfluß der Upaniṣaden setzte sich stufenweise durch; das alte Ideal wurde nicht mehr als endgültiges Ziel angesehen und durch das Ideal des *mokṣa* ersetzt (S. 67–68). Man kann nicht genau sagen, wann dieser Wandel eintrat, aber man findet ihn nicht nur bei Kumārila, sondern auch in den Standardwerken der Schule des Prabhākara. Hier begegnet uns auch eine Parallele zu der Synthese des Ritualismus mit der upaniṣadischen Anschauung von Erlösung, die wir bei der Behandlung der Kalpa-Sūtras erwähnten (S. 53). Die daraus zu ziehende wahrscheinliche Schlußfolgerung ist die, daß es eine geraume Zeit eine vedische Denkschule gab, die auf der ausschließlichen Bedeutung der Riten bestand bzw., um es anders auszudrücken, auf der Endgültigkeit des Ideals des *dharma*, die aber schließlich durch die Anschauung der Überlegenheit des *mokṣa* überlagert wurde.

Diese Vorstellung von *mokṣa* ähnelt stark derjenigen im Nyāya-Vaiśeṣika (S. 146–147). Es ist die endgültige Befreiung von allen Unbilden des Lebens. Die einzige Divergenz zwischen den beiden Schulen, die man sich hier merken sollte, besteht darin, daß einige Anhänger des Kumārila behauptet zu haben scheinen, dies wäre nicht nur ein Zustand der Abwesenheit von Leiden, sondern auch von positiver Seligkeit[18] – eine Anschauung, die mehr in Übereinstimmung mit dem allgemeinen Geist seiner Lehre zu stehen scheint. Bezüglich der Lehre gibt es einen bedeutenden Unterschied zum Nyāya-Vaiśeṣika, weil hier die Betonung eher auf dem *karman* als auf *jñāna* oder Selbsterkenntnis wie dort liegt (S. 148). Eine Folge davon ist die Ablehnung des *saṃnyāsa*, der in den anderen einschließlich der nichtvedischen Lehren einen sehr bedeutenden Platz einnimmt. Um es kurz zu sagen: die Lehre besteht darin freiwillige und verbotene Handlungen aufzugeben, die die unmittelbare Ursache zukünftiger Geburten sind, und beschränkt sich selbst auf die Ausführung der verbindlichen Handlungen, deren Zweck die Beseitigung des Übels ist und deren Vernachlässigung deshalb dessen Fortbestand in der einen oder anderen Form bedeutet. Wenn daher die Quelle aller zukünftigen Geburten abgeschnitten ist, ergibt sich am Ende des gegenwärtigen Lebens automatisch die Wiederherstellung des Selbst durch seinen inneren Zustand, der *mokṣa* ist. Soweit das Erreichen des Ideals in diesem Leben möglich ist, weist dieses auf die

Führung eines selbstlosen Lebens hin, das mit der Ausführung sozialer und religiöser Pflichten voll ausgefüllt ist, die entweder direkt im Veda gelehrt oder in ihm impliziert wurden.

Anmerkungen zu Teil VI

1 Siehe Jaimini-Sūtra I,i,3.
2 *Indian Logic in the early schools, S. 48, Anm. 2.*
3 *Pratīti-siddham abādhitaṃ na śakyam anyathā-kartum;* Ślokavārttika, S. 560–561, 564 (Kommentar).
4 *Ślokavārttika,* S. 651, Vers 49.
5 *Na kadācid anīdṛśam jagat.* Vgl. *Ślokavārttika,* S. 650ff.
6 Der Ritualismus, wie er in diesem Stadium repräsentiert wird, wiederholt nicht nur seine alte antagonistische Haltung gegen die Upaniṣaden; er entwickelt auch naturalistische Tendenzen und wurde zur Zeit Kumārilas »beinahe als eine Lokāyata-Lehre« angesehen. Siehe den Kommentar zu *Ślokavārttika,* Vers 10 (S. 4).
7 *Svarūpa-para-rūpābhyāṃ sarvaṃ sadasadātmakam: Ślokavārttika,* S. 476.
8 Diese Frage besteht tatsächlich aus zwei Aspekten – ob Erkenntnis hinsichtlich ihres Ursprungs (*utpattau*) aus sich selbst gültig ist und ob dies der Fall hinsichtlich ihrer Feststellung (*jñaptau*) ist. Zur Vereinfachung wird das Problem hier ohne Bezug auf diese Unterscheidung betrachtet.
9 Es gibt auch eine vierte Anschauung, die der Sāṃkhya-Yoga vertritt, nämlich daß sowohl Gültigkeit wie Ungültigkeit in der Erkenntnis verinnerlicht sind. Nach dessen Lehre existierte alles, was sich selbst zu irgendeiner Zeit manifestiert, bereits in einer implizierten Form.
10 Die beiden Möglichkeiten des *artha-vāda,* auf die im Text angespielt wird, sind als *anuvāda* und *guṇa-vāda* bekannt. Es gibt noch eine dritte Möglichkeit, die *bhūtārtha-vāda* genannt wird, wenn der Veda z. B. sagt »Indra erhob den Donnerkeil gegen Vṛtra« – eine Aussage, die der allgemeinen Erfahrung weder widerspricht noch diese bestätigt.
11 *Śāstra-dīpikā,* S. 122 und 131. Man sollte hinzufügen, daß der Veda direkt die Unsterblichkeit des Selbst lehrt, wenn auch in seinen späteren Abschnitten. Vgl. *Avināśi vā are 'yam ātmā 'nucchittidharma* (Bṛhadāraṇyaka-Upaniṣad IV, v, 14). (Anm. d. Übers.: Die *Śāstradīpikā* ist eine Abhandlung des Pārthasārathimiśra (ca.

1050–1120) zum Werk des Kumārila. Der Verf. benutzte die Ausgabe der Nirnaya-Sagar Press, Bombay 1915 (siehe Bibliographie).)

[12] Die Bruchstücke, in die der Artikel zurückgeführt werden kann, beschreibt man als »spätere Nichtexistenz« und den bloßen Boden (auf dem man ihn zu finden erwartete) als seine »absolute Nichtexistenz«.

[13] Die Prābhākara-Schue beschränkt das Wortzeugnis auf den Veda und erklärt die säkulare Form des Wortzeugnisses als auf Wahrnehmung usw. beruhend.

[14] *Yāgādir eva dharmaḥ*: siehe *Artha-saṃgraha* (Nirnaya Sagara-Ausg.), S. 6. (Anm. d. Übers.: Werk des Laugākṣi Bhāskara (etwa 17. Jahrhundert).)

[15] *Prayojanaṁ anuddiśya na mando 'pi pravartate: Ślokavārttika*, S. 653, St. 55.

[16] *Niyoga-nibandhanam anuṣṭhānaṃ na phala-nibandhanam* (*Bhāvanā-viveka*, S. 111). (Anm. d. Übers.: Das *Bhāvanāviveka* ist ein Werk des Maṇḍana Miśra (ca. 700 n. Chr.).)

[17] Ananta Devas *Bhāṭṭālaṃkāra*, S. 488. (Anm. d. Übers.: Anantadeva lebte etwa in der Mitte des 17. Jahrhunderts. Sein Werk ist ein Kommentar zum *Mīmāṃsānyāyaprakāśa* seines Vaters Āpadeva (siehe in der Bibliographie unter Āpadeva).)

[18] *Śāstra-dīpikā*, S. 126–127.

Anm. des Übersetzers

[a] Inzwischen ist doch beträchtlich mehr von der *Bṛhatī* des Prabhākara erschienen, nämlich die Adhyāyas I–VI, pāda 2 und Auszüge aus den Adhyāyas IX, X und XII (1962–67); siehe Bibliographie.

[b] Ein Gayal ist eine Art indisches Rind (*Bos gavaeus*): Sanskrit *gavaya*.

VII Absoluter Vedānta

Die Unbestimmtheit der Lehre der Upaniṣaden, der wir im ersten Kapitel unsere Aufmerksamkeit schenkten (S. 22–23), erklärt die Notwendigkeit zu ihrer Systematisierung. Solch ein Versuch kann bereits in den späteren Upaniṣaden[1] nachgewiesen werden, aber er wurde später gründlicher durchdacht. Das Ergebnis der endgültigen Systematisierung dieser Lehre wird »Vedānta« genannt. Der Begriff erscheint in den Upaniṣaden, aber während der dort nur »der letzte Abschnitt der Veden« bedeutet, bezeichnet er inzwischen die aus dem Veda als Ganzem gezogenen wohlbegründeten Schlußfolgerungen. Deshalb steht der Vedānta in seinen späteren Formen nicht nur für die Lehre der Upaniṣaden mit den früheren Abschnitten des Veda, sondern auch für andere Teile der heiligen Literatur wie etwa die Bhagavadgītā und das Viṣṇu-Purāṇa, die als Wiederholung und Erweiterung der Upaniṣaden-Lehre angesehen werden. So verbindet die Lehre in einem harmonischen Ganzen die Ergebnisse, die von allen früheren orthodoxen Denkern erzielt wurden, und wird deshalb als der vollkommenste Ausdruck indischen Denkens angesehen. Wir haben bereits festgestellt (S. 22), daß am Ende der vedischen Periode von der praktischen Seite eine Synthese der Lehren der beiden Hauptabteilungen des Veda vollzogen wurde. Wir sollten hinzufügen, daß die gegenwärtige Synthese weitergeht und deren Lehre auch die Theorie umfaßt.

Die Systematisierung wurde aller Wahrscheinlichkeit nach in mehr als einer Richtung durchgeführt; aber der einzige Versuch, der überdauert hat, wird vom Sūtra des Bādarāyaṇa oder Vedānta-Sūtra, wie es allgemein genannt wird, repräsentiert. Es besteht aus vier Kapiteln, von denen jedes in vier Viertel (*pādas*) oder Abschnitte unterteilt ist. In der gängigen Anschauung bilden die Upaniṣaden, die Bhagavadgītā und dieses Sūtra die dreifache Basis des Vedānta. Es ist sehr zu bedauern, daß das Sūtra in seiner Lehre nicht klar ist. Tatsächlich ist es in seiner kryptischen Form zweideutiger als die Upaniṣaden oder die Gītā, und dies hat zu zahlreichen Interpretationen geführt, die über es angestellt wurden. Die Folge ist, daß die ursprünglich vorherrschenden Abweichungen in der Anschauung sich erneut behaupteten und sich sogar nach der Komposition des Sūtra in mehr oder weniger derselben Form fortsetzten. Aber daraus dürfen wir nicht schließen, daß die verschiedenen Schulen des Vedānta alle im Widerspruch zueinander stehen. Soweit es die praktische Lehre betrifft, fällt die Übereinstimmung ins Auge. Dies ist auf der theoretischen Seite nicht der Fall; aber selbst dort stimmen die verschiedenen Schulen in mehreren Punkten überein wie z. B. in der Ewigkeit des Selbst und der Notwendigkeit, die richtige Erkenntnis (*jñāna*) und den *mokṣa* zu erlangen.

In einer groben Unterteilung kann man die Schulen des Vedānta entweder als absolut oder als theistisch klassifizieren – die ersteren repräsentierten Brahman, die endgültige Realität, als ein impersonales Prinzip, die zweiten als einen persönlichen Gott. Man sollte hinzufügen, daß jede von ihnen verschiedene Gattungen der Lehre umfaßt. Die wichtigsten unter ihnen, die beide Arten berücksichtigen, sind jene drei, die als Advaita, Viśiṣṭādvaita und Dvaita bekannt sind und hauptsächlich mit den Namen von Śaṅkara, Rāmānuja und Madhva in Verbindung gebracht werden. Wir werden unser Hauptaugenmerk auf diese drei Schulen richten, die alle noch heute lebendige Weltanschauungen darstellen, und widmen dieses Kapitel der absolutistischen Interpretation der Upaniṣaden.

I

Die Unbestimmtheit der upaniṣadischen Lehre steht zum Teil in Beziehung zur Verbindung des Brahman zum einen mit der Individualseele und zum anderen mit dem natürlichen Universum. Obwohl Aussagen über ihre Identität, wie bereits betont wurde (S. 24), zahlreich und markant sind, fehlen Aussagen, die auf den Unterschied hinweisen, nicht völlig. Das erste Problem, das jeder zu lösen hat, der die Lehre der Upaniṣaden zu systematisieren versucht, ist deshalb die Harmonisierung dieser beiden Gruppen von Aussagen. Die naheliegendste Methode ist jene, beiden Klassen von Aussagen gleichen Wert beizumessen und die Seele und die Welt sowohl für identisch wie verschieden von Brahman zu halten. Das war z. B. die Anschauung, die von Bhartṛprapañca (S. 30) vertreten wurde, der vor Śaṅkara lebte und wie dieser das Vedānta-Sūtra und die Upaniṣaden kommentierte.

Brahman ist nach ihm eins, aber seine Einheit ist derart, daß sie Mannigfaltigkeit mit einschließt. Seine Konzeption ist daher die von eins-viele. Die Mannigfaltigkeit entspricht der unbegrenzten Zahl der Selbste, die es umfaßt, sowie der zahlreichen Unterschiede im natürlichen Universum. Aber die Mannigfaltigkeit ist in ihm nur mitinbegriffen und wird im Prozeß der Schöpfung (*sṛṣṭi*) deutlich. Schöpfung bedeutet daher nicht das Hervorbringen neuer Dinge, sondern nur das Ausdrücken der Unterschiede, die bereits im Brahman vorhanden sind. Mit anderen Worten: diese Schule ähnelt dem Sāṃkhya mit der Ausnahme, daß das sich entfaltende Prinzip nicht als gefühllose Prakṛti betrachtet wird, sondern als das empfindende und alles umfassende Brahman (*Brahma-pariṇāma-vāda*). Wenn die Individualseele ihre Freiheit gewinnt, geht sie deshalb doch nicht in Brahman auf. Sie behält weiterhin ihre Individualität, obwohl diese Individualität dann zwangsläufig sehr stark umgeformt sein muß.

Die Mittel zur Erlösung sind in dieser Anschauung weder das Befolgen der moralischen und religiösen Pflicht allein noch die Aneignung der richtigen Erkenntnis allein, sondern eine Kombination von beiden. Das erste hilft, den Menschen darin zu fördern, sich durch Reinigung von seinen eigensüchtigen Impulsen (*āsaṅga*) zu lösen, das zweite führt zur Befreiung durch Zerstreuung seiner Unwissenheit (*avidyā*), indem der Mensch die endgültige Einheit der Realität anerkennt. Diese Anschauung von einer doppelten Disziplin zur Erlangung von *mokṣa* erhöht Karman in den Rang eines unmittelbaren Mittels zur Erlösung und macht es der philosophischen Erkenntnis gleichwertig. Das ist in ihrer Hauptform die Lehre vom gemeinsamen Streben nach dem Nützlichen und dem Wahren (*jñāna-karma-samuccaya*), um Selbstvervollkommnung zu erreichen, wie wir dies nennen könnten. Andere Schulen des Vedānta benutzen Karman ebenfalls als ein Mittel zur Erlösung, aber sie weisen ihm, wie wir sehen werden, im Rahmen der Lehre einen verhältnismäßig untergeordneten Platz zu. Wir können deshalb daraus schließen, daß die vedāntischen Systeme wie das des Bhartṛprapañca der Mīmāṃsā in ihrer Einstellung zum Karman am nächsten kommen (S. 211).

Solch eine Anschauung mündet in eine Lehre, die in der Geschichte des menschlichen Denkens keineswegs unbekannt ist, soweit es die theoretische Seite betrifft. Grob gesprochen könnte sie ihrem Geiste nach als hegelianisch bezeichnet werden; anscheinend war sie in Indien einst vorherrschend gewesen. Aber das Auftreten Śaṅkaras drängte diese Anschauung regelrecht in den Hintergrund, und sie konnte nie wiederbelebt werden, obwohl es dazu zahlreiche Versuche von Denkern wie Bhāskara (ca. 850 n. Chr.) und Yādava Prakāśa (ca. 1100 n. Chr.) gab. Śaṅkaras Einwand gegen diese Lehre besteht darin, daß sie mit ihrer Lösung, Brahman und den *jīva* bzw. das Universum sowohl als identisch wie als unterschiedlich anzusehen, das zu lösende Problem bloß in einer neuen Form zum Ausdruck bringt. Er ist der Ansicht, Schöpfung bedeute lediglich, daß das Potentielle zum Realen werde; aber diese Unterscheidung zwischen dem Potentiellen und dem Realen ist eine rein verbale und löst das Problem der Verursachung nicht tatsächlich. Es ist die Anschauung dieser Schule, soweit Gleichheit (*abheda*) und Unterschied (*bheda*) unvereinbar sind, könne man sie nur verstehen, wenn man sie zusammenfasse (S. 185), während Śaṅkara behauptet, daß sie nicht von ein und demselben Ding ausgesagt werden können, weil sie einander ausschließen. Dies mache das Wesen eines Dinges sich selbst widersprechend, und Selbstwiderspruch deutet bei ihm auf Unrichtigkeit hin. Mit anderen Worten: wenn Einheit und Mannigfaltigkeit nach der einen Schule jede für sich getrennt genommen eine Abstraktion sind, trifft dies bei der anderen Schule *auch* für ihre Verbindung zu. Realität ist das, was beide übersteigt und sie zur gleichen Zeit erklärt. Um ein Beispiel zu nennen, das so alt wie die Upaniṣaden ist: sie ist wie die Sonne, die die Phänomene von Tag und Nacht erklärt, sie aber zur gleichen Zeit übersteigt, weil sie nach unserem Verständnis weder Nacht noch Tag kennt.

Śaṅkara erkennt an, daß es zwei Ströme des Denkens in den Upaniṣaden gibt, wie wir feststellten, als wir über die Upaniṣaden sprachen (S. 30); aber er vertritt die Ansicht, daß einer von ihnen, nämlich der, der die Realtiät der Mannigfaltigkeit behaupte, nur eine Konzession an die empirischen Arten des Denkens mache. Jede Mannigfaltigkeit ist daher nur bedingt wahr; nach Śaṅkara ist die alleinige Lehre der Upaniṣaden die von der Einheit. Weil es aber keine Einheit ohne Mannigfaltigkeit geben kann, bezeichnet er seine Lehre nicht als Monismus, sondern nur als »Nicht-Dualismus« (*advaita*). Genau genommen ist es daher falsch zu sagen, Śaṅkara lehre die bloße Einheit, wie es jetzt üblich geworden ist. Hätte er dies getan, wäre sein »Absolutum« »reines Nichts«. Wie aber Vācaspati sagt, leugnet er nur die vielen, behauptet aber nicht das Eine[2].

Es wurde festgestellt, daß es zwei Klassen von bedeutenden Menschen gibt. Einige gehen so intensiv in der Lösung theoretischer Probleme auf, daß ihr äußeres Leben geradezu unwichtig wird; aber es gibt andere, die völlig mit den praktischen Problemen der Zeit, in der sie leben, beschäftigt sind und dennoch erfolgreich einen Beitrag von bleibender Bedeutung zur Geschichte der menschlichen Kultur leisten. Śaṅkara gehört zu dieser zweiten Klasse. Er war ein großer Reformer, und die Richtung, die er seiner Generation in sozialen und religiösen Belangen gab, lenkt das Leben und reguliert das Verhalten von Millionen von Menschen sogar noch heute, nachdem viele Jahrhunderte vergangen sind[a]. Er war gleichzeitig auch ein großer Denker. Obwohl er nur beanspruchte, nicht mehr getan zu haben als zu erklären, was es in den Veden und der vedischen Tradition bereits gab, war er der eigentliche Begründer einer neuen Bewegung in der Philosophie.

Es ist sehr zu bedauern, daß man die genaue Zeit, in der solch ein großer Denker lebte und wirkte, nicht kennt. Gewöhnlich datiert man ihn an das Ende des achten und den Beginn des neunten Jahrhunderts (788–820 n. Chr.), und dieses Datum kann innerhalb des Zeitraums von hundert Jahren als korrekt angesehen werden. In all seinen Werken bezeichnet er sich selbst als einen Schüler des Govinda, der selbst wiederum nach der Tradition ein Schüler des Gauḍapāda war. Ungleich Govinda hat Gauḍapāda ein Werk hinterlassen, das als seine *Kārikā* bekannt ist[b], möglicherweise die erste systematische Abhandlung über den Advaita, wie er in der Schule des Śaṅkara verstanden wird. Sie wird als ein Kommentar zur Māṇḍūkya-Upaniṣad bezeichnet, ist aber tatsächlich viel mehr und enthält die Grundprinzipien der Lehre so wie sie später von Śaṅkara erklärt wurde. Von Śaṅkara wird gesagt, er sei im Alter von 32 Jahren gestorben. Die ungeheure Größe des Werkes, das er in dieser kurzen Zeit schuf, zeigt, daß nicht die Lebenslänge das Werk eines Menschen erklärt, sondern vielmehr die Tiefe der Überzeugung, von der er angetrieben ist[c]. Viele Werke sowohl in Versen wie in Prosa werden ihm zugeschrieben, aber es ist beinahe sicher, daß davon viele nicht von ihm verfaßt wurden. Alles, was wir endgültig sagen können, ist, daß die meisten der ihm zugeschriebenen Kommentare wie die zum Vedānta-Sūtra und nahezu alle die zu den klassischen Upaniṣaden von ihm sind. Die *Upadeśasāhasrī*, die eine unabhängige Darstellung der Advaita-Lehre ist, stammt wie wahrscheinlich einige andere Werke desselben Typs auch von ihm.

Śaṅkara zeigt durch seine Kritik des Bhartṛprapañca, daß er jede Mannigfaltigkeit als eine Illusion (*mithyā*) ansieht. Es ist jedoch sehr wichtig, die Bedeutung dieser Bezeichnung genau zu erfassen. Śaṅkaras Vorstellung vom Realen (*sat*) ist die von einem ewigen Wesen, und Brahman ist die einzige Realität von diesem Typus. In ähnlicher Weise ist seine Vorstellung des Nichtrealen (*asat*) die des absoluten Nichts. Die Welt in all ihrer Vielfalt ist weder vom einen noch vom anderen Typus. Sie ist in diesem Sinne nicht real, weil sie nicht ewig ist. Aber sie ist auch im angegebenen Sinn nicht nicht-real, weil sie so klar vor uns erscheint wie dies keine Nicht-Wesenheit kann. Niemand, so wird in den Advaita-Werken festgestellt, hat jemals das Horn eines Hasen oder den Sohn einer unfruchtbaren Frau gesehen oder wird dies jemals sehen. Sie sind völlig nichtexistent. Weiterhin besitzt die Welt ungleich der Nicht-Wesenheit eine praktische Leistungsfähigkeit bzw. einen Wert, der im Leben nützlich ist. Das ist der Grund, warum die Welt im Advaita als anders als das Reale und das Nicht-Reale (*sad-asad-vilakṣaṇa*) oder als eine illusorische Erscheinung bezeichnet wird. Die Schlange, die erscheint, wo es nur einen Strick gibt, ist weder existent noch nichtexistent. Sie ist psychologisch gesehen vorhanden (*prasiddha*), kann aber nicht logisch nachgewiesen (*siddha*) werden. Mit anderen Worten: die Dinge der Welt sind doch von der zuverlässigen Ordnung der Realität, obwohl sie nicht im endgültigen

Sinne real sind. Sie sind in dem Sinne Erscheinungen, weil sie für ihre Existenz von einer höheren Realität abhängen. Die »Schlange« z. B. weist auf die Existenz des Seils hin; die Abhängigkeit ist einseitig, weil das Verschwinden des Seils zwangsläufig das Verschwinden der Schlange bedeutet, während der umgekehrte Fall nicht gilt. Alle stimmen zu, daß der Name (*nāma*), mit dem wir ein Ding bezeichnen, einer Konvention entspricht; dasselbe trifft nach Śaṅkara auch für sein »was« (*rūpa*) zu (S. 32). Die einzig wahre Realität ist die, die dieser üblichen Besonderheit der allgemeinen Dinge unterworfen ist.

Während dies die allgemeine Vorstellung von der natürlichen Welt im Advaita ist, unterscheidet sich die vom individuellen Selbst sehr davon. Bevor dieser Unterschied erklärt wird, ist es erforderlich, die Aufmerksamkeit auf einen wichtigen Unterschied zwischen zwei Typen der Illusion bei der allgemeinen Erfahrung zu lenken. Eine Person mag sich einbilden, in einiger Entfernung eine Schlange zu sehen, während nähere Prüfung ihr offenbart, daß es sich nur um ein Seil handelt. Die zweite bzw. richtiggestellte Erkenntnis, wie praktisch jede Erkenntnis dieser Art, bestätigt die Existenz von irgendetwas; aber sie widerspricht dem Gegenstand, *als der* (d. h. als Schlange) dieser vorher erschien. Sie sagt zu sich selbst oder fühlt, wenn sie den Irrtum entdeckt: »Es ist ein Seil, keine Schlange«. Eine Person wiederum, die auf eine weiße Muschel durch eine Scheibe aus gelbem Glas sieht, von deren Existenz sie nichts merkt, glaubt die Muschel sei gelb (S. 204). Aber die erforderliche Änderung seines Standpunktes wird ihm enthüllen, daß die Gelblichkeit zum Glas und nicht zur Muschel gehört. Auch bestätigt wie im vorhergehenden Fall die spätere Erkenntnis die Existenz irgendeiner Realität; anders als dort negiert sie nicht den Gegenstand, als der dieser erscheint, d. h. die Muschel, sondern nur einen *Aspekt* von diesem – seine Gelblichkeit. Die Person sieht ihn immer noch als Muschel, fügt aber hinzu, diese sei weiß und nicht gelb. Die Illusion besteht im ersten Fall darin, einen gegebenen Gegenstand irrtümlich für einen anderen zu halten, der nicht vorhanden ist; im zweiten Fall besteht sie nur darin, einem gegebenen Gegenstand ein Merkmal zuzuschreiben, das nicht tatsächlich zu diesem gehört, obwohl es zur gleichen Zeit auch vorhanden ist. Aber wegen des Dazwischentretens der Glasscheibe (*upādhi*), zu der das Gelb tatsächlich gehört, läge im zweiten Fall überhaupt keine Illusion vor[3].

Diese Typen der Illusion dienen nun dazu, den Unterschied in der Art zu erklären, in der nach Śaṅkara ein und dasselbe Brahman als beides erscheint – als die Welt und als das individuelle Selbst (*jīva*). Dies gab Anlaß, die Illusion der Welt anzunehmen wie das Seil dies bei der Schlange in unserem ersten Beispiel tat. Die endgültige Wahrheit wie sie vom *jīvanmukta* erfaßt wird, leugnet die Welt, während sie die zugrundeliegende Realität des Brahman bestätigt, die in allen Darstellungen als positives Wesen (*sat*) vorkommt und von der wir deshalb sagen können, daß wir mit ihr in ständiger, wenn auch nicht bewußter Berührung sind. Andererseits ist das individuelle Selbst in diesem Sinne nicht illusorisch. Es ist das Brahman selbst, das durch Medien oder begrenzende Attribute (*upādhi*) wie das innere Organ (*antaḥ-karaṇa*) erscheint: diese sind, wie wir bei dieser Gelegenheit feststellen können, alle Elemente, die zur natürlichen Welt gehören und daher illusorisch sind. Oder, auf andere Weise gesagt: das individuelle Selbst ist, wenn man es *sub specie aeternitatis* betrachtet, das Brahman selbst. Hat man diese Tatsache durch eigene Erfahrung festgestellt, dann ist es nicht der *jīva* als spirituelle Wesenheit, der zurückgewiesen wird, sondern nur bestimmte Aspekte von ihm wie etwa seine Endlichkeit und seine Abgetrenntheit von anderen Selbsten. Die Vorstellung von ihm kann dadurch völlig umgeformt werden, aber der wichtige Punkt dabei ist, daß der *jīva* nicht auf dieselbe Weise negiert wird (*bādhita*) wie die natürliche Welt. Andererseits wird er nochmals bestätigt, wenngleich nur als Brahman.

Deshalb können wir nicht sagen, das individuelle Selbst sei unecht (*mithyā*) wie wir dies von der Welt sagen können. Wir können lediglich sagen, es sei tatsächlich der Handelnde, der Genießende usw.

Diese Unterscheidung bei der Erklärung hat einen vitalen Bezug zur Advaita-Lehre, und Śaṅkara legt folglich darauf besonderes Gewicht. Sie bringt klar zum Ausdruck, was mit der Identität von *jīva* und Brahman gemeint ist, was für die Lehre von fundamentaler Bedeutung ist. Der *jīva* ist nicht unecht oder illusorisch wie es die Welt ist; wäre dies der Fall, gäbe es niemanden, der gerettet würde und die ganze Lehre der Upaniṣaden wäre dann aufgehoben. Erlösung schließt Weiterexistenz mit ein. Der befreite *jīva* ist deshalb nicht im Brahman untergegangen. Aber zur gleichen Zeit sollte man sich daran erinnern, daß es nicht richtig wäre zu sagen, er sei erhalten geblieben, weil er nur aus Brahman weiterexistiert und so seine Begrenztheiten verliert, die alle unecht sind. Diese Begrenztheiten, die wegen ihrer empirischen Bedingtheiten real sind, scheinen auf ihn übertragen worden zu sein, so wie in unserem zweiten Beispiel für Illusionen die Gelblichkeit des Glases auf die Muschel übertragen wurde. Daher können wir das Ego als eine Erscheinung des Brahman im zweiten Grade ansehen und nicht im ersten wie das bei der natürlichen Welt der Fall ist. Die Idee des Ego ist demnach die einer Komplexität (*viśiṣṭa*) und weist nicht nur auf ein Element hin, das mit Brahman identisch ist, sondern auch auf begrenzende Bedingtheiten wie das innere Organ.

Wir kennen jetzt die Weltanschauung des Advaita im allgemeinen. Brahman ist die einzige Realität und es erscheint sowohl als das objektive Universum wie als individuelles Subjekt. Das erste ist eine illusorische Manifestation des Brahman, während das zweite das Brahman selbst ist, welches unter den Begrenztheiten erscheint, die einen Teil des illusorischen Universums bilden. Es gibt bestimmte wichtige Begriffe des Advaita, deren Wesen wir bald betrachten werden. Vorher ist es wünschenswert, auf die in ihm gegebene Erklärung der Verursachung einzugehen.

Bis jetzt sind uns zwei Anschauungen darüber begegnet, nämlich die Theorien von der Schöpfung (S. 124) und von der Evolution bzw. Umgestaltung (S. 156), die im Nyāya-Vaiśeṣika bzw. im Sāṃkhya-Yoga vertreten werden. Man könnte erwarten, daß in der Advaita-Anschauung die Vorstellung davon völlig empirisch und ohne irgendeine endgültige Bedeutung ist. Bei der Erklärung dieser Position ist es besser mit dem Hinweis zu beginnen, daß der Advaitin von diesen beiden Anschauungen von Verursachung die zweite bevorzugt. D. h. er steht der Vorstellung, daß irgendetwas neu entstehen könne, völlig ablehnend gegenüber. Wäre der Topf einst nichtexistent gewesen und deshalb ganz ohne Beziehung zu dem Tonklumpen, aus dem er gemacht ist, könnte er genau so gut auch aus nichts hergestellt worden sein; und dann gäbe es keine Notwendigkeit, nach bestimmten materiellen Ursachen zu suchen, die wir tatsächlich für notwendig erachten, um bestimmte Wirkungen zu erzielen. Daher können die materielle Ursache und die Wirkung nicht zwei voneinander getrennte Dinge sein, sondern müssen eine Identität in der Unterscheidung bilden. Diese Anschauung ist nach dem Advaita nur vorläufig richtig, d. h. solange wir unsere Aufmerksamkeit auf den empirischen Bereich beschränken[4]. Schließlich ist Brahman die Quelle von allem und weder der Topf noch seine materielle Ursache, die als Teile der empirischen Welt unecht sind, können in tatsächlicher Beziehung zu ihm stehen. Die Beziehung zwischen dem Tonklumpen und dem Topf, die in gleicher Weise Erscheinungen sind, kann tatsächlich bestehen; aber die Beziehung zwischen Brahman und dem Topf oder dem Ton kann zwangsläufig nur unecht sein. Die kausale Beziehung besteht zwischen einem Phänomen bzw. einer Erscheinungsform und einem anderen, aber nicht zwischen einem Phänomen und der Realität. Das ist die Bedeutung der Aussage, daß die Vorstellung von Verursachung nach dem Advaita empirisch ist und keine endgültige Bedeutung hat. Der Glaube daran bildet ohne Zweifel eine wichtige Folgerung für das ganze praktische Leben, aber er läßt sich nicht logisch verteidigen. Es mag vorkommen, daß die Idee der Wirkung illusorisch sein kann, während die Idee der Ursache real ist, wenigstens soweit wie das Brahman, die letztliche Quelle von allem, betroffen ist. Streng genommen ist diese Sichtweise ebenfalls falsch, weil der Begriff von der Ursache relativ ist und nicht gestützt werden kann, wenn der Begriff der Wirkung verworfen wird. Bei dieser Anschauung übersteigt das Brahman dann den Bereich von Ursachen und Wirkungen, obwohl es die Grundlage dieses ganzen Bereichs ist; das Prinzip der Verursachung läßt sich demzufolge nicht auf es anwenden.

Die obige Anschauung von Verursachung ist als *vivarta-vāda* oder »Die Lehre der unechten Umwandlung bzw. der sichtbaren Veränderung« bekannt. Der Topf in unserem Beispiel ist *sozusagen* nur eine Erscheinung oder Veränderung der endgültigen Quelle, d. h. des Brahman, wie die illusorische Schlange eine Erscheinung des Seils ist. Daher ist es wünschenswert, weiterhin zwischen tatsächlicher und scheinbarer Veränderung zu unterscheiden. Wirkliche Veränderung (*pariṇāma*) zeigt sich darin, daß ein bestimmtes Ding nicht völlig verschwindet, wenn es zerstört wird. Ein Seil, das in Stücke zerrissen wurde, bleibt als Fasern übrig. Wenn ein Topf zerbrochen ist, existiert er als Tonscherben weiter. Bei scheinbarer Veränderung (*vivarta*) ist das Verschwinden andererseits ein totales. Wenn die Illusion von »Schlange« überwunden ist, wird nichts *von ihr* übrigbleiben. Es bleibt nur hinzuzufügen, daß der *jīva* in keiner dieser Auffassungen eine Wirkung ist. Er ist keine reale Umwandlung des Brahman und noch nicht einmal eine illusorische Erscheinung von ihm, so daß überhaupt kein Prinzip der Verursachung dort auftritt. Wenn wir doch davon sprechen, daß das individuelle Selbst geboren wurde, meinen wir nur, daß seine Bedingtheiten wie der natürliche

Körper in die Existenz eintreten und nicht das spirituelle Element in ihm. Daher wird der *jīva* als anfangslos (*anādi*) bezeichnet. Er ist, wie bereits bemerkt, das Brahman, das in einem empirischen Gewand erscheint.

Wir wollen jetzt die wichtigsten Begriffe des Advaita in Augenschein nehmen. Es gibt davon vier an der Zahl – einer ist ein Begriff aus der Natur, wie wir ihn nennen könnten, und die übrigen drei Begriffe des Geistes.

1. *Māyā*: Wir haben festgestellt, daß die äußere Welt nicht real ist, aber deshalb kann man sie nicht als chaotisch ansehen. Vom empirischen Standpunkt gesehen ist sie ein Kosmos, und Śaṅkara sagt von ihr an mehr als einer Stelle, daß sie sich in einer räumlichen, zeitlichen und kausalen Ordnung zeige[5]. Offensichtlich ist sie ständig Veränderungen unterworfen. Die Veränderung ist jedoch nicht vollständig und birgt in sich ein bleibendes Element. Diese beiden Umstände legen nahe, daß es eine Einheit in der Mannigfaltigkeit ist. Und wenn dies der Fall ist, ist es gestattet, sich diese in zwei Stufen vorzustellen – eine, in der die Mannigfaltigkeit verborgen ist und eine andere, in der sie zu Tage tritt. Benutzt man die Terminologie des Sāṃkhya-Yoga, könnte man die erste Stufe, in der das Element der Einheit und nicht das der Mannigfaltigkeit vorherrscht, als Prakṛti bezeichnen. Die zweite Stufe, in der dieses Element durch Mannigfaltigkeit verdunkelt wird, ist jene, die wir alle als die alltägliche Welt kennen. Aber diese natürliche Welt füllt nicht das Universum aus. Es gibt in ihm auch ein spirituelles Element, das das Selbst oder der ātman ist. Soweit ist die Erklärung jener ähnlich, die im Sāṃkhya-Yoga gegeben wird (S. 162–163).

Bei diesem Punkt gibt es aber einen Unterschied zwischen den beiden Lehren, und dieser betrifft die Beziehung zwischen Geist und Materie, die das uns bekannte Universum konstituieren. Wir werden nun das genaue Wesen und die Folgen dieses Unterschiedes erklären.

Man wird sich daran erinnern, daß der Sāṃkhya-Yoga keine befriedigende Erklärung dieser Beziehung geben konnte (S. 165). Der Advaita bestreitet definitiv, daß es überhaupt irgendeine Beziehung zwischen zwei solch ungleichartigen Wesenheiten wie Geist und Materie geben kann. Aber zur gleichen Zeit darf man nicht vergessen, daß unsere Untersuchung der Erfahrung uns zu der Schlußfolgerung führt, daß sie nicht nur zusammen sind, sondern häufig auch miteinander identifiziert werden, was z. B. unterstellt wird, wenn eine Person sagt »Ich gehe«. Hier ist die Handlung des Gehens sicherlich ein Merkmal, das den natürlichen Körper charakterisiert; ausgesagt wird es jedoch vom Selbst der Person, das spirituell ist. Die einzig vorstellbare Erklärung ist die, daß ihre Verbindung eine bloße Erscheinung ist oder mit anderen Worten, daß die Beziehung zwischen ihnen letztlich unecht ist. Śaṅkara behandelt diesen Punkt in seiner berühmten Einleitung zum Kommentar des Vedānta-Sūtra, die sehr kurz und in seinem sogenannten »Stenographie-Stil« verfaßt ist. »Das Selbst oder das ›Ich-Element‹«, sagt er dort, »ist so gegensätzlich zum Nichtselbst oder dem ›Du-Element‹, daß das eine niemals vom anderen ausgesagt werden kann.« Aus dieser Schlußfolgerung folgt zwangsläufig, daß einer der Bezugspunkte nicht real ist. Es können natürlich nicht beide als nichtreal angesehen werden, weil wir in diesem Fall, in dem alle drei Elemente – die Bezugspunkte und die Beziehung – unecht werden; weil die Idee der Unrichtigkeit notwendigerweise auf die Wahrheit als Maßstab hinweist, müssen wir eine andere Realität von dem Blickpunkt aus postulieren, von dem aus wir diese für unecht erklären (S. 112). Der Advaitin nimmt es daher als gegeben an, daß die Materie unecht ist. Die andere Alternative würde im Materialismus resultieren, dessen Unhaltbarkeit wir bereits betrachtet haben (S. 82).

Durch diese Schlußfolgerung kommt der Advaita zu dem bereits erwähnten Ergebnis, die natürliche Welt sei nur eine Erscheinung, und darin besteht sein grundlegender Unterschied zum Sāṃkhya-Yoga. Daraus folgt, daß seine kausale Phase, d. h. die Prakṛti, ebenso unecht bzw. in der Terminologie des Advaita »anders als real und nichtreal« (*sadasadvilakṣaṇa*) ist. In dieser Lehre wird sie Māyā genannt, aber auch der Begriff Prakṛti kann verwandt werden, solange wir nicht vergessen, daß sie weder real noch unabhängig vom Geist ist wie etwa im Sāṃkhya-Yoga. Wenn Māyā die Welt erklärt, dann bedeutet das, daß wir zur Erklärung von Māyā jenseits von ihr zu suchen haben. Weil sie weder real noch nichtreal ist, mag die Māyā einzigartig sein, aber sie ist nicht endgültig: die Wesenheit, die sie erklärt, ist der Geist. In modernen Werken über den Advaita finden wir manchmal die Feststellung, das Prinzip der Māyā sei unerklärbar und die Lehre daher ihre Unfähigkeit bekenne, das Wesen der Welt erklären zu können. Aus dem oben Gesagten sollte jedoch klar geworden sein, daß sie nicht in diesem Sinne »unerklärbar« ist, sondern lediglich nicht *selbst*-erklärend ist. Bevor wir dieses Thema verlassen, sollten wir hinzufügen, daß die Evolute der Māyā hier mehr oder weniger dieselben sind wie die der Prakṛti im Sāṃkhya-Yoga[6].

2. *Brahman* – Wir begannen damit, Prakṛti als Quelle des natürlichen Universums vorzustellen und kamen zu dem Schluß, diese Quelle müsse, da sie nicht real ist, zwangsläufig eine Grundlage besitzen, nämlich den Geist. Dieser Geist, der letztlich die Grundlage von allem ist, bedeutet das Brahman bzw. das Absolute des Advaita. Welche Realität auch immer die Welt offenbart, sie ist von ihm abgeleitet. Wenn wir daher die Welt negieren, dann bestreiten wir nur, daß sie getrennt bzw. unabhängig vom Brahman existiert. Anders ausgedrückt: die Welt ist kein Teil oder eine Stufe des Brahman, sondern eine Erscheinung von ihm. Demzufolge können wir sagen, die Welt sei eine *tatsächliche* Veränderung der Māyā bzw. sie sei *sozusagen* eine Veränderung des Brahman. Der wesentliche Punkt bei dieser Unterscheidung ist folgender: Māyā wird betrachtet, als ob sie beim

Prozeß der Manifestierung der Welt in der Tat einer Veränderung unterliege, während man das Brahman im gleichen Prozeß als unveränderlich bleibend ansieht. Aus diesem Grund können wir Brahman auch als die Ursache des Universums betrachten, wenn auch nur in dem Sinne, in dem ein Seil die Ursache für die Schlange in unserem Beispiel der Erfahrung mit der Illusion ist. Geradeso wie es keine Schlange ohne das Seil gäbe, gäbe es keine Welt oder die Māyā ohne den Geist. Tatsächlich ist der Geist die einzige Realität, alles andere sind entweder Māyā oder ihre Umformungen. Obwohl das Universum ohne Brahman nicht erklärt werden kann, ist es doch frei von Einheit wie von Mannigfaltigkeit, welche die charakteristischen Merkmale der empirischen Welt sind. Es übersteigt alle empirischen Attribute wie es in der berühmten upaniṣadischen Formel »Nicht das, nicht das« (*neti neti*) gelehrt wird. Daher wird es als frei von Qualitäten oder merkmalslos (*nirguṇa*) bezeichnet.

Hier erhebt sich natürlich die Frage, ob eine solche Wesenheit nicht eine reine Abstraktion ist. Śaṅkara berücksichtigt die Gewichtigkeit dieses Einwandes. Dies ist in der Tat der Einwand schlechthin, den er gegen eine bestimmte andere monistische Anschauung (*sattādvaita*)[7] der upaniṣadischen Lehre erhoben zu haben scheint, die zu dieser Zeit in hohem Ansehen stand, nämlich daß Brahman das universale Wesen sei. Śaṅkaras Monismus unterscheidet sich von dieser Anschauung darin, daß er die endgültige Realität nicht als objektiv ansieht, sondern als *im Grunde* identisch mit dem individuellen Selbst (*ātmādvaita*). Diese veränderte Vorstellung sichert der Realität des Brahman ein Maximum an Gewißheit, weil wahrscheinlich nichts größere Gewißheit mit sich bringen kann als der Glaube an die Existenz von sich selbst (S. 28). »Ein Mensch«, wurde gesagt, »kann an vielen Dingen zweifeln, an allem *anderen*, aber er kann niemals an seiner eigenen Existenz zweifeln«, weil bereits diese Handlung des Zweifelns seine Existenz bestätigen würde[8]. Möglicherweise sind wir nach Śaṅkara durch etwas in uns selbst in der Lage, über Realität und Nichtrealität zu urteilen. Solch eine Anschauung bedeutet nicht, daß das Selbst uns vollkommen bekannt ist. Davon sind wir weit entfernt. Aber zur gleichen Zeit bleibt es uns nicht völlig unbekannt, weil es unser eigenes Selbst ist – eine Tatsache, die das Endgültige des Advaita nicht nur vom oben genannten universalen Wesen unterscheidet, sondern auch (um eine westliche Parallele zu nennen) vom Ding an sich bei Kant. Wir sollten uns in diesem Zusammenhang auch daran erinnern, was damit gemeint ist, wenn man vom merkmalslosen Brahman spricht, nämlich daß es den Unterschied zwischen Substanz und Attribut übersteigt und nicht etwa, daß es eine Substanz ist, die ihrer Attribute beraubt ist.

3. *Saguṇa-brahman*: Hieraus sehen wir, daß man sowohl Brahman wie Māyā als Ursache des Universums ansehen kann, wenn auch in unterschiedlichen Bedeutungen. Wenn wir uns nun dafür entscheiden, beide so zu betrachten, als bildeten sie *zusammen* die Quelle der Welt, wird ihre Mischung oder Verbindung zu dem, was als das qualifizierte (*saguṇa*) Brahman bekannt ist, welches die ganze Mannigfaltigkeit der Erfahrung einschließlich der erfahrenden Selbste umfaßt. In diesem Sinne kann man sich Brahman gleich der Māyā in zwei Stufen vorstellen – als Ursache und Wirkung. Beim Brahman ist die Mannigfaltigkeit latent, bei der Māyā ist sie offenbar. Wenn aber Brahman mit der Unechtheit der Māyā vermischt wird, steigt es notgedrungen auf die Ebene der Phänomene herab und wird deshalb als niederes (*apara*) Brahman bezeichnet, um es vom höheren (*para*) zu unterscheiden. Es bildet dann die kosmische Parallele zum individuellen Selbst oder dem Ego. Jedes ist Brahman selbst mit einem nichtrealen Attribut; nur ist das Attribut im einen Fall allumfassend, während es im anderen endlich ist. Das endliche Attribut des individuellen Selbst

wird manchmal als *avidyā* bezeichnet, um es von der kosmischen Māyā des qualifizierten Brahman abzuheben. Bei dieser Anschauung ist Māyā die Gesamtheit, von dem die vielen *avidyās,* die mit den individuellen Selbsten verbunden sind, Teile oder Phasen sind. Geradeso wie man das ganze Universum als Wirkung der Māyā betrachtet, sieht man die Teilbereiche des Universums, die die Begleiter eines individuellen Selbstes bilden wie der natürliche Körper und das innere Organ, als von der *avidyā* dieses speziellen Selbstes abgeleitet. Welcher Unterschied auch immer dann zwischen dem Ego und dem qualifizierten Brahman bzw. zwischen einem Ego und einem anderen zu bestehen scheint, er entspricht völlig dem der zwischen diesen sich unterscheidenden Attributen. Für sich selbst genommen sind die Egos untereinander oder vom qualifizierten Brahman unterschieden. Diese Identität der Bedeutung der beiden Begriffe *jīva* und qualifiziertes Brahman (S. 26) ist trotz der Unterschiedlichkeit der Begriffsinhalte die Advaita-Interpretation von »Das bist du« (*Tat tvam asi*). Sie bedeutet nicht, wie man es so häufig darstellt, daß der Mensch und das qualifizierte Brahman bzw. Gott (um einen Begriff zu benutzen, den wir bald erklären werden) *als solche* eins sind. Nach dem Advaita wäre eine solche Einstellung genauso blasphemisch wie bei irgendeiner Religion oder rein theistischen Lehre.

Ist das qualifizierte Brahman personifiziert, wird es zum Gott oder Īśvara des Advaita. Wie dieses kann man sich auch Gott als kosmische Parallele zum endlichen individuellen Selbst vorstellen; der Unterschied zwischen ihnen liegt ganz und gar in den Attributen. Als Folge dieses Unterschieds bleibt Gott von jeglicher schlechten Auswirkung der Verbindung mit einem endlichen Attribut unberührt, wie es etwa kleinliche Liebe und Haß sind. Es ist die Anhänglichkeit, die Vorlieben und Ausschließungen mit sich bringt; aber Gott, der allem in gleicher Weise verhaftet ist, ist davon nicht tatsächlich berührt. Es gibt einen Sanskrit-Vers, der sagt: »Man sollte die Anhänglichkeit aufgeben; wenn dies aber nicht möglich ist, sollte man sie betreiben, aber es sollte gleiche Anhänglichkeit an alles sein«[9]. In der Sprache der Volksreligion wird Gott als Schöpfer des Universums bezeichnet und Māyā als die Kraft (*śakti*), die ihm bei der Schöpfung hilft. In dieser Form wird er sowohl zur materiellen wie bewirkenden Ursache des Universums ((S. 38–39), und manchmal spricht man von ihm als dem großen Magier, der aus sich selbst heraus das ganze Schauspiel des Universums erzeugt. Der Vergleich mit einem Magier liegt darin begründet, daß er auf keine Weise durch das Schauspiel getäuscht wird wie die anderen, weil es in seinem Fall eine nie fehlgehende Verwirklichung seines tatsächlichen Wesens gibt; und das ist der Grund, warum das Übel ihn nicht berührt, wie wir oben feststellten. Wir dürfen nicht vergessen, daß das Absolute wirklich endgültig ist und nicht das qualifizierte Brahman oder Gott. Beim Erarbeiten der wahren Vorstellung der endgültigen Realität sind diese Vorstellungen für die schwächeren Schüler wie Stolpersteine[10].

4. *Jīva*: Wir haben bereits vom *jīva* oder dem Ego in Beziehung zum Brahman und der Welt gesprochen, und es gibt jetzt nicht viel mehr darüber zu sagen. Wie das qualifizierte Brahman oder Gott ist auch das Ego in seinem Wesen komplex, weil es eine Mischung aus dem Selbst und dem Nichtselbst ist. Das letztere Element ist *avidyā*, die im Falle des qualifizierten Brahman mit Māyā in Verbindung steht. Es ist, wie wir sagen könnten, der Anteil des Individuums an der Māyā oder eine Miniatur-Māyā. Aber diese Beschreibung trifft wörtlich nur für den Zustand des tiefen und traumlosen Schlafes zu. Im Traumzustand ist der *jīva* mit der *avidyā* als solcher nicht verbunden, sondern hauptsächlich mit ihrem Sproß des inneren Organs (*antaḥ-karaṇa*), und im Wachzustand auch mit dem natürlichen Körper, der in ähnlicher Weise von der *avidyā* abgeleitet ist. Obwohl

der *jīva* und Gott in ihrem Wesen gleichermaßen komplex sind, gibt es, wie wir gesehen haben, zwischen ihnen einen bedeutenden Unterschied. Im einen Fall wurden die beiden Elemente miteinander stillschweigend, wenn nicht explizit, fälschlicherweise identifiziert, im anderen jedoch nicht. Aus dieser falschen Identifizierung entstehen alle Verwirrungen und Ärgernisse des Lebens. Das Selbst fungiert in dieser komplexen Form als ein Subjekt, so daß die Illusion bzw. die falsche Identifizierung von Selbst und Nichtselbst allen Formen der Erfahrung vorausgeht. Sie ist in der Tat eine notwendige Voraussetzung von ihm. Diese komplexe Wesenheit wiederum, welche *avidyā* oder Nichtwissen zur Voraussetzung hat, ist der Transmigration unterworfen – eine Tatsache, die impliziert, daß Befreiung, die von der Überwindung des Nichtwissens abhängt, den Begriff des Ego übersteigt. Anscheinend muß daher der Mensch paradoxerweise über sich selbst hinausgehen, um wahrhaft er selbst zu sein.

Die obige Erklärung versetzt uns in die Lage, die Vorstellung des Advaita vom *sākṣin* oder »Zeugen« zu verstehen, die stark an die des Puruṣa im Sāṃkhya-Yoga erinnert (S. 164). Es ist der *jīva*, der in seinem *wahren* Wesen betrachtet wird – nicht mit Attributen oder auch nur in Bezug zu diesen, sondern von allem getrennt. Er ist somit reines Bewußtsein, das »sehende Licht« und dem Wesen nach mit Brahman identisch. Wir können ihn als das transzendentale Ego bezeichnen, um ihn vom *jīva* oder dem empirischen Ego zu unterscheiden. Wenn wir sagen, daß der *sākṣin* Bewußtsein ist, sollte er nicht mit der uns vertrauten Erkenntnis verwechselt werden. Die letztere (*vṛtti-jñāna*), die ein Zustand des *jīva* oder Subjektes ist, tritt zwangsläufig in der Begrenztheit des unbeständigen inneren Organs auf und ändert sich deshalb mit diesem; aber das reine Bewußtsein, das in sich selbst bewußt ist (*svarūpa-jñāna*) erscheint nicht so, weil jede Veränderung, wie sie hier verstanden wird, *für* das Bewußtsein und nicht *im* Bewußtsein ist. Wenn wir deshalb von Erkenntnis sprechen, die entsteht oder verschwindet, meinen wir nur die Veränderungen im inneren Organ, das fälschlicherweise mit dem Zeugen identifiziert wird. Der Zeuge ist somit die natürliche Folgerung des empirischen Denkens. Seine Existenz wird aus dem Prinzip hergeleitet, daß das, was erkennt, etwas anderes sein muß als das, was erkannt wird – ein Prinzip, das zeigt, daß das Selbstbewußtsein, wie es von Denkern wie Kumārila dargelegt wird (S. 188), ein Widerspruch in sich selbst ist. Es wird gesagt, nichts könne sowohl Subjekt wie Objekt ein und derselben Handlung sein. Das Auge kann andere Dinge sehen, aber nicht sich selbst. Die Spitze eines Fingers kann andere Gegenstände berühren, aber nicht sich selbst. Es ist ohne Zweifel wahr, daß wir davon sprechen uns selbst zu erkennen; aber dann meinen wir nur den *jīva*, der nichtspirituelle oder *erkennbare* Elemente wie den Körper und das innere Organ miteinschließt. In der Realität ist es nicht das »Ich«, sondern das »Mich«, das wir erkennen. Das wahre Selbst kann nicht erkannt werden; aber deshalb bleibt es nicht unerkannt, weil es sich selbst offenbart. Tatsächlich kann es niemals völlig unterdrückt werden.

Der Advaitin akzeptiert die Theorie der repräsentativen Wahrnehmung und seine Erklärung des Prozesses der Wahrnehmung ähnelt sehr der des Sāṃkhya-Yoga (S. 171). Er glaubt auch wie die anderen Vedāntins an die Eigengültigkeit der Erkenntnis und folgt damit der Spur der Mīmāṃsakas; aber in seiner Anschauung über den Irrtum unterscheidet er sich völlig von den Lehren, die wir bisher betrachtet haben. Er nimmt einen objektiven Faktor bzw. ein Gegenstück an, wo alle Erkenntnis *vollkommen* mit ihrem Inhalt in Verbindung steht, wobei der Irrtum bei dieser Regel keine Ausnahme bildet. D. h. sozusagen, daß jede Erkenntnis als solche auf einen Gegenstand hinweist, der über sie hinausgeht. Aber der Gegenstand der Illusion, meint er, befindet sich in einem Zustand, der sich von gültiger Erkenntnis unterscheidet, weil er ungleich dieser später aufgehoben wird. Die illusorische Schlange enthüllt sich früher oder später als bloßes Seil; aber empirische Gegenstände wie Tische und Stühle oder Berge und Flüsse werden nicht auf dieselbe Weise aufgehoben. Normal gesprochen existieren sie, bevor ihr Sein erkannt wurde und existieren auch nach diesem Vorgang weiter. Ein illusorischer Gegenstand hingegen dauert nur solange wie die Erkenntnis von ihm besteht. Er erlangt seine Existenz nur, wenn er erkannt wird und verschwindet auch mit ihr. Die beiden sind somit gleichbedeutend. Aber obwohl illusorische Gegenstände nicht als real akzeptiert werden können, weil sie auf diese Weise aufgehoben werden, sind sie nicht unwirklich, weil sie uns hier als deutlich vorhanden erscheinen; nur das völlig Nichtexistente kann sich offensichtlich nicht selbst erkennen lassen. D. h., daß man sie weder als real noch als nichtreal (*sadasadvilakṣaṇa*) ansehen kann. Daher wird die Advaita-Theorie des Irrtums als die »Annahme des Unbeschreiblichen« (*anirvacanīya-khyāti*) bezeichnet, wobei das Wort »unbeschreiblich« für etwas steht, das nicht in den Begriffen von Sein und Nichtsein ausgedrückt werden kann.

Es gibt somit zwei Arten des Seins, als deren Beispiele wir die reale und die unechte Schlange nehmen können. Wenn wir außerdem noch hinzufügen, was die gemeinsame Grundlage von beiden bildet, d. h. das Brahman, dann haben wir drei Arten der Realität, die gewöhnlich in den Advaita-Werken genannt werden. Von diesen ist das Brahman in der einzig wahren Bedeutung des Begriffes real (*pāramārthika*). Gegenstände wie das Seil sind im empirischen Sinne real (*vyāvahārika*), weil sie – obwohl keinesfalls dauerhaft – doch in einer bestimmten Form weiterexistieren (sagen wir als Faser, wenn schon nicht als Seil), solange wir sie vom Standpunkt der allgemeinen Erfahrung betrachten. Das Sein der Schlange, die man sieht, wo sich nur ein Seil befindet, wird als illusorisch (*prātibhāsika*) bezeichnet; und ihr unterscheidendes Merkmal liegt darin, daß sie völlig verschwindet, wenn die Illusion zerstreut ist. Der Unterschied zwischen den beiden letzteren Arten der Realität kann auch auf andere Weise erklärt werden. Den illusorischen Gegenstand gibt es nur in der individuellen Erfahrung. Wenn jemand irrtümlich ein Seil für eine Schlange hält, können andere es doch als ein Seil ansehen. Deshalb kann man solche Gegenstände als »privat« bezeichnen. Andererseits ist der empirische Gegenstand »öffentlich«, weil seine Existenz hauptsächlich auch von anderen bezeugt ist. Die Bezeichnung des illusorischen Gegenstandes als »privat« bedeutet nicht, daß er wie in der Yogācāra-Lehre subjektiv ist (S. 112), weil er, wie wir gerade feststellten, anders ist als die Erkenntnis.

Aus dieser Anschauung vom Irrtum können wir die Vorstellung des Advaitin von Wahrheit herausfinden. Nach der gerade gegebenen Beschreibung ist die Erkenntnis wahr, wenn kein Teil ihres Inhalts sich als unecht erwiesen hat bzw. mit anderen Worten, wenn es unserer übrigen Erfahrung nicht widerspricht, sondern mit ihr übereinstimmt. Das bedeutet, daß der Nichtwiderspruch oder der logische Zusammenhang mit anderer Erkenntnis ihren Wahrheitsgehalt erweist und nicht die Verbindung mit der Realität. Die Ablehnung der Verbindungs-Hypothese bedeutet nicht die Leugnung der Anschauung, daß Erkenntnis auf einen Gegenstand außerhalb ihrer selbst hinweist, mit dem sie in Verbindung steht. Weil *jede* Erkenntnis, wie oben betont wurde, gleichermaßen die Bedingung der Übereinstimmung mit einem objektiven Gegenstück erfüllt, bedeutet dies nur, daß die Verbindung nicht als ein Unterscheidungsmerkmal der Wahrheit angesehen werden kann. Aber während der logische Zusammenhang gewöhnlich als ein Merkmal der Wahrheit dienen kann, darf man ihn letztendlich doch nicht als ausreichend ansehen, weil es mehr als eine Art dieser Wahrheit geben kann. Die Welt der Wissenschaft z. B. bildet ein Wahrheitssystem, und die Welt der Kunst, sagen wir die von Shakespeares *Othello* oder von Scotts

Ivanhoe bildet ein anderes. Sie sind relativ, und was in dem einen wahr ist, muß nicht auch im anderen wahr sein. Die endgültige Wahrheit sollte alle diese Wahrheiten umfassen und sie entweder direkt erklären (z. B. im Fall der Welt der Wissenschaft) oder zumindestens indirekt, indem sie als deren mögliche Grundlage dient (z. B. im Fall der Welt der Kunst), weil das Seil die unechte Schlange erklärt. Sie sollte daher nicht nur das Kriterium des logischen Zusammenhangs erfüllen, sondern auch umfassend sein. Diese Wahrheit ist die Einheit jeglicher Existenz: »All dies ist wahrhaft Brahman« (*sarvaṃ khalv idaṃ Brahma*)[d].

Man sollte aber hinzufügen, daß damit nur das Wesen der endgültigen Wahrheit vom empirischen Standpunkt zum Ausdruck gebracht wird, weil der Begriff des logischen Zusammenhangs die Realität der Mannigfaltigkeit impliziert, während nach dem Advaita jede Mannigfaltigkeit letztlich unecht ist. Vom endgültigen Standpunkt aus muß die Wahrheit somit die Grundlage von dem sein, von dem die Gesamtheit dieser Mannigfaltigkeit eine Erscheinung ist, d. h. Brahman. An diesem Punkt verschwindet der Unterschied zwischen Wahrheit und Realität wie alle anderen Unterschiede; und sie können als austauschbar angesehen werden, je nach dem, was wir wählen. In der Terminologie der Upaniṣaden (S. 27) ist es Sein und zur gleichen Zeit Erkenntnis (*jñāna*). Der Unterschied in der Benennung paßt zu der unterschiedlichen Annäherungsweise. In sich selbst übersteigt das Absolute sowohl das Sein wie die Erkenntnis, die uns vertraut sind, während es beide erklärt. Die Einheit aller Existenz, oben als höchste der empirischen Wahrheiten postuliert, reduziert sich selbst am Ende auf die einzige Realität des Geistes – ein Ergebnis, welches dasselbe ist wie die Lehre von »Das bist du« und »All dies ist wahrhaft Brahman«. Der einzige Unterschied besteht darin: während im einen Fall die Annäherung an die absolute Realität von der objektiven Seite ausgeht, geschieht sie im anderen von der subjektiven Seite. Obwohl Wahrheit im endgültigen Sinne deshalb kein logischer Zusammenhang sein kann, könnte man sie als Nichtwiderspruch (*abādhita*) charakterisieren, weil es unmöglich ist, den Geist zu beseitigen oder zu leugnen, da eine solche Leugnung selbst wiederum gedacht wird bzw. eine Offenbarung des Geistes ist.

Der Advaitin glaubt an alle sechs *pramāṇas*, die wir bereits erwähnt haben; und da seine Anschauung über diese beinahe dieselbe ist wie die des Kumārila, erübrigt sich ein weiterer Hinweis auf sie. Bezüglich ihrer Einstellung zum Veda gibt es aber doch einen wichtigen Unterschied. Wie wir wissen, ist der Veda eine Abart des Wortzeugnisses und es mag genügen, hier darüber zu berichten. Betroffen sind die Grundlagen, auf denen die Gültigkeit des Veda basiert. Der Advaitin glaubt ungleich dem Mīmāṃsaka, daß der Veda einen Urheber, d. h. Gott, hatte; aber er ist im herkömmlichen Sinne des Wortes nicht sein Werk. Wie alles andere verschwindet auch der Veda am Ende eines Zyklus und Gott schafft ihn am Beginn des nächsten Zyklus neu so wie er vorher gewesen war, so daß man ihn in dem Sinne als ewig betrachten kann wie es eine anfangslose Reihe von gleichen Dingen ist. Soweit es seine Substanz und seine wörtliche Form betrifft, ist er deshalb tatsächlich unabhängig von Gott (*apauruṣeya*), obwohl ihm seine Verkündung am Beginn eines jeden Zyklus eigen ist. Er sichert somit dem Veda Eigengültigkeit, ohne ihm die offensichtlich nichtüberzeugende Theorie der Mīmāṃsā zu unterstellen, daß er aus sich selbst existiere und ewig sei. Wir können hinzufügen, daß der Advaitin sich in dieser Anschauung auch vom Nyāya unterscheidet, weil der letztere Gott die Urheberschaft des Veda im gewöhnlichen Sinne des Begriffes zuschreibt. Diese Advaita-Anschauung des Veda, die eine mittlere Position zwischen den Nyāya- und Mīmāṃsā-Anschauungen einnimmt, ist allen Schulen des Vedānta gemeinsam.

II

Das Ziel des menschlichen Lebens kann nach dem Advaita unmittelbar aus seiner Erklärung des Charakters des individuellen Selbst hergeleitet werden. Das individuelle Selbst ist Brahman selbst und sein angenommener Unterschied zu diesem paßt völlig zu den illusorischen Attributen, mit dem es sich selbst identifiziert. Deshalb sollte es das endgültige Ziel des Menschen im Leben sein, diese Wahrheit zu erkennen und zu verwirklichen. Weil die verschiedenen Begleiterscheinungen des Selbst alle unecht sind und die Identifizierung des Selbst mit diesen ein Irrtum ist, ist die richtige Erkenntnis das Mittel um sich von ihnen zu befreien. Wie in den anderen Lehren bedeutet auch hier das Erreichen des Ziels das Hervorbringen einer Veränderung; nur stellt man sich die Veränderung in dieser Lehre nicht im Bereich des Seins, sondern in dem des Denkens vor[11]. Das bedeutet, daß der Mensch seinen Standpunkt zu sich selbst und der Welt völlig ändern muß, um frei zu werden. Endgültige Freiheit bedeutet deshalb nicht irgendeine tatsächliche Veränderung im Wesen des Selbst. Um ein vertrautes Beispiel zu geben: bei einer Mondfinsternis wird der Mond tatsächlich durch den Erdschatten verdunkelt, und er bleibt verfinstert, bis diese Verdunkelung durch eine Veränderung der relativen Stellung der betreffenden Himmelskörper beseitigt ist und das Sonnenlicht wieder voll auf ihn fällt. Hier ist die Veränderung real. Andererseits ändert sich bei einer Sonnenfinsternis überhaupt nichts beim Leuchtkörper: er ist während der Finsternis weiterhin das, was er vorher war. Nur die Stellung des Beobachters in Bezug zur Sonne und zum Mond läßt den falschen Begriff der Finsternis entstehen. Wenn es eine entsprechende Veränderung dieser Stellung gibt, hört die Finsternis notgedrungen auf. Gleichermaßen wird im vorliegenden Fall auch die Identität des Selbst mit dem Brahman nicht als etwas Neues erreicht: es gibt sie bereits und muß nur durch die eigene Erfahrung realisiert werden. Das bedeutet nach dem Advaita aber nicht, daß es keine Notwendigkeit gibt, sich einer praktischen Übung zu unterziehen um dies zu verwirklichen. Aber das ist ein Punkt, zu dem wir bald zurückkehren werden.

In Übereinstimmung mit den anderen Systemen besteht die Übung auch hier aus zwei Teilen: der erste ist zur Pflege der Gleichgültigkeit gegenüber der Welt (*vairāgya*) bestimmt und der zweite zur Aneignung von Erkenntnis (*jñāna*) der endgültigen Realität und Verwandlung dieser Erkenntnis in unmittelbare Erfahrung. Der erste Teil der Übung bedeutet das Befolgen der Pflicht in der Art wie sie in der Gītā gelehrt wird (S. 73), d. h. ohne die weltliche Frucht zu begehren, aber im Hinblick auf die Vervollkommnung des Charakters (*karma-yoga*). Dieser vorläufige Zustand der Übung ist so wesentlich zur Erlangung des Ziels wie jeder andere in der Lehre. Wir haben ohne Zweifel festgestellt, daß das Erreichen des Ziels hier nur eine Veränderung des Standpunktes bedeutet und keine tatsächliche Veränderung im Wesen des Selbst. Doch wäre es falsch zu denken, daß der Advaita deshalb einen nichtigen Quietismus empfehle oder gutheiße. Unsere allgemeinen dualistischen Überzeugungen über das Leben und die daraus folgenden egoistischen Tendenzen in uns sind so fest verwurzelt, daß solange keine ernsthafte Bemühung zur Erkenntnis der endgültigen Wahrheit der Einheit möglich ist, bis diese Tendenzen radikal verändert sind. Solch eine Umwandlung kann nur durch lange und kontinuierliche Ausübung der Pflicht im Geiste absoluter Uneigennützigkeit erreicht werden. Eine bloß intellektuelle Aneignung der Wahrheit des Advaita ist in dieser Hinsicht von keinem Nutzen. Während man aber ethisches Handeln in einigen anderen Lehren als direkten Beitrag zur endgültigen Freiheit ansieht, nimmt man ihn hier nur als indirekten Beitrag. Indem man hilft, die Gemütsbewegungen zu reinigen, versetzt man den Menschen in die Lage, über seine übliche egoistische Haltung hinauszugehen und befähigt ihn dazu, die endgültige Wahrheit ernsthaft anzustreben. Dasselbe heißt in der traditionellen Terminologie: Karman wird nicht als Ursache von *mokṣa* oder auch nur von *jñāna*, das sein Mittel ist, angesehen, sondern als Ursache des wahren *Wunsches* zu erkennen (*vividiṣā*). Ethos wird demzufolge hier als eine unbedeutende oder vermittelnde Ursache (*ārādupakāraka*) des *mokṣa* angesehen. Der Zweck, weshalb die Lehre ethisches Handeln empfiehlt, mag ein anderer sein als in den anderen Lehren und mag auch, wie wir bald sehen werden, eine Stufe im spirituellen Fortschritt des Menschen anerkennen, wenn die Pflicht *als solche* keine Bedeutung mehr hat. Aber die Notwendigkeit eines tiefempfundenen Festhaltens am ethischen Handeln in den früheren Stadien der Lebensdisziplin ist keine Frage. »Obwohl nur die Erkenntnis allein letztendlich zum *mokṣa* führt«, sagt Max Müller, »wird die Tugend mit Sicherheit vorausgesetzt«.

Erfolg bei diesem Teil der Übung zeigt sich durch das Erscheinen folgender Merkmale beim Schüler, die man als »die vierfache Hilfe« (*sādhana-catuṣṭaya*) beim Studium des Vedānta bezeichnet. Diese sind (1) die Fähigkeit zwischen Vergänglichem und Ewigem zu unterscheiden, (2) die Abwesenheit des Wunsches, sich hier und anderswo Vergnügen zu bereiten und Qual zu vermeiden, (3) das Erreichen von Gemütsruhe, Beherrschung sowie der Geist des Verzichtes, Tapferkeit, die Macht der Konzentration des Geistes, Glaube oder der »Wille zu glauben«, und (4) das Verlangen nach wahrer Freiheit. Mit einem Wort, dieser Teil der Lehre qualifiziert zum *saṃnyāsa*. Es gibt unterschiedliche Meinungen unter den Advaitins, ob man *formal* ein Asket wird, bevor man in das nächste Stadium der Lehre (*jñāna-yoga*) eintritt. Einige meinen, dies sei nicht unbedingt notwendig[12]. Die oben genannten Hilfsmittel sind meist negativer Natur, aber wir sollten uns erinnern, daß ihr endgültiges Ziel der Selbstverwirklichung ganz und gar positiv ist. Das engstirnige Selbst wird unterdrückt, aber nur um das weit offene zu gewinnen.

Der zweite Teil der Lehre ist dreifach, wie in unserer Behandlung der Upaniṣaden ausgeführt wurde (S. .): formales Studium (*śravaṇa*), Reflexion (*manana*) und Meditation (*dhyāna*). Hier mag es genügen, nur die wichtigen Punkte anzusprechen, die bisher noch nicht behandelt wurden:

1. Formales Studium (*śravaṇa*): Dies bedeutet, von einem geeigneten Lehrer (*guru*) zu lernen, daß die alleinige Realität von Brahman die elementare Lehre des Advaita ist. Die hier gelehrte Einheit umfaßt ohne Zweifel Mensch und Natur. Weil aber das erste und wichtigste Interesse des Menschen der Mensch selbst und nicht die Natur ist, wird der Wahrheit, die sich in »Das bist du« verkörpert bzw. der grundsätzlichen Identität des Individuums und des Absoluten in dieser Lehre der Vorzug gegeben. Der Schüler hat demzufolge seine Aufmerksamkeit auf diesen Aspekt der Lehre zu richten und den anderen, der sich auf die Natur bezieht, als mehr oder weniger sekundär zu betrachten.

2. Reflexion (*manana*): Als ein Ergebnis aus der obigen Lehre erkennt der Schüler die Einheit von Individuum und endgültiger Realität. Aber diese Erkenntnis, die nur durch einen anderen vermittelt wurde, kann nicht völlig überzeugen, besonders weil sie so stark im Widerspruch zum Urteil der allgemeinen Erfahrung (*asam-bhāvanā*) steht. Daher kommt der vorliegende Schritt der persönlichen Reflexion, der dazu dienen soll, den Schüler dabei zu unterstützen, sich selbst durch Beispiele, die aus dem normalen Leben gegriffen sind, von der Richtigkeit der Advaita-Lehre zu überzeugen. Aber in ihrem innersten Kern sind die Argumente, die auf solchen Beispielen beruhen, nur Analogien (*sāmānyato-dṛṣṭa*), weil sie aus dem Bereich der allgemeinen Erfahrung genommen sind, während Brahman diesen übersteigt. Somit können sie die vedāntische Wahrheit nur unterstützen oder ihre Wahrscheinlichkeit anzeigen (S. 173) und sie nicht unabhängig von der Offenbarung darlegen. Mit anderen

Worten: diese Art von Argument wird hier nicht als ein *pramāṇa* benutzt, sondern nur als eine Begleiterscheinung zu ihm (*yukti*). Hier könnte es scheinen, als beruhe die Wahrheit des Advaita letztlich auf einem Dogma. Solch eine Anschauung wäre auf keinen Fall richtig, was aus dem ersichtlich werden wird, was wir später bezüglich der Stellung der Ursache im Advaita insgesamt sagen werden.

3. Meditation (*dhyāna*): Wie schon vorher häufig bemerkt, ist es das Anliegen dieses Stadiums, die mittelbare Erkenntnis der endgültigen Realität, die durch das Studium der Upaniṣaden und die Reflexion über ihre Lehre gewonnen wurde, in eine unmittelbare Erfahrung zu verwandeln. Demzufolge sucht man jetzt eine Vision und nicht nur Erkenntnis. Trotz der erreichten intellektuellen Überzeugung können alte Denkgewohnheiten (*viparīta-sambhāvanā*), die unvereinbar mit ihr sind, sich selbst hin und wieder zur Geltung bringen. Dieser Schritt hat die Absicht, diese zu überwinden. Er besteht in der Meditation über den zentralen Punkt der Advaita-Lehre. Wenn dieser Prozeß von Erfolg gekrönt ist, dann erwacht im Geist des Meditierenden von selbst die Wahrheit der Feststellung »Das bist du«. Zur gleichen Zeit ist die innere Glückseligkeit des Selbst sozusagen in ihrer Gesamtheit freigesetzt.

Wir wollen nun kurz den Stellenwert des Denkens im Advaita betrachten[13]. Zweifelsohne sollte die Wahrheit des Advaita zunächst von einem Lehrer erlernt werden, der mit dieser wohlvertraut ist. Das bedeutet aber nicht, daß das Denken außer Betracht kam. Seine Notwendigkeit wird voll anerkannt, wie man an der Stellung sehen kann, die der Reflexion (*manana*) im Schema der Lehre zugewiesen wird. In der Tat glaubt man, die endgültige Bedeutung der Schrift werde solange nicht völlig erkannt, bis man verpflichtet wurde, das Denken von jemandem in der oben beschriebenen Art zu benutzen[14]. Man könnte aber denken, die Lehre sei im wesentlichen dogmatisch, wie wichtig auch immer der Platz sein mag, den sie dem Denken einräumt, weil ihre Wahrheit hauptsächlich durch Offenbarung zu erkennen ist. Wenn wir uns aber an die genaue Funktion der Offenbarung erinnern, sehen wir, daß eine solche Schlußfolgerung nicht berechtigt ist. Das Ziel ist hier wie in den anderen indischen Lehren nicht durch ein lediglich intellektuelles Erfassen der endgültigen Wahrheit, sondern durch die eigene Erfahrung zu verwirklichen. Die Schrift als solche, die eine Art Wortzeugnis ist, kann nur mittelbare Erkenntnis vermitteln. Das Erreichen des Ideals bedeutet daher, über das bloße Erfassen der Schriftwahrheit hinauszugehen. Die Kenntnis der Schrift ist daher notwendig, aber nicht ausreichend. Wie das Denken wird auch sie deshalb nur zu einer zusätzlichen Hilfe beim Erreichen des Zieles. Die Upaniṣaden selbst erklären, daß sie die Notwendigkeit der Schriften für überflüssig halten, wenn eine Person diese Wahrheit für sich selbst gesehen hat. »Dann ist der Vater nicht Vater, die Mutter nicht Mutter, die Welt nicht die Welt, die Götter nicht Götter, die Veden nicht Veden«[15]. Somit gehen wir schließlich über das Denken und die Offenbarung hinaus und stützen uns auf die unmittelbare Erfahrung (*anubhava*). Wenn daher der Advaita dogmatisch ist, dann ist das Dogma dort nur dazu da, um überschritten zu werden[16]. Weiterhin sollten wir nicht vergessen, daß die Offenbarung selbst auf die intuitive Erfahrung der großen Seher der Vergangenheit zurückgeht, wie in einem früheren Kapitel festgestellt wurde (S. 61). Diese Erfahrung muß durch den Schüler persönlich erhärtet werden.

Wenn die Wahrheit verwirklicht ist, erreicht man *mokṣa*, der nicht nur ein bloßes Erkennen von Brahman, sondern Brahman-*Sein* ist, wie wir gesehen haben. Die Person, die dieses Stadium erreicht hat, ist ein *jīvanmukta* oder »freier Mensch«, obwohl er weiterhin mit seinen zahlreichen natürlichen Begleiterscheinungen assoziiert sein kann. Er steht im Leben und ist doch aus ihm herausgehoben. Er wird zwangsläufig weiterarbeiten und anderen helfen, aber der Dienst, den er erfüllt, wird der natürliche Ausdruck seiner fühlbaren Überzeugung von der Einheit von allem sein. Oder, um das gleiche anders auszudrücken: der Zwang zur Pflicht ist in diesem Stadium durch die Spontaneität der Liebe ersetzt. Das ist die Bedeutung der Aussage, daß die Pflicht als solche für einen Wissenden nicht mehr bedeutsam ist und nicht, daß er gegenüber der Welt indifferent wird. Die Art des Lebens, das Śaṅkara führte, reicht aus, um eine derartige negative Anschauung zurückzuweisen[e]. Wenn ein *jīvanmukta* beim Tode den natürlichen Körper verläßt, wird er in der endgültigen Bedeutung des Begriffes (*videha-mukti*) frei sein. Das ist die logische Einstellung des Advaita und unerschütterlich in ihm verankert. Aber in Übereinstimmung mit der Lehre der Upaniṣaden (S. 37–38) erkennt der Advaita auch die »graduelle oder schrittweise Befreiung« (*krama-mukti*) an, die den Fall jener bezeichnet, die auf dem richtigen Weg voranschreiten, aber die richtige Erkenntnis nicht unmittelbar in diesem Leben erlangen. Nach dem Tod schreiten sie von einem höheren Leben zum nächsten voran, bis sie die unmittelbare Erfahrung der endgültigen Wahrheit erlangen und endgültig befreit sind.

Anmerkungen zu Teil VII

1 Vgl. Praśna-Upaniṣad V,2.

2 *Na khalv ananyatvam ity abhedaṃ brūmaḥ: kiṃ tu bhedaṃ vyāsedhāmaḥ* (*Bhāmatī*, II,i.14). (Anm. d. Übers.: Bhāmatī ist der Kommentar des Vācaspatimiśra zu Śaṅkaras Kommentar zu den Brāhmasūtras.)

3 Das zweite wird als *sopādhika-bhrama* oder als eine Illusion, die das Vorhandensein eines *upādhi* miteinschließt, bezeichnet, was der Name ist, der den dazwischentretenden Faktoren wie der Glasscheibe gegeben wird. Im ersten Fall gibt es keinen solchen Faktor und er wird daher als *nirupādhika-bhrama* bezeichnet.

4 Vgl. den Kommentar zum *Vedānta-Sūtra* II,i,14–15.

5 Siehe z. B. *Vedānta-Sūtra* I,i,2.

[6] Es gibt Unterschiede in Fragen des Details: z. B. werden die Sinne im Sāṃkhya-Yoga aus dem *ahaṃ-kāra* abgeleitet, während sie hier auf die Elemente, d. h. *pṛthivī, ap* usw. zurückgeführt werden.

[7] Vgl. *Nyāyamañjarī*, S. 526ff.

[8] Zu *Vedānta-Sūtra* II,iii,7: *Ya eva hi nirākartā tad eva tasya svarūpam.* Śaṅkaras Lehre kann aus demselben Grund nicht mit *śūnya* der Madhyamaka-Schule des Buddhismus identifiziert werden (wenn man annimmt, daß es nicht das absolute Nichts ist), weil es ein *objektives* Etwas ist, das transzendental ist, obwohl es existiert.

[9] *Tyaktavyo mama-kāraḥ tyaktuṃ yadi śakyate nāsau*
kartavyo mama-kāraḥ kiṃ tu sa sarvatra kartavyaḥ.

[10] Siehe *Kalpa-taru* (I,i,20):
Nirviśeṣaṃ paraṃ brahma sākṣāt kartum anīśvarāḥ
Ye mandās te 'nukampyante saviśeṣa-nirūpaṇaiḥ.
(Anm. d. Übers.: *Kalpa-taru* ist der Kommentar des Amalānanda zum Śaṅkara-Kommentar des Vedānta-Sūtra.)

[11] Vgl. *Avagatir eva gatiḥ.* Śaṅkara zur Kaṭha-Upaniṣad I,iii,12.

[12] Siehe *Vedānta-paribhāṣā* zu *uparati*, Kapitel VIII. (Anm. d. Übers.: Text des im 17. Jahrhundert lebenden Dharmarāja. Das Wort *uparati* bedeutet soviel wie Quietismus, d. h. die Aufgabe aller Arten von Pflichten.)

[13] Die Beziehung des Denkens zur Offenbarung, die hier fortgesetzt wird, ist für alle Schulen des Vedānta akzeptabel.

[14] Siehe *Naiṣkarmya-siddhi* iii, Strophe 5 und 53. (Anm. d. Übers.: Die *Naiṣkarmya-siddhi* ist ein Werk des Maṇḍana Miśra oder Sureśvara.)

[15] Vgl. *Bṛhadāraṇyaka-Upaniṣad* IV,iii,22. Diese Passage bezieht sich zweifellos auf den Tiefschlaf, aber *mokṣa* ist in dieser Hinsicht nur eine Nachbildung des Tiefschlafs. Siehe Śaṅkara zum *Vedānta-Sūtra* IV,i,3.

[16] *Anubhavāvasānatvād brahma-jñānasya.* Śaṅkara zum *Vedānta-Sūtra* I,i,2.

Anm. des Übersetzers

[a] Die Wirkung Śaṅkaras war zu seiner Zeit keineswegs so bedeutend und ein Sozialreformer war er gewiß auch nicht. Die Legendenbildung hat sich seiner Person in späterer Zeit bemächtigt und ihm vieles zugeschrieben, was seinen Ursprung nachweislich erst Jahrhunderte später hat.

[b] Gauḍapāda muß spätestens im 5. Jahrhundert n. Chr. gelebt haben, weil er vom buddhistischen Philosophen Bhāviviveka zitiert wird, der im gleichen Jahrhundert lebte. Es ist sogar bestritten worden, daß es sich hierbei um eine Person handele, vielmehr um Versviertel

(*pāda*) aus Bengalen (*Gauḍa*); diese Ansicht ist allerdings sehr umstritten, aber möglicherweise ist Gauḍapāda kein Eigenname. Da Śaṅkara ihn in *Upadeśasāhasrī* II,18,2 als Lehrer seines Lehrers (*guror garīyase*) bezeichnet, ist das Datum des Śaṅkara wohl auch früher anzusetzen (6. Jahrhundert?).

[c] Es ist völlig zweifelhaft, ob Śaṅkara nur 32 Jahre alt geworden ist. Man darf im Zusammenhang mit dem unter Anm. b) Gesagten durchaus ein höheres Alter annehmen und natürlich auch eine große Anzahl von Werken, von denen viele erst später wirkmächtig wurden.

[d] *Chāndogya-Upaniṣad* III,xiv,1.

[e] Historisch betrachtet läßt sich über das Leben des Śaṅkara wenig aussagen.

VIII Theistischer Vedānta

Obwohl die upaniṣadische Lehre den Glauben an einen persönlichen Gott nicht ausschließt, ist sie in der Hauptsache nicht theistisch. Der indische Theismus hat eine besondere Geschichte, und wir haben gesehen, daß er sich bereits vor dem Beginn der christlichen Ära in zwei Hauptrichtungen entwickelte, d. h. als Śivaismus und Viṣṇuismus. Das Wiederaufleben des Hinduismus unter den Gupta-Königen (ca. 400 n. Chr.), um dem Erfolg von Jinismus und Buddhismus zu begegnen, bedeutete in der Realität die Erneuerung dieser beiden Glaubensrichtungen[1]. Als ihr Einfluß besonders in Südindien sehr stark war, interpretierte Śaṅkara die Upaniṣaden neu und stellte damit für Indien dessen altes philosophisches Denken wieder her. Deshalb entstand später bei einigen Denkern der Wunsch, die theistischen Glaubensrichtungen mit der upaniṣadischen Lehre zu vermischen und führte damit Veränderungen in die Neuinterpretation der letzteren ein, die zu diesem Zweck erforderlich waren. Wir haben jetzt das Ergebnis dieses Wunsches in Betracht zu ziehen. Aber wir werden unsere Aufmerksamkeit nur auf einen Aspekt von ihm richten, nämlich die Vermischung des Viṣṇuismus mit dem Vedānta, oder mit anderen Worten: wir werden hier die Lehren von Rāmānuja und Madhva behandeln. Dann gab es auch eine entsprechende Bestrebung bezüglich des Śivaismus. Aber die sich daraus ergebenden Typen sind substantiell dieselben wie die Lehren, mit denen wir uns in diesem Kapitel beschäftigen bzw. mit denen, die wir bereits im letzten Kapitel behandelt haben soweit sie theistisch sind. Der Śivaismus des Südens z. B., der »Siddhānta« genannt wird, ist realistisch und pluralistisch wie der Viṣṇuismus des Rāmānuja und Madhva, während das, was jetzt als »kaśmīrischer Śivaismus« bekannt ist, monistisch ist und mehr oder weniger der Anschauung des Bhartṛprapañca entspricht, über die wir oben berichteten.

Wir haben die Entwicklung des Viṣṇuismus bis in die Zeit der Gītā zurückverfolgt, und es gibt hier nicht viel über seine spätere Geschichte zu sagen. Der einzige Punkt, der Aufmerksamkeit verdient, ist die Entwicklung der Vorstellung von der Einheit der drei Hauptgötter einschließlich Brahmā in der dazwischenliegenden Zeit. In einem Abschnitt ihrer Geschichte, möglicherweise nachdem sie über ihre gemeinsamen Rivalen Jinismus und Buddhismus triumphiert hatten, scheinen diese theistischen Glaubensrichtungen, die von Anfang an sektarisch waren (S. 45), eine scharfe Gegensätzlichkeit entwickelt zu haben. Als eine Reaktion dagegen entstand zweifellos unter dem Einfluß der monistischen Philosophie der Glaube, daß der Unterschied der drei Götter nur eine Abstraktion sei und sie alle nur Stufen des einen höchsten Gottes (Īśvara) sind. Wir können uns als ein bemerkenswertes Beispiel für die Verbreitung dieser Anschauung auf Kālidāsas Beschreibung von Brahmā in dem einen seiner beiden epischen Gedichte und der von Viṣṇu im anderen beziehen. Er spricht von den beiden Göttern dort in nahezu identischen Begriffen und von jedem als dem dreigestaltigen Gott. Als eine Folge dieses Glaubens betrachteten viele die Wahl einer dieser Gottheiten zur Verehrung als eine reine Angelegenheit der Vorliebe. Das bedeutete nur, daß sie die Schutzgottheit (*iṣṭa-devatā*) eines Individuums ist und nicht die Ablehnung oder das Beiseiteschieben der anderen Gottheiten. Es zeigt, daß der Verehrer diese spezielle Gottheit mehr liebt und verehrt und nicht, daß er die anderen weniger liebt und verehrt. Diese Lehre der *Trimūrti* (»Dreiheit«), wie sie genannt wird, beseitigte nicht den Glauben an die ausschließliche Überlegenheit jedes einzelnen dieser Götter für sich allein. Die viṣṇuitischen Systeme, die wir jetzt behandeln, sind von dieser Art.

A. VIŚIṢṬĀDVAITA

Den Viṣṇuismus in dieser Form versuchte Rāmānuja mit dem Vedānta zu verbinden. Wir dürfen aber nicht glauben, er sei der allererste gewesen, der so handelte. Er hatte auf diesem Gebiet Vorläufer wie Yāmuna Muni; aber deren Bemühungen scheinen keine systematische Lehre hervorgebracht zu haben. Rāmānuja hatte das erforderliche Genie zu dieser Arbeit und war bei diesem Anliegen äußerst erfolgreich. Dies war etwa 1100 n. Chr. Er hinterließ einen neuen Kommentar zum Vedānta-Sūtra, der als *Śrī-bhāṣya* bekannt ist, sowie andere Werke wie ein Kommentar zur Gītā und den *Vedārtha-saṃgraha,* der eine unabhängige Abhandlung ist, in dem er auf meisterliche Art seine philosophische Position erläutert und auf ihre Grundlage in den Upaniṣaden hinweist. Von den Denkern, die ihm folgten, müssen wir nur Vedānta Deśika (ca. 1350 n. Chr.) nennen, einen der erfahrensten Gelehrten, die das mittelalterliche Indien hervorbrachte. Er war ein fruchtbarer Schriftsteller und die Viśiṣṭādvaita-Lehre verdankt seinen Ausführungen über sie nicht wenig ihren Ruf unter den Gelehrten wie auch unter dem einfachen Volk.

I

Wie wir wissen, liegt die Hauptschwierigkeit bei der Interpretation der Upaniṣaden in der Harmonisierung der Auffassungen, die Brahman mit der Individualseele und dem natürlichen Universum identifizieren und denen, die es davon unterscheiden (S. 216). Wir haben bis jetzt zwei Arten des Vorgehens betrachtet, nämlich das des Bhartṛprapañca und das des Śaṅkara. Die Art, in der Rāmānuja sie harmonisiert, ist einzigartig. Er bringt zum Ausdruck, daß wir häufig Dinge identifizieren, die unterschiedlich sind, was man anhand des allgemeinen Sprachgebrauchs zeigen kann. So sagen wir etwa, daß die Rose rot *ist*[2]. Aber die »Rose«, die eine Substanz ist und »Rotheit«, die eine Qualität ist, können nicht dasselbe sein. Und doch sprechen wir von ihnen so, als wäre dies der Fall, weil der herkömmliche Gebrauch es gestattet. In ähnlicher Weise könnte man sagen »Ich *bin* ein Mensch«, indem man eine den Tod überlebende Seele mit der sterblichen Hülle identifiziert, in der sie erscheint. Einen solchen Gebrauch findet man jedoch nicht in allen Fällen von unterschiedlichen Dingen. Wir können z.B. in dieser Art nicht von einem Mensch und seinem Mantel oder seinem Stock sprechen, sondern müssen zwangsläufig sagen, daß er einen Mantel *trägt* oder einen Stock in der Hand *hat*, und zeigen somit durch unseren Sprachgebrauch deutlich ihre Verschiedenheit.

Indem Rāmānuja diese beiden Arten des Gebrauchs gegenüberstellt, kommt er zu dem Schluß, daß die Beziehung in den beiden ersten Fällen von den letzteren zu unterscheiden sind, aber auch vertrauter wirken; die Beziehung in den letzteren ist offenbar eine bloße Verbindung (S. 126). Man findet sie nur zwischen (1) Substanz und Attribut, hierbei das zweite Wort in einem weiteren Sinne wie Rāmānuja benutzend, und (2) Körper und Seele, d.h. zwischen zwei Substanzen, von denen eine notwendigerweise spirituell ist. Diese enge Verbindung wird von ihm *apṛthak-siddhi* genannt, was wörtlich »Untrennbarkeit« bedeutet. Das bedeutet, daß eine der beiden Wesenheiten, die miteinander in Beziehung stehen, in dem Sinne von der anderen abhängig ist, daß sie ohne die andere, die ebenfalls existiert, nicht existieren kann; und daß sie nicht in der richtigen Weise erkannt werden kann, ohne daß zur gleichen Zeit auch die andere erkannt wird.

Die Beziehung zwischen Brahman und der Seele oder der Welt ist von der zweiten Art, so daß sie der Körper sind, dessen Seele Gott ist. D.h., Gott ist das zentrale Prinzip von beiden, der individuellen Seele und der materiellen Welt. Keine kann ohne ihn existieren oder gedacht werden. Obwohl diese drei Wesenheiten deshalb mit Recht alle real und voneinander verschieden sind, haben sie nicht die gleiche Grundlage. Es ist somit nach Rāmānuja die endgültige upaniṣadische Lehre, daß Brahman, die Seele und die natürliche Welt alle unterschiedlich und in gleichem Maße ewig sind, während sie zur gleichen Zeit völlig untrennbar sind. Der Punkt, auf den hier Wert gelegt wird, weil er häufig bei der Beschreibung der Lehre als »Viśiṣṭ*ādvaita*« (gemeinhin, aber irrtümlich als »qualifizierter Monismus« übersetzt) vermißt wird, ist der, daß die drei Wesenheiten verschieden sind, obwohl sie in einer besonders engen Beziehung zueinander stehen. Mit der Beschreibung der Lehre als *advaita* (»Monismus«) ist nicht gemeint, daß der Komplex dieser drei Elemente eine zusammengesetzte Einheit der Verschiedenheiten ist, sondern nur, daß Brahman, der in den Seelen und der Materie verkörpert ist bzw. diese beseelt, eins ist. Seelen und Materie sind nicht identisch mit ihm oder miteinander. Wenn wir wollen, können wir den Begriff »Viśiṣṭādvaita« so interpretieren, daß es nichts außerhalb dieser verkörperten Gesamtheit gibt[3].

Eine derartige Erklärung des Begriffes wird nicht nur übernommen, wenn der Gesamtbereich der Realität betroffen ist, sondern auch in allen Fällen, die diese besondere Beziehung enthalten. Somit ist ein blauer Lotus eine »Einheit« in dem Sinne, daß die materielle Substanz der Blume eine ist, die durch zwei Qualitäten charakterisiert wird, nämlich »Blauheit« und »Lotusheit«, die von der Blume wie auch untereinander verschieden sind. In ähnlicher Weise kann eine Person, die einst jung war und jetzt alt ist, als eine einzige angesehen werden, wenn wir damit die Seele meinen, die früher in einer jugendlichen und jetzt in einer alten körperlichen Hülle verkörpert ist. Man sollte den Unterschied zwischen den beiden Beispielen beachten: in dem einen existieren die abhängigen Elemente miteinander, während sie im anderen aufeinander folgen. Um das Ganze kurz zusammenzufassen: Es ist das Qualifiziert*e* bzw. das Verkörpert*e*, das eins ist, während die dieses qualifizierenden bzw. verkörpernden Faktoren völlig verschieden, wenngleich untrennbar von ihm sind.

Es gibt keinen Zweifel, daß Rāmānuja hier auf eine sehr einleuchtende Interpretationsweise gleichgeordnete Dinge überzeugend dargestellt hat und dabei erfolgreich die Schwierigkeiten überwunden hat, die die Upaniṣaden bieten. Wo diese die Welt oder das Selbst von Brahman unterscheiden, bringen sie eine selbstverständliche Tatsache zum Ausdruck. Wo die Upaniṣaden diese identifizieren, meinen sie nur, daß diese in dem gerade dargelegten Sinn untrennbar sind und nicht, daß sie identisch sind. Man kann daran zweifeln, ob es immer vernünftig ist, aus Formen des Sprachgebrauchs eine metaphysische Schlußfolgerung zu ziehen, indem man »die Grammatik der Sprache als Grammatik der Realität« ansieht. Aber selbst wenn wir diese Betrachtungsweise aufgeben, ist es schwer zu glauben, daß die Anschauung mit dem Geist der klassischen Upaniṣaden insgesamt vereinbar ist. In jeder von ihnen gibt es nämlich einen Abschnitt[4], der dies direkt zu unterstützen scheint, nämlich der Abschnitt, in dem Gott als anders als die individuelle Seele und die Welt und doch als deren »innerer unsterblicher Aufseher« beschrieben wird. Aber diese Unterstützung läßt beträchtlich nach, weil es sich hier um die Lehre des Yājñavalkya handelt, dessen Vorstellung von der endgültigen Realität, wie sie in den anderen Abschnitten derselben Upaniṣad dargestellt wird, monistisch im allgemein akzeptierten Sinn des Begriffs ist. Der fragliche Abschnitt kann letztlich doch nicht mehr bezeichnen als den transzendenten und immanenten Charakter der endgültigen Realität – ein Glaube, der im späten vedischen Denken ein Gemeinplatz ist (S. 120).

Rāmānuja erkennt nur zwei Kategorien an, die er als (*a*) Substanz (*dravya*) und (*b*) Nichtsubstanz (*adravya*) oder Attribut bezeichnet. Von den verbleibenden Kategorien, die im Nyāya-Vaiśeṣika akzeptiert wurden (S. 134), ordnet er »Bewegung« (*karman*) unter Nichtsubstanz ein, indem er sie in Begriffen von Verbindung (*saṃyoga*) und Trennung (*vibhāga*) erklärt. Gemeinsamkeiten wie »Kuhheit« sind bei ihm keine unabhängigen ewigen Wesenheiten. Sie stehen wie im Jinismus (S. 92) nur für Gestaltungen oder einzigartige Anordnungen der Teile, die die in Frage kommenden Besonderheiten bilden. Obwohl sie einander gleichen, sind sie doch völlig verschieden. Er läßt *samavāya* und *viśeṣa* nicht zu. Er verzichtet auch auf Nichtexistenz (*abhāva*), die er als in Begriffen von positiven Wesenheiten ausdrückbar ansieht, fast in der Art des Prabhākara (S. 202).

a) Mit »Substanz« ist das gemeint, was der Veränderung unterliegt bzw. »was Modi hat« (*avasthāvat*), wie Vedānta Deśika sagt. Diese Kategorie besteht aus sechs Gattungen, aber wir werden hier nur drei von ihnen erörtern, nämlich Prakṛti, *jīva* und Gott.

1. Prakṛti stellt man sich sehr ähnlich wie im Sāṃkhya-Yoga vor (S. 154). Die einzigen Unterschiede sind (I), daß Prakṛti hier nicht als unabhängig vom Geist angesehen wird und (II) daß *sattva, rajas* und *tamas* als ihre Attribute und nicht als ihre Konstituenten betrachtet werden. Durch unsere Beschreibung von ihr als Körper oder Kleid Gottes wurde gezeigt, daß sie nicht unabhängig von Gott ist. Die letztgenannte Veränderung in Bezug zur Sāṃkhya-Yoga-Lehre, d. h. daß die Prakṛti nicht dasselbe wie die drei *guṇas* ist, sondern deren Substrat, kann als Resultat von Rāmānujas Anerkennung der Unterschiedlichkeit von Substanz und Attribut erklärt werden, die die andere Lehre nicht akzeptiert (S. 160). Die Gesamtheit der natürlichen Welt in ihrer unbegrenzten Vielfalt geht unter der Leitung Gottes aus ihr hervor. Die Beziehung zwischen der Prakṛti und ihren Evolutionsgliedern oder Modi ist *apṛthak-siddhi*, weil sie solange, wie sie existieren, im oben genannten Sinne von ihr untrennbar sind. Rāmānuja bezeichnet dies als *sat-kārya-vāda,* aber nicht in dem Sinne, daß die Wirkung bereits vorhanden war, bevor sie manifest wurde, wie dies der

Sāṃkhya-Yoga lehrt (S. 156). *Sat-kārya-vāda* ist es in dem Sinne, daß *sat* selbst bzw. das bereits Existierende als Wirkung wegen der Transformation, die in ihren Modi stattfindet, angesehen wird. Der Punkt, der besonders zu beachten ist, ist der, daß die materielle Ursache hier nicht als die Substanz als solche (etwa »Ton«) angesehen wird, sondern als durch einen Modus (»Klumpen«) charakterisiert; die Wirkung ist hierbei dieselbe Substanz, die durch einen anderen Modus (»Topf«) charakterisiert wird[5]. Das Wesen der Evolutionsglieder und die Reihenfolge ihres Erscheinens aus der Prakṛti ist aus praktischen Gründen dieselbe wie im Sāṃkhya-Yoga.

Bevor wir fortfahren, ist es notwendig, kurz auf eine andere Substanz einzugehen, die *dharma-bhūta-jñāna* genannt wird. Sie gehört zu Gott und den individuellen Seelen und ist völlig von ihnen abhängig. Sie wurde als »attributive Intelligenz« bezeichnet, weil Gott und die Seele, die im Verhältnis zu ihr unabhängig sind, dies auch, wie wir sehen werden, bezüglich des Wesens der Intelligenz sind. Das *dharma-bhūta-jñāna* wird als »Substanz« (*dravya*) bezeichnet, weil es verschiedene Formen annehmen kann und somit die Definition des oben gegebenen Begriffes erfüllt. Es ist leuchtend und strahlt mit seinem eigenen Licht, aber es erleuchtet etwas anderes und nicht sich selbst[6]. Es befindet sich somit seinem Wesen nach mitten zwischen toter Materie und Geist. Ungleich der Materie hat es die Macht, Gegenstände zu offenbaren, mit denen es in Berührung kommt, aber es kann diese nicht wie der Geist erkennen. Qual, Freude, Begierde, Haß und Wille werden alle nur als verschiedene Formen von ihm angesehen. Man betrachtet sie hier nicht als durch Erfahrung angeeignet wie in einigen anderen Lehren, sondern nur als Modi der Erfahrung. Diese Wesenheit von »attributiver Intelligenz« ist im Falle Gottes allesdurchdringend und erklärt seine Allwissenheit. Auch im Fall der befreiten Seelen ist es allesdurchdringend, aber während des irdischen Lebens ist es mehr oder weniger beschränkt. Deshalb sind seine Tätigkeiten dann nicht nur bedeutend eingeschränkt, sondern werden auch von äußeren Hilfen wie den Sinnesorganen abhängig. Seine volle Entfaltung ist daher ein Zeichen der Erlösung.

2. Der *jīva* ist von Gott verschieden, aber nicht unabhängig von ihm. Er wird als ein *prakāra* Gottes bezeichnet, womit gemeint ist, daß er eine Begleiterscheinung von ihm ist und nicht etwa, daß er in dem Sinne ein Modus ist, als ob er eine Transformation von ihm sei. Wie die Prakṛti ist er gleichzeitig mit Gott, aber nicht identisch mit ihm. Man betrachtet den *jīva* als Gottes »Körper«, insofern wie Gott in ihm immanent ist, auf ihn einwirkt und ihn von innen leitet. Er ist atomisch, weil er das *dharma-bhūta-jñāna* als seine unveränderliche Begleitung hat, das sich bis in jede Entfernung ausdehnen kann, und er ist in der Lage, Dinge zu erfassen, auch wenn sie weit weg sind. Er offenbart sich selbst, besteht im innersten Wesen aus Empfindung und kennt keine Veränderung außer durch Änderungen in seinem *dharma-bhūta-jñāna*[7]. Es gibt viele Seelen; und wenn von diesen irgendwo im Veda die Einheit verkündet wird, dann deshalb, weil alle dem Wesen der Empfindung nach gleich sind und deshalb ein und dieselbe Klasse bilden. Sie sind innerlich glücklich, gehen aber als Ergebnis ihres vergangenen karman in andere Körper über und sind dem Leiden unterworfen. Die *jīvas* bestehen aus drei Gattungen – jene, die niemals in Fesseln waren wie Garuḍa[a] und sich deshalb in Freiheit befanden; jene, die durch die Prüfungen des Lebens gegangen sind und durch erfolgreiche Selbstzucht frei wurden; und jene, die sich noch im Kreislauf der Wiedergeburten befinden.

3. Gott ist das immanente Prinzip der Prakṛti wie auch der individuellen Seelen. Sie bilden seinen Körper und das bedeutet genau, daß sie von ihm gestützt werden, immer seiner Kontrolle unterworfen sind und völlig seinen Zwek-

ken dienen. Oder wie Rāmānuja es ausdrückt: Gott existiert für sich selbst, während Materie und Seelen letztlich für ihn existieren. Bei dieser Gelegenheit können wir feststellen, daß dasselbe auch für die individuelle Seele und ihren Körper zutrifft. Mit anderen Worten: Gott ist zusammen mit den Seelen und der Materie ein organisches Ganzes, geradeso wie die Seele mit ihrem natürlichen Körper eine organische Einheit bildet. Damit wird impliziert, daß die Beziehung von Körper und Seele enger ist als eine bloße *apṛthak-siddhi,* die wir auch in anorganischen Einheiten wie etwa einem Felsen mit seiner Farbe oder Form finden können, wo es z. B. keine Frage ist, ob der eine den anderen kontrolliert[8]. Gott ist wie die individuelle Seele aus der Essenz der Intelligenz, offenbart sich selbst und erkennt Gegenstände durch das *dharma-bhūta-jñāna.* Aber ungleich dieser ist er frei von allen Mängeln und im Besitz von allen glückverheißenden Qualitäten. Er ist allwissend, allmächtig und allgegenwärtig. Er ist auch allerbarmend, und wie wir sehen werden, erlangt der Mensch durch seine Gnade die Erlösung. Er ist der Urheber des Universums, aber er ist nicht nur dessen bewirkende Ursache wie im Nyāya-Vaiśeṣika (S. 128). Man stellt ihn sich auch als seine Quelle oder materielle Ursache vor, weil es nichts außerhalb Gottes gibt, aus dem etwas entstehen könnte. Somit ist Gott hier wie Brahman im Advaita (S. 231) die *einzige* Ursache des Universums. Als Ursache in diesem umfassenden Sinn hat Gott die Seelen und die Materie in ihrer nichtmanifesten Form zum Körper; und als Wirkung hat er sie in ihrer manifesten und verschiedenartigen Form zum Körper. Damit sollte aber nicht die Implikation verbunden sein, er sei vom Bösen betroffen, d. h. von Leiden und Veränderung, die man in der Welt antrifft, weil dieses Böse insbesondere zu den Seelen oder der Materie gehört, den Höchsten aber kaum berührt, der von ihnen völlig verschieden ist.

b) Die zweite Kategorie von Attributen im umfassenden Sinn, die ihr in dieser Lehre zugeschrieben wird, kann man als das definieren, was zwangsläufig von der ersten Kategorie abhängig ist. Es sind zehn an der Zahl: die fünf Sinnes-Qualitäten wie Farbe und Ton, die drei *guṇas sattva, rajas* und *tamas,* die die Prakṛti qualifizieren, Verbindung (*saṃyoga*) und verursachende Kraft (*śakti*). Wie in der Mīmāṃsā (S. 191) sieht man die Attribute als das an, was alles charakterisiert, das Wirkungen hervorbringen kann. Somit lehnt Rāmānuja nicht nur einige der Kategorien ab, sondern auch mehrere Qualitäten, die im Nyāya-Vaiśeṣika anerkannt werden. Wie wir z. B. gesehen haben, betrachtet er die spezifischen Qualitäten des Selbst wie Leiden, Vergnügen, Liebe und Haß als verschiedene Modi einer Qualität, d. h. der Erkenntnis. Nach dem Nyāya-Vaiśeṣika sind diese von der Erkenntnis zu unterscheiden (S. 130) und werden als erkannt oder erfahren erklärt. Hier aber wurde diese objektive Anschauung von ihnen aufgegeben.

1. Jede Erkenntnis weist nach Rāmānuja auf einen Komplex oder einen qualifizierten Gegenstand hin, selbst noch auf der sogenannten unbestimmten (*nirvikalpaka*) Ebene (S. 137). Daraus folgt, daß es falsch ist, etwas völlig Merkmalloses zu postulieren, weil die Erfahrung unser einziger Führer bei der Bestimmung des Wesens der Realität ist. Das ist Rāmānujas Kritik am attributlosen (*nirguṇa*) Brahman, an das der Advaita glaubt. Wenn man die negativen Feststellungen in den Upaniṣaden wie »Nicht dieses, nicht dieses« (*neti neti*) betrachtet, auf die sich der Advaitin zur Unterstützung seines Glaubens bezieht, dann hält Rāmānuja dem entgegen, daß derartige Feststellungen nur einige Attribute und nicht alle verneinen. Wenn z. B. eine Person feststellt, daß es nichts in einem Haus gibt, bezieht sie sich auf das, was in diesem Zusammenhang erheblich ist, sagen wir Getreide oder wertvolle Metalle und nicht auf alles. In ähnlicher Weise meinen die Upaniṣaden, daß das Brahman überhaupt kein schlechtes Merkmal habe und nicht, daß es überhaupt keine Qualitäten habe.

2. Nach Rāmānuja gibt es in der logischen Bedeutung des Begriffes keinen Irrtum; jede Erkenntnis ist zwangsläufig wahr, wenn auch nicht unbedingt in ausreichendem Maße. Hierin hat er offen die Position der Prābhākara-Schule der Mīmāṃsakas übernommen (S. 204). Wenn eine in der Hand gehaltene Fackel schnell im Kreis gedreht wird, sehen wir einen Feuerkreis. Dies ist eine Illusion, aber Rāmānuja sagt, diese sei bis zu einem gewissen Grade richtig. Er meint, daß sie unter Berücksichtigung der Tatsache, daß das Fackellicht jede mögliche Position im Umkreis einnehme, richtig sei; die Illusion unterlasse nur die Feststellung, daß das Fackellicht diese Positionen nacheinander besetze und nicht etwa gleichzeitig wie dies der Fall wäre, wenn das Licht einen wirklichen Kreis bildete. Bei der Erklärung einiger anderer Arten des Irrtums unterscheidet sich Rāmānuja nur geringfügig von Prabhākara, doch ist es nicht notwendig, diese Unterschiede hier zu erklären. Wiederum tritt er wie Prabhākara für die bekannte Unterscheidung von Wahrheit und Irrtum auf pragmatischer Grundlage ein.

Anders als der Advaitin (S. 238) gestattet Rāmānuja nur drei *pramāṇas*: Wahrnehmung, Schlußfolgerung und Wortzeugnis. Es mag genügen, bezüglich des Wortzeugnisses, soweit es den Veda betrifft, einige Worte zu sagen. Rāmānuja mißt beiden Abschnitten des Veda gleiche Bedeutung zu, dem, der sich auf das Ritual und dem, der sich auf Brahman, die höchste Realität, bezieht. Beide verkörpern zusammen eine einzige Lehre. Der einzige Unterschied besteht darin, daß der zweite Abschnitt hauptsächlich das Wesen Gottes behandelt, während der erste die Art und Weise seiner Verehrung zum Gegenstand hat. Hier sehen wir einen wichtigen Unterschied zwischen ihm und Śaṅkara, weil nach Ansicht des letzteren die beiden Abschnitte des Veda an zwei verschiedene Gruppen von Leuten gerichtet sind – der erste an jene, die versuchen, sich selbst auf die Erwerbung der Brahman-Erkenntnis vorzubereiten, und der zweite für die, die die Brahman-Verwirklichung (S. 239) anstreben. Wir können auch feststellen, daß sich die vorliegende Lehre in größerem Maße auf die Purāṇas zu ihrer Stützung beruft als der Advaita. Diesen müssen wir noch die als Āgama bekannte Literatur hinzufügen, der Rāmānuja dieselbe Bedeutung wie dem Veda einräumt, während Śaṅkara dazu neigt, dieser Literaturgattung nicht dieselbe Autorität einzuräumen (S. 46). In diesem Zusammenhang sollten wir auch betonen, daß nach Rāmānuja schließlich jedes Wort den höchsten Gott bezeichnet wie jedes Ding schließlich auf ihn hinweist, weil er dessen letztendliche Substanz bildet. Deshalb ist der Inhalt der Sprache für den Erkennenden reicher als für den gewöhnlichen Menschen. Alle Worte sind Zeichen, die den weisen Menschen an Gott erinnern, so wie alle Gegenstände für ihn Fenster sind, durch die er Gott sieht. Das hiermit zum Ausdruck gebrachte Prinzip hilft uns zu verstehen, was die upaniṣadische Aussage »Das bist du« (*Tat tvam asi*) dem Rāmānuja bedeutet. Das Wort »Das« meint hier letztlich, daß Gott das ganze Universum zum Körper hat; und »du«, daß Gott die individuelle Seele zum Körper hat. Die Einführung dieses Lehrsatzes als Ganzes bedeutet demzufolge die Identität des in beiden Verkörperten, nämlich Gott – ein Punkt, der bereits erklärt worden ist.

II

Das Ideal ist die Erlangung der Welt des Nārāyaṇa und dort unter dessen Schutzherrschaft der Genuß der vollkommenen Freiheit und der Glückseligkeit. Das Mittel dazu ist von zweierlei Art: eine davon nennt man *prapatti* und ist für alle gedacht; ihre Quelle führt man hauptsächlich auf den viṣṇuitischen Glauben zurück; die andere nennt man *bhakti* und beruht auf der Lehre der Upaniṣaden: ihre Aneignung ist auf die höheren Kasten beschränkt. Das erste Mittel bedeutet die absolute Selbstaufgabe in Verbindung mit dem völligen Vertrauen in die Gnade und die Macht von Nārāyaṇa. Man glaubt, eine Variante davon bringe auf einmal die Befreiung. Es sollte aber formal und mit Unterstützung eines geeigneten Lehrers angestrebt werden. Dieses Mittel zur Erlösung wird als eine Form von *jñāna* erklärt, weil es eine bestimmte geistige Einstellung repräsentiert. Wenn Rāmānuja *prapatti* empfiehlt, behauptet er, nicht von der Lehre der Upaniṣaden abzuweichen, und daß Erkenntnis das hauptsächliche, wenn nicht einzige Mittel zur Erlösung sei. Das zweite Mittel, d. h. *bhakti*, bedeutet einen Schulungskurs in drei Stufen, die als *karma-yoga*, *jñāna-yoga* und *bhakti-yoga* bekannt sind. Diese Begriffe, wie sie hier gebraucht werden, bedürfen einiger Erklärung.

1. Der erste hat dieselbe Bedeutung wie im Advaita (S. 240). Er bringt zum Ausdruck, daß man die Pflichten seines Lebensstadiums im Geist der Lehre der Gītā ausführt, d. h. ohne an die Früchte zu denken, die aus den Pflichten erwachsen und mit denen sie gemeinhin in Verbindung gebracht werden. Die einzigen Punkte, die in Bezug darauf Beachtung verdienen, sind zwei: Erstens: von den beiden Motiven, *karman* [d. h. Werke] zu erfüllen, auf die bei unserer Erklärung der Lehre der Gītā Bezug genommen wurde (S. 73), betont die vorliegende Lehre den Abschnitt, der auf dem Theismus beruht und empfiehlt, die Pflicht nur zu erfüllen, um Gott zu gefallen. Der andere Zweck der Reinigung des Herzens wird nicht außer Acht gelassen, aber man betrachtet ihn nur als zwangsläufiges Nebenergebnis der Zuneigung aller Handlungen an Gott. Zweitens: das Wort *karman* im hier gebrauchten Sinne umfaßt viel mehr als z. B. das vedische Ritual, die in den Āgamas gelehrte Idolverehrung, die Rezitation heiliger Formeln usw.

2. Der zweite Begriff, d. h. *jñāna-yoga*, wird hier auf eine besondere Art interpretiert, obwohl wie in den anderen Lehren die Vorschrift besteht, daß man normalerweise dem *karma-yoga* folgen solle. Sein Zweck besteht darin, dem

Schüler zu helfen, einerseits die wahre Natur des eigenen Selbst in Beziehung zu Gott und andererseits in Beziehung zu seiner natürlichen Hülle zu verwirklichen; etwas anders dargestellt entspricht die natürliche Hülle der Prakṛti insgesamt. Deshalb besteht der *jñāna-yoga* aus der Meditation über das Selbst, das erstens im wesentlichen spirituell und deshalb anders als die Materie ist, mit der es verbunden zu sein pflegt, und das zweitens völlig Gott untergeordnet ist. *Jñāna-yoga* auf diese Weise zu erklären liegt die Idee zugrunde, daß die Selbstverwirklichung nicht wie im Advaita (S. 239) für sich Ziel des Menschen ist, sondern nur eine Vorbedingung zur Gottesverwirklichung.

3. Der dritte Begriff *bhakti-yoga* bedeutet beständige Meditation über Gott. Das Wort *bhakti* hat hier nicht die populäre Bedeutung von blindem Vertrauen. Es steht für liebende Meditation um ihrer selbst willen, die auf der höchsten Erkenntnis beruht und dasselbe ist wie *upāsana* (S. 34), das ein so hervorstechendes Merkmal der praktischen Upaniṣadenlehre ist. Diese Meditation wird hier so verstanden, daß sie nur zu »starker Erinnerung« (*dhruvānusmṛti*) führt und nicht zu einer tatsächlichen Wahrnehmung des Endgültigen wie in einigen anderen Systemen. Dennoch ist sie mehr als gewöhnliche Erinnerung und zeichnet sich durch Lebendigkeit und intensive Liebe zum Gegenstand, über den meditiert wird, aus. Sie wird als »Erinnerung, die unmittelbarer Erkenntnis ähnelt« bezeichnet und ist im gegenwärtigen Leben erreichbar. Das wirkliche Ziel erreicht man nach der physischen Auflösung. Dann schaut die auf diese Weise qualifizierte Seele Gott unmittelbar als ihre eigene endgültige Substanz. Weil aber die Intelligenz der Seele in diesem Zustand allesdurchdringend wird und die Tätigkeit der Sinnesorgane überflüssig macht, handelt es sich nicht um wahrnehmende Erkenntnis im gewöhnlichen Sinne, sondern kann nur als eine einzigartige Form unmittelbarer Erfahrung bezeichnet werden. Da-

her erkennt Rāmānuja anders als Śaṅkara die *jīvanmukti* nicht an. Es bleibt nur noch hinzuzufügen, daß sogar diese Annäherung an die Befreiung zu ihrem endgültigen Erfolg von der absoluten Selbstaufgabe (*prapatti*) abhängt. Niemand, der seinen Willen nicht völlig dem Höchsten übereignet und von einem Stadium zum anderen seine Gnade empfängt, hat eine Chance, das Ziel des Lebens zu erreichen. So groß ist der Einfluß des alten viṣṇuitischen Glaubens auf die Lehre. Sie faßt die Möglichkeit ins Auge, das Ziel durch *prapatti* zu erreichen, ohne die Zuflucht zur *bhakti* zu nehmen, aber nicht die Möglichkeit, es durch *bhakti* allein zu erreichen.

Einige Worte müssen noch bezüglich der Stellung des *karman* in der Lehre gesagt werden bzw., was auf dasselbe hinausläuft, zur Stellung von *saṃnyāsa* in ihr. Es ist klar, daß es jeder Person obliegt, ihre Pflichten in ihrem jeweiligen Lebensstadium zum besten im Rahmen ihrer Möglichkeiten auszuführen, bis das erste Stadium der Übung vorüber ist. Dem stimmt auch Śaṅkara zu. Es ist die charakteristische Lehre des Viśiṣṭādvaita, daß sie auch in den folgenden Stadien auf der Ausführung der Pflichten besteht. In der Tat ist das die Folge der Anschauung, daß sowohl die »Werk-« wie auch die »Erkenntnis-« Abschnitte des Veda an ein und denselben Personenkreis gerichtet sind. Der Grund für dieses fortgesetzte Festhalten am *karman* ist erstens die Verhinderung des Bösen, das sich aus der Vernachlässigung ergibt, wie groß auch immer der spirituelle Fortschritt sein mag, den jemand erreicht hat; und zweitens die völlige Sicherung der Gnade Gottes, die notwendig ist, bevor man die Freiheit erlangen kann. Man stellt sich hier die gnadenvolle Haltung Gottes als *dharma* vor und nicht die guten Taten selbst (S. 207) oder deren unmittelbare Wirkung von moralischem oder religiösem Verdienst (S. 148) wie in den anderen Lehren. *Adharma* ist das Gegenteil davon. Die Bedeutung dieser Betonung des *karman* liegt darin, daß auch Familienväter nach Erlösung streben und diese erreichen können. Wenn *saṃnyāsa* oder der Verzicht auf die Pflichten eines Familienvaters in den Upaniṣaden empfohlen wird, bedeutet das nur, daß das Eintreten in dieses Lebensstadium eine Hilfe zur frühen Erlangung der Erlösung ist und nicht, daß dieses eine notwendige Voraussetzung dazu ist (S. 241) oder daß die Pflichten, die im Veda vorgeschrieben sind, vernachlässigt werden dürfen.

B. DVAITA

Diese Lehre ist dem Viśiṣṭādvaita darin ähnlich, daß sie theistisch ist und den höchsten Gott mit Nārāyaṇa identifiziert bzw. mit Viṣṇu, wie er hier im allgemeinen bezeichnet wird. Aber sie ist ausgesprochen pluralistischer als letztere. Ihre allgemeine metaphysische Position wird gut durch eine Aussage wiedergegeben, die von Madhva zitiert wird: »Mannigfaltigkeit und mit mannigfaltigen Attributen ausgestattet sind alle Dinge des Universums«[9]. Somit sind nicht nur die individuellen Seelen voneinander und von der Materie verschieden, auch die materiellen Gegenstände sind es. Die Lehre ist auch realistisch und postuliert die Existenz von Gegenständen, die gänzlich von der Erkenntnis getrennt sind. Wie die anderen Schulen des Vedānta beansprucht auch diese, so alt wie die Upaniṣaden zu sein und behauptet, Madhva sei nur in späteren Zeiten ihr bedeutendster Vertreter gewesen. Er wurde am Ende des zwölften Jahrhunderts in einem Dorf nahe Uḍīpi im South Kanara District geboren und man glaubt, daß er ein rüstiges Alter erreichte (1199–1278 n. Chr.). Sein Einfluß war anfangs natürlicherweise auf den westlichen Teil des indischen Subkontinents beschränkt, doch hat er sich seitdem sehr viel weiter ausgedehnt. Von seinen Eltern wurde er Vāsudeva genannt, aber nachdem er der Welt entsagt hatte und *saṃnyāsin* geworden war, wurde er als Pūrṇa Prajña oder der »Völlig Erleuchtete« bekannt. Er selbst nannte sich in all seinen Schriften selbst Ānanda Tīrtha. Er hinterließ Kommentare zu den wichtigsten Upaniṣaden, der Bhagavadgītā und dem Vedānta-Sūtra, daneben zahlreiche andere Werke. Hauptmerkmal seines Stils ist dessen Kürze, aber es gibt Kommentare zu seinen Werken, die alle Punkte gut erklären, die seinen aphoristischen Stil als dunkel erscheinen lassen könnten. Unter den Verfassern dieser Kommentare war Jaya Tīrtha der bedeutendste; er war sowohl Soldat wie Denker, außerdem einer der Nachfolger des Madhva auf dem heiligen Stuhl, den dieser in Uḍīpi begründet hatte. Ein anderer Dvaita-Denker, auf den wir uns hier beziehen können, ist Vyāsa Tīrtha, der vorbildliche Abhandlungen verfaßt hatte, die sein umfangreiches Wissen und seine große dialektische Gewandtheit zeigen.

I

Die Hauptmerkmale der Lehre sind, wie gerade festgestellt, ihr Glaube an einen persönlichen Gott, der mit Viṣṇu identifiziert wird, einer Gottheit, die seit vedischen Zeiten verehrt wird, ihr Realismus und ihr Pluralismus. Wir werden auf den realistischen Charakter der Lehre später eingehen und jetzt die beiden anderen Merkmale betrachten. Ihre pluralistische Anschauung beruht auf allgemeiner Erfahrung, die durch den Veda gestützt wird, wie man hinzufügen sollte. Der zweite Teil dieser Aussage wird sich als berechtigt erweisen, wenn wir die frühen Abschnitte des Veda betrachten, d. h. die Mantras und die Brāhmaṇas; und man behauptet, daß der Veda, der offenbart wurde, sich nicht selbst widersprechen könne und daher auch in den Upaniṣaden dieselbe Wahrheit lehre. Zur Stützung dieser Behauptung werden einige Passagen mit dualistischer Bedeutung zitiert, die in den Upaniṣaden auch enthalten sind, wie bereits ausgeführt wurde (S. 24). Wir werden später sehen, auf welche Weise die bei weitem größere Anzahl von Passagen mit monistischer Bedeutung in den Upaniṣaden in diesem System interpretiert werden. Der Glaube an Gott beruht anders als der Glaube an Mannigfaltigkeit oder Unterschied völlig auf der Schrift, weil Gott als außerhalb der Reichweite der bloßen Fähigkeiten des Menschen angesehen wird. Er ist die bewirkende Ursache der Welt, deren materielle Ursache auf die Prakṛti zurückgeführt wird, die man sich hier mehr oder weniger wie im Sāṃkhya-Yoga (S. 179–180) vorstellt. Von Rāmānuja, der als theistischer Philosoph in gleichem Maße von Bedeutung ist, wissen wir, daß Gott auch die materielle Ursache ist; dann aber muß man der Ansicht sein, er sei auch in den individuellen Seelen und der Materie in deren subtilen Formen verkörpert. Diese Art der Verbindung Gottes mit ihnen, sagt Dr. Bhandarkar[b], wurde von Madhva als zu eng angesehen, um mit der transzendenten Majestät Gottes übereinstimmen zu können. Aus dem bisher Gesagten könnte der Eindruck entstehen, als ähnele der Dvaita dem Nyāya-Vaiśeṣika. Das trifft auch in großem Maße zu, aber wir werden sehen, daß er sich von dieser Lehre in bestimmten Einzelheiten doch wesentlich unterscheidet. Wir haben bereits zwei Beispiele für einen derartigen Unterschied genannt – die Herleitung der Welt aus einer einzigen Quelle, der Prakṛti, statt aus einer unbegrenzten Zahl von Atomen (S. 123) und daß sich der Gottesglaube nicht auf den Verstand (S. 128), sondern auf Offenbarung stützt.

Weil in dieser Lehre die Konzeption von »Unterschied« (*bheda*) sehr wichtig ist, sollte dieser etwas ausführlicher erklärt werden. Wir können mit dem Grund beginnen, warum einige Denker wie insbesondere die Advaitins ihn ablehnen. Sie sagen, der Begriff Unterschied sei relativ und daher nicht ohne Bezug zu den Dingen zu verstehen, die unterschiedlich sind. Die Idee des Unterschiedes zwischen A und B setzt eine Erkenntnis dieser beiden Dinge voraus; diese Erkenntnis enthält aber bereits die Idee des Unterschiedes, weil sie diese Dinge als *zwei* begreift. Es gibt somit eine gegenseitige Abhängigkeit zwischen dem Begriff Unterschied und dem Begriff von den Dingen, die sich unterscheiden. Kein Begriff kann deshalb ohne den anderen im vollen Sinne verstanden werden. Deshalb betrachten die Advaitins die Idee vom »Unterschied« als sich selbst widersprechend und lehnen sie als eine bloße Erscheinung ab (S. 218). In diesem Zusammenhang führen sie auch noch andere Argumente an, aber wir wollen unsere Aufmerksamkeit auf dieses eine beschränken.

Um dem obigen Argument zu begegnen, betont der Dvaitin, daß die Problematik der gegenseitigen Abhängigkeit durch die Annahme entsteht, daß Unterschied etwas Zusätzliches zu den Begriffen ist, auf die er sich bezieht. Bei ihm steht es aber fest, daß er nichts als das spezielle Ding selbst ist bzw. wie man auch sagen kann, dessen innerste Essenz (*sva-rūpa*). Im obigen Beispiel ist A genau das, was wir mit seinem Unterschied von B meinen; und B ist sein Unterschied von A. Dehalb müssen überhaupt keine *zwei* Faktoren erkannt werden – A *und* sein Unterschied zu B oder B *und* sein Unterschied zu A, was zu gegenseitiger Abhängigkeit führt, wie der Kritiker feststellt. Jetzt erhebt sich natürlich die Frage, wie wir in diesem Falle vom »Unterschied *von* A (zu B)« sprechen können, wie wir das häufig tun, als ob die beiden, d. h. »Unterschied« und »A« verschieden seien. Die Antwort des Dvaitin auf diese Frage lautet, daß die Identität zwischen einem Ding und seinem Unterschied von einem anderen Ding eine besondere Art der Identität ist, weil sie sich selbst gelegentlich gestattet, in einer Art und Weise ausgedrückt zu werden, die zwischen ihnen zu differenzieren scheint. Er bezeichnet dies als »eine Identität, die mit *viśeṣa* verbunden ist« (*saviśeṣābheda*). Die auf dieser Anschauung beruhende Vorstellung von *viśeṣa* ist in dieser Lehre von so großer Bedeutung wie die der *apṛthak-suddhi* im Viśiṣṭādvaita. Auf diesen Begriff des »Unterschiedes« werden wir erneut zurückkommen, wenn wir ihn unter dem Abschnitt der Dvaita-Kategorien behandelt haben. Im Augenblick mag die Bemerkung genügen, daß das Endergebnis des Dvaita-Argumentes in dieser Hinsicht darin zu sehen ist, daß dann, wenn wir von einem Unterschied zwischen zwei oder mehr Dingen sprechen, wir damit nur meinen, daß jedes Ding der Unterschied selbst ist. Jedes Ding ist einzigartig und diese absolute Einzigartigkeit bildet seinen Unterschied zu anderen Dingen.

Bheda oder Unterschied ist ein Begriff, der für die Anschauung, die man von der Realität hat, grundlegend ist; er wird als fünfteilig erklärt: Gott und Seele, die verschiedenen Seelen, Gott und Materie, Seele und Materie und die Materie selbst in ihren diversen Ausformungen sind alle völlig verschieden. Das impliziert aber nicht zwangsläufig die Unabhängigkeit der Gegenstände, die unterschieden wurden. Der natürliche Körper hängt z. B. von der Seele ab, zu der er gehört, obwohl er völlig verschieden von ihr ist. Dies trifft besonders im Fall von Gott und der Welt zu. Der Unterschied zwischen den beiden bedeutet nicht, daß die Welt nichts mit ihm zu tun hat und trotzdem existieren kann. Hier wird nur das als unabhängig angesehen, was aus einem Antrieb sein, erkennen und handeln kann[10]. Solch ein Wesen ist Gott allein. Alles andere existiert, erkennt und wirkt letztlich nach seinem Willen. Unterschied impliziert im Falle von Gott auch nicht, daß er sich außerhalb des Universums befindet. Er ist in ihm immanent und beherrscht es von innen. Auf dieser Grundlage von Gottes völliger Oberhoheit oder anders ausgedrückt, auf der Grundlage einer Einheit, die nicht zahlenmäßig, sondern zielgerichtet ist, erklärt der Dvaita manchmal upaniṣadische Aussagen von monistischer Bedeutung wie »All dies ist in der Tat Brahman« (*Sarvaṃ khalv idaṃ Brahma*).

In der Anerkennung von »Unterschied« als einer endgültigen Tatsache unterscheidet sich diese Lehre nicht nur von Śaṅkaras Advaita, sondern auch von allen Formen des Monismus. Aber zur gleichen Zeit sollten wir uns vergegenwärtigen, daß der Dvaita, wie gerade betont wurde, nicht im gewöhnlichen Sinne des Begriffes pluralistisch ist, weil es nur ein *unabhängiges* Wesen gibt und nicht viele wie z. B.

im Nyāya-Vaiśeṣika. Madhva geht so weit, daß er auch die Existenz von allem anderen Gott zuschreibt[11]. Obwohl er damit die Meinung zu vertreten scheint, daß alles andere absolut abhängig von seinem Willen sei und nicht etwa, daß das Sein von allem anderen von ihm hergeleitet sei, wird es doch deutlich, daß es nach Madhva nichts außer Gott gibt, von dem man sagen kann, es existiere *aus eigenem Recht.*

Die Lehre erkennt zehn Kategorien (*padārtha*) an. Es sind Substanz, Qualität, Handlungen, Gemeinsamkeiten, *viśeṣa,* das Spezifizierte (*viśiṣṭa*), das Ganze (*aṃśin*), Macht, Ähnlichkeit und Nichtexistenz. Einige dieser Kategorien haben wir bereits in dem einen oder anderen Zusammenhang betrachtet, und die Vorstellung von diesen ist hier nicht sehr unterschiedlich. Von den verbleibenden soll es genügen, nur Substanz und *viśeṣa* zu behandeln. Bevor wir aber darangehen, sollte noch ein allgemeiner Punkt berücksichtigt werden, nämlich die Dvaita-Idee der Beziehung zwischen einer Substanz und ihren Attributen. Madhva vertritt die Ansicht, diese Beziehung könne von zweierlei Art sein.

Einige Attribute bestehen solange wie ihre Substrate, z. B. das Gewicht eines materiellen Gegenstandes, andere bestehen nicht solange. Im ersten Fall schließt er daraus, daß die Beziehung immer eine der Identität ist. Andererseits behauptet er im zweiten Fall, die Beziehung sei Identität *und* (nicht *im*) Unterschied. D. h., die Beziehung ist solange Identität, wie das Attribut das Substrat charakterisiert, aber Unterschied, wenn es damit aufhört. Ein Ding kann eine Zeitlang weiß sein und dann seine Farbe ändern. Die Weißheit ist solange mit dem Ding identisch, wie sie dieses charakterisiert, aber nicht danach, weil in diesem Fall dann auch das Ding verschwinden könnte, d. h. in gleicher Weise wie die Qualität der Weißheit. Eine Folge dieser Anschauung der Beziehung zwischen Substanz und Attribut besteht darin, daß die wesentlichen Charakteristika eines ewigen Wesens als ewig wie dieses angesehen werden. Attribute, die zeitliche Dinge charkterisieren, sind zeitlich und können auch während der Zeit, in der die Dinge bestehen, mit diesen identisch sein oder auch nicht.

1. Substanz (*dravya*). Es gibt zwanzig Substanzen; aber wir wollen wie im Fall der beiden anderen Schulen des Vedānta unsere Aufmerksamkeit lediglich auf drei richten, die den Hauptgegenstand jeder Philosophie und Religion bilden.

a) *Gott:* Gott, auf dessen herausragende Stellung innerhalb der Lehre wir bereits eingegangen sind, besitzt alle Vorzüge. Er ist in dem Sinne unerkennbar, daß er nicht erschöpfend erkannt werden kann, selbst nicht mit Hilfe der Offenbarung, und nicht etwa in dem Sinn, daß er völlig außerhalb der Reichweite des Verstandes wie das Brahman im Advaita (S. 234) ist. Wir könnten sagen, er ist wahrnehmbar, aber nicht umfassend wahrnehmbar. Gott übersteigt *sattva, rajas* und *tamas,* die hier nicht Qualitäten der Prakṛti wie im Viśiṣṭādvaita sind, sondern deren erste Produkte. Er hat seine eigenen Attribute wie unbegrenzte Macht und unendliche Gnade zusätzlich dazu, daß er die Essenz der Erkenntnis und der Freude ist. Man stellt ihn sich personal vor; aber seine Personalität, fügt man hinzu, ist von absoluter Art. Wie bereits festgestellt, ist Gott nicht nur der Schöpfer und Zerstörer des ganzen Universums; er beherrscht es auch völlig in all seinen Aspekten. Dies ist sehr gut durch die Aussage bezeugt, die Madhva in seinen Werken zitiert, nämlich die, daß »das individuelle Selbst, die Materie, die Zeit und überhaupt alles nur durch seine Gnade existiert und einmal zu nichts wird, wenn diese Gnade weggenommen wird«[12]. Wie er selbst anderswo sagt, gibt es von diesem Standpunkt aus nur zwei Kategorien – das Abhängige (*asva-tantra*) und das Unabhängige (*sva-tantra*). Aber obwohl somit alles für Gott existiert und arbeitet, hat er, der wirklich vollkommen ist, dadurch nichts zu gewinnen. Dennoch ist die vielfältige Tätigkeit des Universums eine Offenbarung dieser Vollkommenheit, und die ganze Schöpfung hat nur den Zweck, allen durch geeignete Selbstzucht eine Gelegenheit zur Selbstverwirklichung zu bieten. Obwohl Gott einer ist, kann er jede Form annehmen, die ihm gefällt wie z. B. wenn er sich als *avatāra* inkarniert (S. 48). Wie in Rāmānujas Lehre ist er auch hier der endgültige Sinn aller Worte.

b) *Seelen*: An Zahl sind sie unbegrenzt und jede einzelne ist grundsätzlich von den anderen verschieden, was durch die Unterschiedlichkeit ihrer Erfahrungen gezeigt wird. Jede hat ihre eigenen Unvollkommenheiten wie Nichtwissen und Leiden. Jede ist atomistisch. Sie sind von Gott verschieden und nicht nur voneinander; aber die Verschiedenheit ist nicht absolut wie im Fall der Materie, weil sie Merkmale wie Gefühl und Seligkeit (wenn auch qualifiziert) mit Gott gemeinsam haben. An diesem Prinzip der Ähnlichkeit erklärt Madhva bisweilen upaniṣadische Aussagen wie »Das bist du« (*Tat tvam asi*). Diese implizieren bei ihm nicht die Identität der Essenz wie im Advaita (S. 231), sondern bloße Ähnlichkeit. Die Seelen bestehen aus drei Klassen: erstens aus jenen, die gefesselt sind, aber frei werden können; zweitens aus jenen, denen innerhalb der irdischen Sphären für ewig die Wanderung von einem Leben zum anderen bestimmt ist; und drittens jene, die zum ständigen Elend in der Hölle verdammt sind. Die Anerkennung der beiden letzten Klassen von Seelen ist ein besonderes Merkmal der Lehre und zeigt, daß Madhva sich nicht dem Ideal universeller Erlösung verschreibt, die von vielen indischen Denkern zugestanden wird. Es ist eine eher befremdliche Schlußfolgerung bei einer Lehre, die so durch und durch theistisch ist und, wie wir sehen werden, so viel Vertrauen in die göttliche Gnade setzt. Das bedeutet nur, daß das Element des Bösen im Universum immer bestehen bleiben wird, schränkt aber auch den Bereich der menschlichen Freiheit und die Macht der göttlichen Gnade ein.

c) *Prakṛti*: Sie ist die letzte Quelle des natürlichen Universums. Sie ist ewig, aber gefühllos. Die drei *guṇas sattva, rajas* und *tamas* werden, wie bereits festgestellt, als ihre ersten Produkte angesehen. Aus ihnen entstehen in der Reihenfolge der »Intellekt« (*mahat*), »Egoismus« (*ahaṃkāra*), *manas,* die Sinnesorgane und die fünf Elemente etwa wie im Sāṃkhya-Yoga (S. 157–158). Die Dvaita-Anschauung von Verursachung unterscheidet sich nicht nur von der Advaita-Anschauung, sondern auch von denen, die im Nyāya-Vaiśeṣika und Sāṃkhya-Yoga (S. 224) vertreten werden. Die erzeugte Wirkung wird vor ihrer Erzeugung (und wahrscheinlich nach ihrer Zerstörung) weder als nur existent noch als nur nichtexistent angesehen, sondern als beides: existent und nichtexistent (*sadasat-kārya-vāda*). Sie existiert dann als Ursache, aber nicht als Wirkung. Durch die Tatsache, daß bestimmte Wirkungen nur durch bestimmte Ursachen erzeugt werden können, z. B. Kleidung aus Fäden und Töpfe aus Ton, zeigt sich, daß sie als materielle Ursache existieren kann. Es wird betont, daß es in dieser doppelten Aussage keinen Widerspruch gebe, weil die beiden Aussagen »existent« und »nichtexistent« nicht vom selben Standpunkt bezeugt werden. Wenn ein Ding als Ursache existieren kann, kann es nicht als Wirkung existieren. Selbst nachdem es hervorgebracht wurde, ist es sowohl existent wie nichtexistent: es existiert dann nur als Wirkung und nicht als Ursache. Soweit zur materiellen Ursache (*upādāna-kāraṇa*). Der Dvaita erkennt wie die anderen Lehren auch die bewirkende Ursache (*apādāna-kāraṇa*) an. Die Beziehung zwischen ihr und dem Produkt ist natürliche absolute Unterschiedlichkeit.

2. *Viśeṣa*: Wie wir festgestellt haben, ist er zum richtigen Verständnis der Dvaita-Ontologie von großer Wichtigkeit. Betrachten wir z. B. das Wesen der Beziehung zwischen Substanz und Attribut, d. h. einem Gegenstand und nicht etwa der bereits behandelten vorläufigen Qualität, sondern seiner ständigen, sagen wir einer Münze und ihrem Gewicht. Drei Erklärungen der Beziehung sind möglich. Sub-

stanz und Attribut können als identisch oder als völlig verschieden angesehen werden oder zur gleichen Zeit als identisch und völlig verschieden. Nach dem Dvaita ist keine dieser Erklärungen haltbar; in einer jeden, betont er, liegt implizit der Begriff *viśeṣa*. Von den Überlegungen, die im vorhergehenden Kapitel (S. 217) begonnen wurden, ist die letzte Erklärung eigentlich überhaupt keine. Deshalb brauchen wir diese nicht berücksichtigen und betrachten nur die beiden verbleibenden.

Die erste Erklärung identifiziert die Münze mit dem Gewicht, aber häufig sprechen und denken wir über das Gewicht *von* der Münze. Dies zeigt einen deutlichen Unterschied zwischen beiden an und steht daher im Gegensatz zu der Annahme, beide seien identisch. Um die Diskrepanz zu erklären, müssen die Vertreter dieser Ansicht irgendetwas in der Münze oder in ihrem Gewicht oder in beiden annehmen, das unsere oben getroffene Unterscheidung von beiden rechtfertigt, obwohl es keinen wirklichen Unterschied zwischen ihnen gibt. Es ist dieses »etwas«, das der Dvaita *viśeṣa* nennt. Wenn wir die zweite Ansicht akzeptieren, daß die Münze und ihr Gewicht völlig verschieden sind, sehen wir uns mit einer Dreiheit konfrontiert – den beiden Bezugspunkten und dem Unterschied, der diese qualifiziert. Wenn man wie hier Substanz und Attribut als unterschiedlich ansieht, wird der »Unterschied« zwischen der Münze und ihrem Gewicht selbst attributiv und muß deshalb von ihm unterschieden sein, weil er eine Substanz, d.h. die Münze, qualifiziert. D.h., wir müssen einen zweiten Unterschied annehmen, um den ersten zu erklären und einen dritten, um den zweiten zu erklären usw. – ein Prozeß, der zu einem Regreß ohne Ende führen würde. Um dem zu entgehen, muß der Vertreter der fraglichen Anschauung fordern, daß der »Unterschied« zwischen Substanz und Attribut selbst nicht notwendigerweise von seiner Grundlage oder Stütze unterschieden werden muß. Mit anderen Worten: er muß zugestehen, daß es wenigstens eine Ausnahme von der Regel gibt, daß Substanz und Attribut verschieden sind. Genau diese Erklärung, d.h. daß keine Notwendigkeit besteht sie zu unterscheiden, obwohl sie manchmal als zwei erscheinen, dehnt der Dvaitin auf der Grundlage von *viśeṣa* auf *alle* Fälle aus, wo kein Unterschied, sondern nur eine Unterscheidung gemacht wird. In seiner Lehre ist *bheda* oder »Unterschied« einer dieser Fälle, weil er, wie bereits festgestellt, manchmal von den Dingen unterschieden wird, obwohl er mit deren Existenz identisch ist. Es ist sorgfältig festzuhalten, daß diese Kategorie von *viśeṣa* nicht dieselbe ist wie »Unterschied« (*bheda*), sondern das, was das Sprechen über identische Dinge für unterschiedlich erklärt[13]. Der Leser wird hier wie im Fall eines Gegenstandes und seiner vorläufigen Qualität, der oben als Beispiel gebracht wurde, einen erneuten Versuch sehen, ein altes Problem zu lösen, mit dem wir bei der Lektüre des Buches mehr als einmal konfrontiert wurden, nämlich dem Problem von Dingen, die weder als völlig identisch noch als völlig verschieden auftreten (S. 90, 132), aber wir können nicht sagen, daß diese Lösung mehr befriedigt.

Unter *viśeṣa* müssen wir demzufolge eine Besonderheit verstehen, die ein Ding charakterisiert; und in jedem Ding werden soviele *viśeṣas* anerkannt wie notwendig sind, um sprachliche Gebrauchsformen (was verbindende Modi des Denkens impliziert) von der oben beschriebenen Art zu erklären. Sie wird nicht nur im Fall der Substanz gefordert, sondern bei allen Kategorien – auch bei der Nichtexistenz, weil alle in gleicher Weise Charakteristika besitzen, die im allgemeinen Sprachgebrauch von diesen manchmal zu unterscheiden sind, manchmal nicht. Hier finden wir eine Abweichung von der Vorstellung von *viśeṣa* im Nyāya-Vaiśeṣika, die ihn auf Substanzen beschränkt und unter diesen nur auf solche, die ewig sind (S. 123). Ein anderer wichtiger Unterschied zwischen den beiden Vorstellungen besteht darin, daß *viśeṣa* hier einen Unterschied erklärt, wo angenommen wird, es bestehe keiner, während er im Nyāya-Vaiśeṣika einen Unterschied erklärt, von dem angenommen wird, er existiere zwischen zwei Dingen.

Der Prozeß des Erkennens wird wie im Nyāya-Vaiśeṣika erklärt (S. 130), aber die Vorstellung von Erkenntnis selbst ist sehr verschieden. Sie wird dort als eine Qualität angesehen, die im Selbst entsteht, wenn bestimmte Bedingungen wie der Kontakt eines Sinnesorgans mit einem passenden Gegenstand erfüllt ist. Hier wird sie als eine Umwandlung oder Modus des inneren Organs (*manas*) erklärt und charakterisiert deshalb dieses und nicht das Selbst. Diese Erklärung sollte nicht so aufgefaßt werden, als stehe sie für die Art von Erkenntnis, die vom Selbst als ihre eigene gefühlt wird, weil nach der Lehre das Selbst der Handelnde ist, der den Erkenntnisprozeß beginnt und deshalb mit der entstehenden Erkenntnis nicht unverbunden ist. Wie im Viśiṣṭādvaita betrachtet man hier jede Erkenntnis, als weise sie auf einen Komplex oder einen qualifizierten Gegenstand hin; konsequenterweise gibt es keine Rechtfertigung für die Zulassung eines attributlosen Wesens.

Wir haben die Lehre bereits als realistisch bezeichnet. Es handelt sich um Realismus im absoluten Sinne, weil Madhva leugnet, daß es irgendeine Erkenntnis ohne Bezug auf einen Gegenstand geben kann, der anders als diese ist, ohne daß er den Irrtum ausschließt, wie wir bald sehen werden. Existenz in Raum und Zeit ist das allgemeine Kriterium der Realität. Alles, was mit Raum und Zeit in Berührung kommt, ist zwangsläufig real, wobei es keine Rolle spielt, wie lange und in welchem Ausmaß.

Der Dvaita erkennt keinen Unterschied zwischen dem Realen und dem Empirischen an wie der Advaita (S. 235–236). Ontologisch gibt es nur eine gültige Unterscheidung, nämlich die zwischen real und nicht real. Wenn der Advaita den vorwiegend absoluten Standpunkt der upaniṣadischen Lehre erklärt, indem er nur eine Realität postuliert und den Rest des Universums zu deren Erscheinung erklärt (S. 228), macht der Dvaita dasselbe, indem er Gott als einzige höchste Realität postuliert und den Rest als völlig abhängig von ihm erklärt.

In Übereinstimmung mit dem Realismus der Lehre wird Wahrheit (*pramā*) als Übereinstimmung mit der äußeren Realität definiert. In ihr wird der Gegenstand so erfaßt, wie er gerade ist (*yathārtha*). Träume und Erinnerung werden ebenso für wahr gehalten. Aber die ersteren sind nur insofern gültig, wie die besonderen Gegenstände in den Träumen selbst betroffen sind. Der zu dieser Zeit erfahrene äußere Gegenstand ist als illusorisch zugelassen. Z. B. ist ein im Traum gesehener Elefant als solcher real, aber es ist falsch, ihn dann in den Straßen einer Stadt zu sehen. Traumobjekte werden deshalb als real angesehen, weil sie später nicht widerlegt werden können. Wenn der Träumer erwacht ist, fühlt er nicht, daß es nicht ein Elefant war, den er sah, sondern nur, daß dieser sich dort nicht außerhalb des Traumes befand. Erinnerung ist ebenfalls richtige Erkenntnis, wenn der Gegenstand, an den man sich erinnert, in dem räumlichen und zeitlichen Kontext gesehen wird, in dem er erscheint, aber nicht in Beziehung zu der Zeit, in der man sich an ihn erinnert oder dem Ort, wo die Erinnerung stattfindet. D. h., es ist nur falsch zu denken, ein vergangenes Ding sei gegenwärtig oder ein beseitigtes sei nah.

Die Dvaita-Theorie des Irrtums erinnert mit einem wichtigen Unterschied an die Theorie des Nyāya-Vaiśeṣika. Dieser Unterschied wird aus diesem Grund manchmal als eine neue oder verbesserte Version dieser Theorie bezeichnet (*abhinavānyathā-khyāti*). Die Nyāya-Vaiśeṣika-Lehre behauptet, daß die Schlange existent ist, die gesehen wird, obwohl nur ein Seil vorhanden ist, wenn auch nicht an dem Platz, wo das Seil erscheint (S. 139). Der Dvaita stimmt damit überein, daß die Schlange nicht dort ist, wo sie zu sein scheint; aber er lehnt die Tatsache ihrer Existenz als irrelevant ab, ebenso, daß sie sonstwo real sein könne. Somit besteht der Irrtum hier darin, das absolut Nichtexistente für das Existente zu halten[14]. Das ist das Mißverständnis (*anyathā-khyāti*), das im Irrtum enthalten ist. Aus der später verbesserten Erkenntnis läßt sich herleiten, daß die Schlange überhaupt nicht-existent ist. Diese Erkenntnis zeigt, daß das, was für *existent* gehalten wurde, dies tatsächlich *nicht war*. Gegenstände des Irrtums sind konsequenterweise weder an dem Platz, wo sie zu sein scheinen noch anderswo. Aber selbst irrende Erkenntnis wird erklärt, daß sie ihren eigenen »Gegenstand« habe, nämlich das absolut Nichtexistente. Der Dvaitin glaubt anders als viele andere Denker, daß das Nichtexistente erkennbar ist, was z. B. durch die Tatsache gezeigt wird, daß wir von einem Einhorn oder der Quadratur des Kreises sprechen. Wenn wir von *asat* sprechen, sagt er, meinen wir, daß wir es erkennen. Obwohl der *Gegenstand* des Irrtums nicht real ist, sieht man die irrende *Erkenntnis* als real an. Der Dvaitin glaubt demzufolge nicht das, was einige wie etwa die Advaitins glauben, nämlich daß die Unechtheit des Gegenstandes zwangsläufig die Unechtheit seiner Erkenntnis miteinschließe.

Wie Rāmānuja akzeptiert auch Madhva nur drei gültige Erkenntnismittel (*pramāṇas*): Wahrnehmung, Schlußfolgerung und Wortzeugnis. Aber daneben und über diesen sieht er gültige Erkenntnis selbst als ein *pramāṇa* in dem Sinne an, daß sie unmittelbar auf eine *Tatsache* hinweist und nicht in dem Sinne, daß sie ein Mittel zur gültigen *Erkenntnis* ist. Somit weist Wahrnehmung als ein *pramāṇa* durch wahrnehmende Erkenntnis mittelbar auf sagen wir einen Topf hin, während die letztere dies unmittelbar tut. In ähnlicher Weise zeigt Schlußfolgerung als ein *pramāṇa* das Vorhandensein von Feuer mittelbar durch schlußfolgernde Erkenntnis an, während die zweite dies unmittelbar tut. Somit macht er einen Unterschied, der zu offensichtlich ist, um der Bestätigung zu bedürfen, zwischen dem, was man als primäre (*kevala-pramāṇa*) und sekundäre (*anupramāṇa*) Mittel zum Erkennen von Gegenständen bezeichnet. Die letzteren werden in drei Gruppen als Wahrnehmung, Schlußfolgerung und Wortzeugnis unterteilt. Wir wollen einige Worte über die erste Gruppe, d.h. die Wahrnehmung, sagen. Madhva zeigt in seiner Anschauung von schriftlicher Überlieferung wie Rāmānuja eine größere Anlehnung an die Āgamas und Purāṇas als Śaṅkara.

Es gibt sieben Sinne, die als Erkenntnismittel dienen; sie schließen nicht nur *manas* ein, sondern auch das, was man den *sākṣin* nennt. Die Vorstellung vom *sākṣin* als einem Sinnesorgan (*indriya*) ist ein weiteres unterscheidendes Merkmal des Dvaita. Wir haben gesehen, daß Gott und die Selbste vom Wesen her Empfindung sind. Diese Empfindung selbst wird hier ähnlich wie im Advaita (S. 233) als *sākṣin* angesehen. D. h., er erkennt die Dinge, die ihm durch den einen oder anderen Sinn (in der gewöhnlichen Bedeutung des Wortes) vorgestellt werden, nicht nur endgültig; er kann sie auch unmittelbar erkennen, weil er vom Wesen her Empfindung ist – eine Anschauung, die teilweise der Jaina-Anschauung von Erkenntnis (S. 85) ähnelt. Die Erkenntnis, die man durch dieses Mittel erlangt, wird als von unveränderlicher Genauigkeit betrachtet. Einige Dinge wie das eigene Selbst, Qual, Vergnügen, Zeit und Raum werden somit unmittelbar erkannt, alles andere durch den einen oder anderen der verbleibenden Sinne. Im Fall des Selbst erkennt dieses dann nach Madhva sich selbst durch sich selbst[15] – eine Anschauung, die Śaṅkara als einen Widerspruch in sich selbst ablehnt, wie wir gesehen haben (S. 234). Eine Folge davon, daß man die Erkenntnis von Qual, Vergnügen, Freude usw. unmittelbar dem Selbst zuschreibt, ist die Reduzierung des inneren Organs (*manas*) auf eine bloß allgemeine Hilfe beim Erkennen; es hat hier nicht mehr seine eigenen besonderen Gegenstände, die es dem Selbst zu erkennen gibt, wie in vielen anderen Lehren, z. B. im Nyāya-Vaiśeṣika (S. 129). Nur hinsichtlich der Erinnerung ist es aus sich selbst eine Hilfe.

II

Wie im Advaita (S. 233) ist die anfangslose Unwissenheit (*avidyā*) die Hauptquelle des *saṃsāra*, die man als jedem Individuum eigen ansieht. Hier aber wird sie als real angesehen. Sie ist in der Tat eine der zwanzig »Substanzen«, die das System akzeptiert. Es gibt zwei hauptsächliche Aspekte von ihr. Sie verdunkelt den Menschen nicht nur die wahre Natur Gottes, sondern auch die eigene Natur; die Erlösung besteht darin, beides zu überwinden. Die richtige Erkenntnis des eigenen Selbst erlangt man durch das Studium der Schriften, aber es wird eine mittelbare Erkenntnis sein. Diese mittelbare Erkenntnis wird zur unmittelbaren, wenn man die endgültige Befreiung durch Gottes Gnade erlangt hat, über die wir gegenwärtig sprechen. Für die Erlösung ist somit die Erkenntnis Gottes als den Urheber des Universums und den Herrn von allem wesentlicher als die Selbsterkenntnis. Auch ist sie durch die Schriften zu erlangen, aber sie muß in unmittelbare Erfahrung umgewandelt werden, hauptsächlich durch beständige Meditation. Das Ideal ist das Erlangen der Seligkeit durch die Selbste, die in jedem Fall zu dem inneren Wert eines jeden Selbst paßt, so daß der Unterschied des einen Selbst vom anderen sogar im *mokṣa* fortbesteht, obwohl beide frei werden. Aber die Seligkeit des Selbst in diesem Zustand und, so können wir hinzufügen, auch seine Erkenntnis sind begrenzt, wenn man sie mit der Seligkeit und Erkenntnis Gottes vergleicht, die unbegrenzt sind; aber im irdischen Leben werden sogar solche Seligkeit und Erkenntnis nicht so vollständig verwirklicht wie nach der Befreiung. Ein Gefäß kann groß oder klein sein, aber auch wenn es klein ist, kann es mit Wasser gefüllt sein oder nicht, sagt man zur Anschaulichkeit dieser Anschauung. Ähnlich ist der Unterschied zwischen den Zustandsformen der Seelenwanderung und der Erlösung im Fall der Selbste.

Wir haben betont, daß eine Erkenntnis Gottes für die

Erlösung wesentlich ist. Aber das endgültige Mittel, diese zu erreichen, ist die ungebrochene Liebe Gottes bzw. die Hingabe (*bhakti*), die aus der Realisierung seiner Größe und Güte entsteht. Diese Liebe führt zu Gottes Gnade (*prasāda*) gegenüber dem Selbst; und es ist diese Gnade, sagt Madhva, die die letztliche Ursache der Erlösung ist[16]. Alles andere sind nur Hilfen dazu. Daran erkennt man am besten den theistischen Charakter der Lehre und die wahre Quelle ihrer populären Anziehungskraft. Diese Liebe sollte endlich intensiver sein als die, die man zu sich selbst oder zu Dingen, die einem selbst gehören, haben kann; und ihre Eingebungen sollten derart sein, daß sie sich selbst nicht erlauben werden, durch Hindernisse vereitelt zu werden und seien es auch noch so viele. Die Verwirklichung von Gottes Größe und Güte, die das vorletzte Mittel zur Erlösung ist, entsteht durch das Ausführen der Pflichten in absoluter Freiheit im Geiste der Gītā-Lehre (*karma-yoga*), dem Studium (*śravaṇa*) der Schriften unter einem geeigneten *guru* danach, Reflexion (*manana*) über das, was in ihnen gelehrt wurde sowie beständige Meditation (*dhyāna*) darüber – eine Übungsanleitung, die mit der identisch ist, die in den Upaniṣaden vorgeschrieben ist und auf die wir uns mehr als einmal bezogen haben. Wie Rāmānuja lehnt auch Madhva das Ideal der *jīvanmukti* ab und besteht auf der Notwendigkeit, bis zum endgültigen Ende die Pflichten des jeweiligen Lebensstadiums auszuführen, einschließlich der in den heiligen Schriften niedergelegten Riten, die verbindlich sind.

Anmerkungen zu Teil VIII

1 Wir sollten hinzufügen, daß diese Wiederbelebung in Bezug auf die höheren Klassen der Gesellschaft die Wiederbelebung des vedischen Ritualismus bedeutete.

2 Siehe *Śrī-bhāṣya,* S. 53 (Kommentar). Zweifellos können wir sagen »Die Rose *hat* Rotheit«, aber der Punkt ist, daß dieser wahlweise

Gebrauch im Fall aller unterschiedlicher Wesenheiten nicht erlaubt ist. Es sei in diesem Zusammenhang hinzugefügt, daß Rāmānuja die Anschauung des *bhedābheda* so stark wie Śaṅkara kritisiert.

3 *Viśiṣṭāntarbhāva evaikyam.* Siehe *Śrī-bhāṣya,* S. 132 (Kommentar).

4 *Bṛhadāraṇyaka-Upaniṣad* III,v.

5 Diese Beziehung zwischen materieller Ursache und Wirkung ist in diesem Sinne eine von Identität (*Ananyatva*): siehe *Śrī-bhāṣya* II,i,14 und 17.

6 Aber wir sollten nicht vergessen, daß es nicht natürlich ist und deshalb von den Strahlen einer Lampenflamme zu unterscheiden ist, welche auch zeigen, aber nicht erkennen kann. Die Unterscheidung wird noch deutlicher, wenn wir sagen, daß sogar diese Strahlen die Hilfe des *dharma-bhūta-jñāna* benötigen, um wahrgenommen zu werden. Um technische Begriffe zu benutzen, die Flamme ist *parāk* und nicht *pratyak* wie das *dharma-bhūta-jñāna.* (Anm. des Übers.: *parāk* bedeutet nach außen gewandt, *pratyak* innerlich.)

7 Dies bezeichnet man als *sadvāraka-pariṇāma,* weil es durch das *dharma-bhūta-jñāna* vermittelt wird.

8 Siehe *Śrī-bhāṣya,* S. 224 (Kommentar). Streng genommen unterscheidet sich diese Beziehung nach den alten Texten nicht von der *apṛthak-siddhi.* Siehe z. B. *Śri-bhaṣya,* S. 205, wo der zweite Begriff so definiert ist, daß er den ersten miteinschließt. Es ist jedenfalls klar, daß es einen Unterschied gibt, der sich in der Bedingung zeigt, nach der einer der Bezugspunkte hier ein *cetana* sein muß. (Anm. d. Übers.: *cetana* bedeutet intelligentes Wesen.)

9 *Bhinnāś ca bhinna-dharmāś ca padārthā nikhilā amī.*

10 *Svarūpa-pramiti-pravṛtti-lakṣaṇa-sattā-traividhye*
parānapekṣaṃ svatantraṃ; tad apekṣaṃ paratantram
(*Ṭīkā* zum *Tattvasaṃkhyānam*). (Anm. d. Übers.: Das *Tattvasaṃkhyānam* ist ein Werk des Madhva über die »Aufzählung der Weltprinzipien«; Ṭīkā bedeutet »Kommentar«.)

11 *Prakṛtyādi-sattā-pradatvaṃ cāṅgi-karyam Īśvarasya* (Kommentar zum *Vedānta-Sūtra* II,ii,5).

12 *Dravyaṃ karma ca kālaś ca svabhāvo jīva eva ca*
Yad anugrahataḥ santi na santi yad upekṣayā.

13 Madhva gestattet (1) absolute Identität wie im Fall von A ist A, (2) *saviśeṣābheda* wie im Falle einer Münze und ihres Gewichts, (3) Identität *und* Unterschied wie im Fall einer Blume und ihrer vorläufigen Farbe und (4) absoluter Unterschied wie im Fall eines Mannes und seines Stocks. Er erklärt allgemein gesprochen das, was bei Denkern wie Kumārila Beispiele für *bhedābheda* sind, auf der Grundlage von *entweder* (2) *oder* (3).

14 Oder umgekehrt besteht er darin, daß Existente für das absolut Nichtexistente zu halten.

[15] Hier werden Erkenntnis und das Erkannte identisch. Es mag widersprüchlich erscheinen, was bei der Darstellung des Dvaita als realistisch bezeichnet wurde (S. 275). Es wurde aber hervorgehoben, daß es sogar hier eine Unterscheidung gibt, nämlich die zwischen dem *sākṣin,* der sich manifestiert (*vyañjaka*) und dem, der manifestiert wird (*vyaṅgya*).

[16] *Mokṣaś ca Viṣṇu-prasādena vinā na labhyate* (*Viṣṇu-tattvanirṇaya*).

Anm. des Übersetzers

[a] Mythischer Vogel, Reittier des Gottes Viṣṇu.

[b] Bhandarkar, *Vaiṣṇavism,* S. 57–58.

Sanskrit-Glossar

Vorbemerkung: die Zahlen beziehen sich auf die Seiten, auf denen die Worte erklärt oder zum erstenmal benutzt werden. Das Glossar ist auf die Worte beschränkt, die unmittelbar im Text erscheinen und schließt nicht die ein, die in Klammern angeführt sind. Die Reihenfolge der Worte richtet sich nach dem Sanskrit-Alphabet.

Ajīva	Nichtseele oder das Unbelebte, 85
Adharma	das Gegenteil von *dharma* (siehe dort), 130
Anumāna	Schlußfolgerung, 142
Apṛthak-siddhi	untrennbare Beziehung, 251
Artha	Reichtum, 68
Arhan	»der Ehrwürdige« oder ein vollkommen Heiliger, 88
Avatāra	eine Inkarnation Gottes, besonders des Viṣṇu, 48
Avidyā	Unwissenheit, 231
Asat	Nichtsein, 277
Asat-kārya-vāda	»Lehre der nicht präexistenten Wirkung«, 125
Ahaṃ-kāra	Egoismus oder »Ich-Bewußtsein«, 158
Ākāśa	(1) Raum, 31; *oder* (2) Äther bzw. Substrat des Tons, 123
Ātman	Selbst oder Seele, 26
Ānanda	Seligkeit, 28
Upaniṣad	»Geheimlehre«, 22
Upāsana	Meditation, 34
Ṛta	(1) kosmische Ordnung, 15; (2) Prinzip der Rechtlichkeit, 15; *oder* (3) Opfergenauigkeit, 22
Karman	Handlung – gute oder schlechte, religiöse oder weltliche, 38
Karma-yoga	Ausführen interesseloser Handlungen, 74
Kāma	Sinnenfreude, 68
Kevala-jñāna	allumfassende oder vollkommene Erkenntnis, 85
Guṇa	(1) Konstituente, 155; (2) Qualität, 254; *oder* (3) Produkt, 270 der Prakṛti, d. h. *sattva, rajas* und *tamas*
Guru	ein vorbildlicher Lehrer, 179

Gauḥ	Kuh, 144
Cit	Gefühl, 28
Jina	»Spiritueller Eroberer« – Titel des Vardhamāna, des 24. Tīrthaṅkara des Jainas, 83
Jīva	Individualseele, 84
Jīvanmukti	Erlösung zu Lebzeiten, 37
Jñāna	Erkenntnis, 75
Jñāna-yoga	Eifer zur Erkenntnis (1) der letzten Realität, 75; *oder* (2) der Seele, 261
Tanmātra	ein einfaches oder subtiles Element, 158
Tamas	siehe *Guṇa*
Tādātmya	Beziehung der Identität im Unterschied, die zwischen Substanz und Qualität, dem Besonderen und dem Allgemeinen, dem Ganzen und den Teilen, usw.besteht, 186
Tri-mūrti	Hindu-Trinität: Brahma, Viṣṇu und Śiva, 249
Deva	»leuchtend«, Gottheit, 18
Dharma	»was zusammenhält«, die Grundlage jeder Ordnung – religiöses oder moralisches Verdienst, 50
Dharma-bhūta-jñāna	attributive Intelligenz, 255
Dhyāna	Meditation, 34
Puruṣa	Individualseele, 162
Prakāra	eine von der Substanz untrennbare Begleiterscheinung, 256
Prakṛti	ursprüngliche Materie, 154
Prapatti	völlige Unterwerfung des eigenen Willens unter Gott, 261
Pramāṇa	(1) unmittelbares Mittel zur gültigen Erkenntnis, 57; *oder* (2) Prüfung von deren Gültigkeit, 57
Pramā	wahre Erkenntnis oder Wahrheit, 57
Brahman	(1) Gebet, 17; *oder* (2) ursprüngliches Prinzip, das die Quelle des Universums ist, 25
Brāhmaṇa	Abhandlung über das Ritual, 17
Bhakti	liebende Hingabe an Gott, 45
Bhakti-yoga	(1) Weg der Hingabe, 76; oder (2) liebende und erleuchtete Meditation über Gott, 261
Bhagavān	»der Verehrungswürdige«, 47
Bhavya	»was kommen wird« oder glückverheißend, 69
Bheda	Unterschied, 268
Manana	Reflexion, 34
Manas	(1) das innere Organ, 128; oder (2) eine seiner Stufen, 161

Mantra	Hymne oder religiöser Gesang, 11
Mahat	Intellekt, 160
Mīmāṃsā	systematische Nachforschung, 183
Mokṣa	endgültige Freiheit oder Erlösung, 32
Yoga	Meditation als ein Mittel (1) zur Vereinigung mit der endgültigen Realität, 34; *oder* (2) zur Trennung des Geistes von der Materie, 174
Yogin	Eingeweihter in die Meditation, 141
Rajas	siehe *Guṇa*
Lokāyata	»beschränkt auf die Welt der allgemeinen Erfahrung« – ein Name für den Materialisten, 79
Vivarta-vāda	Lehre der sichtbaren Veränderung, 225
Viśeṣa	(1) Besonderheit, die man sich als eine Eigenschaft von ewigen Wesen vorstellt, die Dinge unterscheidet, die sonst dieselben sind, 124; oder (2) Besonderheit, die mit allem verbunden ist: sie erklärt den Unterschied, der zwischen Dingen gemacht wird, die tatsächlich gleich sind, 272
Vedānta	»Ende des Veda« oder endgültige Schlußfolgerung aus der vedischen Lehre, 214
Śabda	(1) Ton oder Wort, 58; *oder* (2) Wortzeugnis, 58
Śiva	»bedeutungsvoll« – eine Bezeichnung des höchsten Gottes, 44
Śravaṇa	das Erlernen der endgültigen Wahrheit durch ein formales Studium der Schrift, 33
Śruti	Hindu-Schrifttum oder Offenbarung, 60
Saṃsāra	irdische Existenz oder der Kreislauf von Geburt und Tod, 36
Saguṇa Brahman	qualifiziertes Brahman, 230
Saccidānanda	Vorstellung von Brahman als endgültiger Realität in Sein, Gefühl und Seligkeit, 28
Sat	(1) Sein, 28; oder (2) gut, 69
Sat-kārya-vāda	(1) »Lehre der präexistenten Wirkung«, 156; *oder* (2) Lehre, die das bereits Existierende auf Grund einer Änderung in seinen Modi als eine Wirkung betrachtet, 254
Sattva	siehe *Guṇa*
Saṃnyāsa	formelle Weltentsagung, 35
Sapta-bhaṅgi	siebenfache Aussage über das Reale, 92
Samavāya	eine einzigartige Beziehung, die zwischen Substanz und Qualität, dem Besonderen und

	dem Allgemeinen, dem Ganzen und den Teilen, usw., besteht, 126
Samādhi	Versenkung, stellt die letzte oder vorletzte Stufe der Yoga-Übung dar, 176
Sākṣin	(1) der Zeuge selbst, 233; *oder* (2) der Zeuge, den man sich als ein Sinnesorgan vorstellt, 278
Sāttvika	abgeleitet von *sattva*, 160
Sāmānya-lakṣaṇa	allgemeines Kennzeichen von Dingen, 110
Sūtra	Aphorismus, 56
Soma	eine Pflanze, aus der ein berauschendes Getränk extrahiert wurde, 14
Smṛti	Tradition, 59
Sva-lakṣaṇa	individuelles Merkmal oder Ding an sich, 110

Bibliographie

I. VOM VERFASSER BENUTZTE WERKE

Hierin sind nur solche Werke aufgenommen, die eindeutig vom Verfasser benutzt wurden. Das bedeutet bei Textausgaben, daß diese auf Grund interner Angaben identifiziert wurden. Allgemeine Textstellenangaben von häufig publizierten Werken wurden nicht berücksichtigt.

Āpadeva
[Mīmāṃsā-nyāya-prakāśa]
Mīmāṃsā-prakaraṇa-granthaḥ. Āpadeva-praṇītaḥ-Mīmāṃsā-nyāya-prakāśaḥ. Bombay 1911 (Nirṇaya-Sāgara-Press).

Āpadeva
Mimamsâ Nyâya Prakâsa by Apadeva; with a commentary called Bhattalankar by Pandit Ananta Deva. Ed. by MM. Sri Lakshmana Sastri ... and Sree Sita Ram Sastri. Benares 1921 (Chowkhamba Sanskrit Series. No. 53).

Bhandarkar, R[amkrishna] G[opal]
Vaiṣṇavism, Śaivism and minor religious systems. Straßburg 1913 (Grundriß der Indo-Arischen Philologie und Altertumskunde. Bd. 3, H. 6).

Davids, C[aroline] A[ugusta] F[oley] Rhys
Outlines of Buddhism. An historical sketch. London 1934.

Davids, C[aroline] A[ugusta] F[oley] Rhys
What was the original gospel in »Buddhism«? London 1938.

Deussen, Paul
Die Philosophie der Upanishad's. 4. Aufl. Leipzig 1920 (Allgemeine Geschichte der Philosophie. Bd. 1, Abt. 2).

*G*aina Sûtras. Translated from Pra*k*rit by Hermann Jacobi. Part 1.2. Oxford 1884–95. (The Sacred Books of the East. Vol. 22.45).

Gautama
The Nyâyasûtras. With Vâtsyâyana's Bhâshya and extracts from the Nyâyavârttika and the Tâtparyaṭîka. Ed. by Gaṅgâdhara Śâstrî Tailaṅga. Vol. 9. Benares 1896 (The Vizianagram Sanskrit Series. No. 11).

Hiriyanna, M[ysore]
»Bhartṛ-prapañca: an old Vedāntin«; in: *Indian Antiquary*, Vol. 53 (1924), S. 77–86.

Hiriyanna, M[ysore]
»The Sāṁkhya«; in: *The cultural Heritage of India*, Vol. : The philosophies. Calcutta 1937, S. 41–52.

Hopkins, E[dward] Washburn
Ethics of India. New Haven 1924.

Jacobi, Hermann
»Mīmāṃsā und Vaiśeṣika«; in: *Indian Studies in Honor of Charles Rockwell Lanman*, Cambridge, Mass. 1929, S. 145–165.

Jayantabhaṭṭa
The Nyâyamañjarî of Jayanta Bhaṭṭa. Ed. by Gaṅgâdhara Śâstrî Tailaṅga. Benares 1895 (The Vizianagram Sanskrit Series. Vol. 10).

Kumārila Bhaṭṭa [Śloka-Vārttika]
Mīmāṃsāślokavārttikam. Śrīmat-Kumārila-Bhaṭṭa-pāda-viracitam ... Parthasārathi-Miśra-praṇītayā Nyāyaratnākarakhyayā vyākhyayā 'nugatam. Tailaṅga-Rāmaśāstriṇā sapariṣkāraṃ pariśodhitam. Kāśyām 1898 (Caukhambā-saṃskṛta-granthamālā. Grantha saṅkhyā 3).

Laugākṣi Bhāskara [Artha-saṃgraha]
Śrī-Laugākṣibhāskara-viracita Artha-saṃgraha. Marāṭhī bhāṣe madhyeṃ ... Śivarāma Mahādeva Parāṃjape yāṃnīṃ saṃpādita kelelā. Bombay 1927 (Nirṇaya-Sāgara-Press).

Macdonnell, A[rthur] A[nthony]
Vedic Mythology. Straßburg 1897 (Grundriß der Indo-Arischen Philologie und Altertumskunde. Bd. 3, H. A).

Mahābhārata
Sriman Mahabharatam. A new edition mainly based on the South Indian texts, with footnotes and readings. Ed. by T[onape] R[amacharya] Krishnacharya and T[onape] R[amacharya] Vyasacharya, propietors, Madhva Vilas Book Depot, Kumbakonam. 18 volumes. Bombay 1906–1918.

Malliṣena
Syādvādamañjarī of Malliṣena. With the Anyayoga-Vyavaccheda-Dvātriṃśikā of Hemacandra. Ed. with introduction, notes and appendices by A[nandshankar] B[apubhai] Dhruva. Bombay 1933 (Bombay Sanskrit and Prakrit Series. No. 83).

Maṇḍana Miśra
Bhāvanā viveka; with the commentary of Bhatta Umbeka. Ed. with introductin by ... Gangānātha Jhā. Vol. 1.2. Allahabad 1922–23 (The Princess of Wales Sarasvati Bhavana Texts. No. 6).

Müller, Friedrich Max
The six systems of Indian philosophy. New impr. London [usw.] 1919.

Pārthasārathimiśra [Śāstradīpikā]
The Shâstradîpikâ of Pârthasârathimishra. First Tarkapâda with the commentary Yuktisnehaprapurâṇi with Gûḍhârthavivaraṇa by Râmakrishṇa. Ed. by Srî Dharmadattasûrî. Bombay 1915.

Patañjali [Yogasūtra]
Vācaspatimiśraviracitaṭīkāsamvalita-Śrīvyāsabhāṣyasametānī Pātañjalayogasūtrāṇi ... Puṇyapattane 1904 (Ānandāśramasaṃskṛta-granthāvaliḥ. Granthāṅkaḥ 47).

Prabhākara
Bṛhatī of Prabhākara Miśra (on the Mīmāṃsāsūtrabhāṣya of Śabarasvāmin). With the Ṛjuvimalāpañcikā of Śālikanātha. P.1: Tarkapāda. Madras 1934–36 (Madras University Sanskrit Series. No. 3).

Rāmānuja
Śrî bhāshyam of Śrî Bhagavad-Râmânuja Muni with the commentary Śruta prakâśikâ by ... Sudarśaṇa Vyâsa Bhatta. Chatus-sûtrî portion. Ed. and publ. by T. Śrînivâsa Śarmâ. Bombay 1916.

Radhakrishnan, Sarvepalli
Indian philosophy. 2nd ed. T.1.2. New York, London 1929–31.

Randle, H[erbert] N[iel]
Indian logic in the early schools. A study of the Nyāyadarśana in its relation to the early logic of other schools. London 1930.

Śivāditya
The Saptapadârthî (of the Vaiśeshika system) of Śivâditya. Together with its commentary, the Mitabhâshiṇî of Mâdhava Sarasvatî. Ed. by Râmaśâstrî Tailaṅga. Vol. 6: Sanskrit text. Benares 1893 (the Vizianagram Sanskrit Series. No. 8).

Uddyotakara
Nyâya-vârtika. A critical gloss on Nyáya Darśana. Vátsyáyana bháshya. By Bhâradwâja Uddyotakara. Ed. by Vindhyeśvarí Prasáda Dvivedin and Lakshmaṇa Śástri Drávida. Benares 1915 (Chowkhamba Sanskrit Series).

Umāsvāti
Tattvârthâdhigama by Umâsvâti. Being in the original Sanskrit with the Bhâshya by the author himself. Ed. by Mody Keshavlal Premchand. Calcutta 1905 (Bibliotheca Indica: 159)

Winternitz, M[oriz]
Geschichte der indischen Litteratur. Bd. 1–3. Leipzig 1909–22.

II. VOM ÜBERSETZER BENUTZTE LITERATUR (AUSWAHL)

Bechert, Heinz
Die Lebenszeit des Buddha – das älteste feststehende Datum der indischen Geschichte? Göttingen 1986.

Bechert, Heinz
»A remark on the problem of the date of the Mahāvīra«; in: *Indologica Taurinensia* 11 (1983), S. 287–290.

Dharmakīrti
Pramāṇavārttika of Acharya Dharmakīrtti. With the commentary ›Vritti‹ of Acharya Manorathanandin. Crit. ed. by Swami Dwarikadas Shastri. Varanasi 1968.

Dumézil, Georges
Camillus. A study of Indo-European religion as Roman history. Ed., with an introduction, by Udo Strutynski. Translations by Annette Aronowicz and Josette Bryson. Los Angeles, London 1980.

Encyclopedia of Indian philosophies. Vol. 2: Indian metaphysics and epistemology: The tradition of Nyāya-Vaiśeṣika up to Gaṅgeśa. Ed. by Karl H[arrington] Potter. Delhi [usw.] 1977.

Matilal, Bimal Krishna
Nyāya-Vaiśeṣika. Wiesbaden 1977 (A History of Indian Literature. Vol. 6, Fasc. 2).

Oetke, Claus
»Ich« und das Ich. Analytische Untersuchungen zur buddhistisch-brahmanischen Ātmankontroverse. Stuttgart 1988 (Alt- und Neu-Indische Studien: 33).

Sāyaṇa
Sarva-Darśana-Saṃgraha of Sāyaṇa-Mādhava. Ed. with an original commentary in Sanskrit by the late Vasudev Shastri Abhyankar. 3rd ed. by T[rimbak] G[ovind] Mainkar. Poona 1978 (Government Oriental Series. Class A, No. 1).

Index